[意]

陈复君/译

我不愿

在卡鲁索的影子下生活

—— 吉利的自述

中央音乐学院出版社
CENTRAL CONSERVATORY OF MUSIC PRESS

·北京·

图书在版编目（CIP）数据

我不愿在卡鲁索的影子下生活：吉利的自述／〔意〕贝尼亚米
诺·吉利著；陈复君译. —北京：中央音乐学院出版社，2004.12
（2025.4 重印）

ISBN 978 - 7 - 81096 - 070 - 0

Ⅰ. 我⋯　Ⅱ. ①贝⋯　②陈⋯　Ⅲ. 吉利—自传　Ⅳ. K835. 465. 76

中国版本图书馆 CIP 数据核字（2004）第 129336 号

我不愿在卡鲁索的影子下生活　　　　　　　　〔意〕 贝尼亚米诺·吉利著
　　——吉利的自述　　　　　　　　　　　　　　　　陈复君译

出版发行：中央音乐学院出版社

经　　销：新华书店

开　　本：A5　　印张：9　　插图：28 幅

印　　刷：三河市金兆印刷装订有限公司

版　　次：2005 年 1 月第 1 版　　印次：2025 年 4 月第 3 次印刷

书　　号：ISBN 978 - 7 - 81096 - 070 - 0

定　　价：88. 00 元

中央音乐学院出版社　北京市西城区鲍家街 43 号　邮编：100031
发行部：(010) 66418248　　66415711 （传真）

　　回顾我 40 余年的舞台生涯,我可以坦诚地说,无论我是唱同一部歌剧或是唱同样的音乐会曲目, 我从不会落入习以为常的职业套数, 每一场演出对我来说都是新的体验,新的创作探索。

纵情歌唱的吉利

译者的话

目录

目录

译者的话

　　呈献在读者面前的是意大利著名男高音歌唱家贝尼亚米诺·吉利的自传性回忆录（Le memorie di Gigli）。

　　吉利是 20 世纪上半叶最杰出的歌剧歌唱家之一，是意大利美声唱法（bel canto）最伟大的代表人物。他的演艺生涯长达 41 年，一生演唱了 60 部歌剧、清唱剧，至 1955 年他 65 岁告别舞台为止，他参加过 3000 余场歌剧和音乐会的演出，演遍了世界各国的大歌剧院和音乐厅。他的嗓音音色优美，音区统一丰满，句法灵活完善，他有极敏锐细致的音乐感，有出色的声乐技巧，他擅长抒情角色，他的歌唱富有诗意，动人心弦。直到晚年，他仍然保有极漂亮的嗓音。他的艺术成就无疑是人类最巨大的精神财富。感谢科学技术的发展，我们在半个世纪之后还能欣赏到他的艺术形象和美妙的声音。

　　读他的自传，最打动人心的是在他朴实无华的叙述中所表现出的多方面的人格魅力，字里行间中显露出的许许多多富有启迪的思想。

　　他出身贫寒，懂得生活的艰辛，但他从不抱怨命运，从不向命运低头，反而认为这是资本。他永远同情弱者，一生参加过无数慈善性演出。虽长期身居国外，却热爱祖国，他说，人们欢迎我，因为我是意大利人。我的根在这里。

　　他孝敬父母，他的许多做人的优秀品质源自父母的身传言教，他善良、宽容、真挚、勤奋、执着、自省……

　　他在艺术上精益求精，从不满足于已得到的成功，他认为每一次演出都是新的体验。他长期在老师的指导下一起准备新的角色。他从不嫉妒别人，总是寻找自己的不足。当人们称他是伟大的歌唱家卡鲁索的继承人时，他却说："我不愿在卡鲁索的影子下生活，我不想成为他的竞争者或继承人，我只想成为我自己……我不想成为企图占据卡鲁索位置的人。"他说:"为了成功,既不需要金钱,也不需要攀附,需要的是毅力,还有嗓子。"在他获得世界声誉之后,他说:"有时我感到我拥有的太多——这其实是什么也没有,甚至比没有还少。"

作为拥有辉煌成就的歌唱家,他懂得观众的重要意义。他说:"歌唱者完全决定于观众,他们是裁判、评委、审判员。""歌唱者和观众是一个整体,他是艺术生涯中最可珍贵的。观众和演员共同演绎角色。"

总之,他闪光的思想,比比皆是,充满字里行间,令人肃然起敬。

1957年11月30日吉利因肺炎不治而与世长辞,享年67岁。他被安葬在他的故乡雷卡纳迪。在那里还有他的一个小博物馆,里面藏有他少年时吹奏过的萨克斯管,有他的所有奖品、奖状、奖牌。保存完好的他所扮演的各种歌剧角色的戏装,还有为数众多的礼品,除名人显贵送的贵重礼品外,最为珍贵的是普通观众送的纪念品,如和威尔第一起散步时用过的手杖,是一位崇拜者送给他的,还有在比利时做工的矿工送给他的小矿灯……这里藏有40余年来各国各地的评论文章集,一共有96集。更有意思的是,在小小博物馆的走廊深处,复制了吉利的化妆间,这里摆放着他用过的胡须、发套、梳子、鞋、靴……在屋子的中央有一面大镜子,上面有全家福照片,这是他永远都带在身边的。

1982年为纪念吉利逝世25周年,他的女儿,著名女高音歌唱家琳娜·吉利出版了她的著作《我的父亲贝尼亚米诺·吉利》(《Beniamino GIGLI mio padre di RINA GIGLI》)。

陈复君

2004年6月

我怎样开始歌唱

　　当我一来到世上，我就用大声啼哭宣告了我的诞生。嗓子，这是我那时唯一可以掌握的工具。我没有财富，也没有知识，更没有其它才能。如果不是我的声带有特殊的构造，那么至今我可能还在锯木头、缝裤子、修鞋子，就像我那一辈子都住在小镇雷卡纳迪的我的父亲一样。而我1890年3月20日正是出生在那里，当然，我会和他一样，也是个穷人。但是上帝给了我一副好嗓子，它决定了我的命运。我会唱歌，除此以外我什么也不会。我只喜欢唱歌，其它什么也不能吸引我。我应当唱：我还有什么可做的呢？

　　我的生活乍看起来似乎很轻松。从某种意义上来说也许是如此，因为我从来不知道疑惑、动摇，没想到要做什么别的事情，我也不需要重新开始做什么，不需要作选择和决定。只有一件事我会做——那就是唱歌，而我唱了。从我小时候在合唱队里唱歌的古老昏暗的教堂，到大都会歌剧院灯光灿烂的舞台，我走过了漫长岁月。有许多日子，我不得不忍辱负重，忍受贫穷和沉重的劳动来度过这些岁月。

　　现在，在我回首往日时，我很高兴我早年的岁月铭刻着艰难和斗争。如果说歌唱家的生涯要求我为了即使是发出声音也必须努力，那么现在我未必会感到已达到了目的。

　　我的嗓子应当说遗传自母亲，至少是她第一个教会我歌唱。当我还很小的时候，她在摇篮边给我唱古老的乡村摇篮曲。随着我渐渐长大，告别儿童时代，我们经常用二重唱唱摇篮曲。

每天晚上睡觉前，妈妈长久地搂着我，脸贴着脸，我们一起唱。她夸奖我，鼓励我，她说我已经比她唱得好。当然我使劲地否认，而她一定会强调说，谁要想唱得好，就一定要做一个好人，善良的人，要有同情心和爱心。

我记得有一首歌里讲道，有一个被关在寺庙里的女孩思念她那远方的爱人。歌中唱道：

我的母亲是伯爵夫人，

我的父亲是骑士……

这首歌在我儿时的想象中长久地和我的父母联系在一起。我以为这就是我的母亲——伯爵夫人和我的父亲——高贵的骑士。我为我的母亲感到陶醉，在我看来她是那样完美。我这样以为是很自然的，实际上完全不是那么回事。起初，我的父母只不过是贫穷的手工匠，后来当我7岁或者稍大一些时，他们甚至失去了仅有的一切。

我的父亲多梅尼戈·吉利，因为他有一头火红的头发而被人们叫做红头发，他是一个鞋匠，而母亲艾斯特，是乡村教师的女儿。我是家中最小的孩子。我们家一共有6个孩子，四兄弟，两姐妹。父亲既会做新鞋也能修旧鞋。在19世纪末的意大利偏远的省城，工厂生产的鞋还很少，那些需要鞋的人，大多找鞋匠买，他们在自己的小作坊里和帮工或学徒一起缝制鞋子。我父亲做的鞋既不时髦也不漂亮，住在近旁阴森豪宅的有钱人不买他的鞋。父亲的顾客基本上是农民、小商人、手工匠，是雷卡纳迪的普通人。虽然如此，父亲仍然理直气壮地为自己的手艺而骄傲，他骄傲他给人们提供了优质、结实的鞋。同时，他也从来没有期望他的主顾能每年都来定做新鞋。那时人们认为，一辈子有一双鞋就足够了。事实上，常常一双鞋甚至由父亲传给儿子。当然，没有一个人会每天穿这双结实的鞋。人们通常都穿木屐，父亲也会做。

不难猜想到，父亲的手艺不可能赚到大钱。但那时生活费用不贵，加上我们又很节俭，而我母亲又是一个很能干的人。虽然她身边有6个孩子，她既能操持好家务，还能帮助父亲干活。她学会了做鞋帮，起初用手工，后来学会用缝纫机。我想她大概是雷卡纳迪第一位学会用缝纫机缝皮革的人。母亲喜欢在鞋上绣上花纹，在黑色的鞋上用白线绣的花纹特别醒目。我想，这表明了母亲对艺术创作的向往。

而我正是出生在这样一个祥和、勤劳的环境里。但是我对此记忆模糊，因为在我5岁时，我的家里发生了一些不幸的变化。父亲辞退了大部分工人，我的兄长们不得不辍学而和父亲一起做工。如果有时晚饭要比平常差，我看得出妈妈很难受，但是，当时我当然不明白到底是怎么回事。

后来我才明白，父亲是机器生产竞争的牺牲品。以往总是向他定货的邻县的某些批发商破产了，父亲几乎失业了。他没有任何储蓄来帮助他度过难关，或者帮助他干别的手艺。除此以外，他是一个古板的人，崇尚传统，他怎么也不明白，为什么会出现这些机器，破坏了他和其他手工匠的生活，把普通手工制作的鞋变成只有有钱人能穿的奢侈品。

现在想起来，我在这新的环境里却找到了自己的乐趣。我不再拽着妈妈的裙子，我也开始做点什么帮助父母，这很必要。我，一个5岁的小男孩，也不得不挣钱。我开始完成各种大人交办的事。

比如说，父亲常常派我去找木匠帕洛师傅，去取在沉重的木屐上钉上钉子的后跟，这是父亲要卖给农民的。帕洛师傅很快就发现我会唱歌，除母亲之外，他是我的第一个听众。他把我放在椅子上，椅子是这样高，我不敢往下跳，看看地板我很害怕，我请求他放下我，因为父亲还等着我快拿去后跟。但是只有我妥协唱首歌，帕洛师傅才肯放我。

通常他都让我唱最新的流行曲，那时我知道的不少。在那里，在帕洛师傅的作坊里，在刨花、木屑和木工工具之间，我得到了我一生中最初的掌声。

　　大概帕洛师傅对他周围的熟人谈起过我，因为很快一些各式各样我不认识的人都要求我唱歌。现在，当我替父亲去办事时，为了唱歌，我不得不花更多的时间。不论是我在弯弯曲曲的胡同里蹦蹦跳跳，或是吃力地爬坡，我总会在半路上碰到某个坐在角落里织毛衣的老太太，她已准备好糖果诱惑我。如果我和小同伴们在喷泉旁的广场上玩耍，那些整天在那儿聊天的老大爷们会把我召唤过去，我若是不答应他们的要求为他们唱歌，他们就不放过我。不论这种干扰我的玩耍有时使我多么恼火（不论他们赏给我糖果还是铜板），但是当我感到一种奇妙的激动时，这种恼火立刻就消失了。现在，当我在记忆中搜寻过去时，还能清晰地感到这种激动。

　　后来，每一次，当某一首咏叹调，一个乐句，或者是一个唱得很好的音使观众兴奋，同时也使我和他们一起高兴时，我会再次感受到这种奇妙的激动。这种激动来自于我最隐秘的愿望终于实现了。这种激动与其说是希望得到掌声，不如说是要求得到理解和接受。

　　我们，歌唱家，常常被指责说有虚荣心。我不想争辩，在舞台上我们所发生的许许多多、各种各样可笑的故事的确是这样。但是更经常的是，我们的虚荣心只是一种痛苦的、渴望得到平静的特殊表现，它们一而再、再而三坚定不移地、令人信服地要找到和听众的交流，使我们的歌唱能触动人的心弦，为此要克服经纪人和跟班造成的一切障碍（不管怎样，歌唱家往往是弱小而无助的）。

　　更不用说，我不是立刻就觉悟到这一切的，而是后来经过某些思考的结果。当然这也和越来越多的快乐有关，当我还是一个孩子时人们就不断重复地说："贝尼亚米内洛①，再唱一首！"那时我就已感受到这种快乐。

但是歌唱远不是我生活中唯一的快乐。如果要问我在这五年中最喜欢什么，我大概会说："玩石子！"对这一玩耍的迷恋有一次让我倒了霉，我搅乱了全家。至今我的兄长们还常常提起这件事。那是在一个夏天，酷热难当。那一天很走运：我获得巨大成功，在敌人——别的小孩的阵地上我得到了很多"城堡"。

玩耍之后，我为自己获得如此多的战利品感到兴奋、激动，不知不觉溜进了家。从输家手里赢得的石子是我的巨大财富，我决定好好欣赏我的宝贝。为了不让别人妨碍我观赏和数数有多少石子，我躲藏在姐姐们睡觉的大床下面。

这时正是晚饭时光，餐桌旁我的位子空着。于是家里人开始慌作一团，哥哥们跑遍全城到处找我，姐姐阿塔和伊塔安慰母亲，在这种情况下，她总是想象会发生最可怕的不幸。哥哥们很快毫无所获地回来了，父亲决定，除了报警，没有别的办法。突然母亲仿佛猜着了，她站起来，拿起扫帚在所有的角落晃动，直到发现我正熟睡在大床下的一小堆石子旁。

时间流逝，父亲仅有的几位批发商顾主，或者破产，或者再不给他活儿干了。如果不算那些希望有一双手工制作的鞋做自己陪嫁的农村姑娘，那么他现在只能为自己的几个老主顾修补鞋了。

父亲终于很快明白，仅靠修鞋手艺已无法养家。于是决定，我的三个哥哥中只留艾吉迪奥在作坊工作。阿布拉莫去学当神甫，日后将穿上长袍。而卡特尔沃，后来成为雕塑家，为家具商作帮手。至于父亲，他十分痛心地不得不抛弃他那样擅长的

---

① 贝尼亚米诺的昵称。

手艺，去找新的工作。

　　后来他得到了流动商贩的许可证，做了一辆小推车，开始在商场上走动。卖些带子、花边、别针和各种小饰物等日常所需。我常常和他一起，对我来说这是很让我高兴的事。但是父亲对这种小商小贩的活儿不称心。妈妈明白，也为他不安。当父亲终于有可能做他所希望和他愿意的事时，母亲放心地叹了一口气。

　　我们教堂的敲钟人去世了，父亲请求代替他。父亲是一个忠厚朴实的人，一个真正热心的教民和善良顾家的人。敲钟人的位置给了他。这就是说，他将会有一笔小小的、但却是固定的收入。在教堂的厢房里有免费的住处和几小块可以租赁的土地。

　　我们立刻搬到新家。起初我的双亲毫不怀疑，正如我们那里说的那样，他们抓到了圣安东尼的胡子。这简直是太妙了，住在教堂广场，登上钟楼的顶端，召唤雷卡纳迪的居民来祈祷！但是在这一切好处之外也不无遗憾——父亲再也不能推着小车到小镇上去卖东西了，即使他有空闲的时间。现在，虽然敲钟人的薪水够吃饭，但多余的汤或面条却不能奢望了。这就是说，实际上我们的生活并没有比以前好起来。但是对我这个6岁的小男孩来说，它打开了崭新的视野。

教　　堂

从6岁起，我就在教堂的庇荫下成长。它成为我主要的扶养者和教师，它也给了我锻炼自己嗓音的机会。我，一个来自贫困、没有文化家庭的孩子，教堂给了我很多——比我在小学里所学到的要多的多。5年枯燥乏味的义务教育是我全部的正规教育。未必有谁听到过有关雷卡纳迪教堂的什么事，它只不过在最详尽的旅游手册中才会被提到，而旅游者总是匆忙地寻找诗人恰科莫·莱奥帕尔迪（Leopardi, Giacomo, 1798 – 1837）出生的房子，也不过是匆匆忙忙地看上一眼。在艺术方面，我想，教堂也并不是雷卡纳迪最有意思的地方，实际上它和普通教堂没有任何区别。还是在中世纪建造的这个不大的、舒适的教堂后来多次重建重修过，——要使孩子对历史略有概念，没有比这里更好的了。

很多年教堂对我来说好像是我的家的延伸，甚至是一部分。教堂的职事已成为像做梦、吃饭、上学一样普普通通的事。不过，钟声使这一切变得更有光彩。父亲不得不每次都爬上钟楼敲钟。在歌声和音乐之中，在乳香和教堂仪式之间，我第一次懂得了诗歌创作的神秘。

在教堂寂静的昏暗中，虽然只有祭坛上蜡烛和长明灯微弱的闪烁，但却在我眼前打开了整个世界。我完全不是一个开朗的、或是过分敏感的孩子。说实话，我是一个非常普通的孩子。但是，长期处在久远以前大师们创作的神像和圣画的环绕中，我不可能不吮吸着过去、历史，至少是意大利的过去。

除了歌唱以外我从未研究过艺术、历史，或者别的什么。除了我在歌剧中所遇到过的那些历史名字外，我只知道其它不多的几个，但不记得任何一个历史上有纪念意义的日子。但是，由于我的童年是在教堂的庇护下度过的，我很早就开始感到，那些艺术家、建筑师和我是如此的亲近，他们的作品散发着对美的挚爱，这种爱是如此强烈，使他们慷慨地把自己的创造献给罗马、佛罗伦萨和威尼斯。这种爱也能在如像雷卡纳迪这样最偏僻的角落，创作出最杰出的艺术品。

我和这些艺术品十分亲近，要知道它们就近在我家的门旁。同时我对它们充满了崇敬之情。终于有一天，我突然醒悟，我也像这些雕塑家和画家一样是意大利人，这使我感到高兴和骄傲。

后来，无论我在多么遥远的地方——无论是布宜诺斯艾利斯、旧金山还是奇塔德卡波，无论人们给我多少掌声，我永远明白，这是对意大利的感激，而不是对我个人：因为没有意大利，我什么也不是。意大利的形象首先总是和我儿时的图景联系在一起——雷卡纳迪亲切、朴素、古老的房子，四周我所熟悉的乡村景致。

有时我和母亲到另外的教堂去听祈祷，而我总是拉着她到圣玛丽亚·德·梅尔康蒂教堂去，因为我有一次在那里看到了一幅我怎么也看不够的画。妈妈告诉我上面画的是报喜节。我喜欢它是因为画中有一只猫，猫变成我现实生活中的报喜节。它就站在圣母修道院当中，它被手中拿着百合的不速之客——天使的出现吓得弓起了背。天使的一缕卷发随风飘逸，仿佛她直接从天上飞到了这里。

在画面前景的左边是手中拿着书的年轻的圣母玛丽亚。美丽端庄的她刚刚听了天使的话，她的样子表现出她温顺地表示赞同。我深信，真正的圣母玛丽亚正是这样的，实际上一切也正是这样发生的。在左边深处是梳妆台，看起来这是为圣母玛丽亚备用的，梳妆台上有盖着毛巾的面盆，完全和我们家里的一样，当然要稍稍大一些。

画面深处的右边，从阳台上可看到葡萄缠绕的小亭，枝繁叶茂的松树和挺拔的柏树。"圣地"看来完全和意大利一样。这时我的目光又落到猫上，我非常高兴圣母也有猫。而我还感兴趣的是，天使能放纵它，然后又抓住它吗？

许多年之后，当我已经在大都会歌剧院演唱以后，我回到雷卡纳迪稍作休息。我再次来到圣玛丽亚·德·梅尔康蒂教堂去看看我儿时所喜爱的那幅画。

对猫我已经不感兴趣了，但是画依然像从前一样美好。这是我在别的地方也看到过的"报喜节"中最好的一幅。这时我才知道，这是文艺复兴时期伟大的威尼斯画家洛连磋·洛托的作品。

当我再次看到梳妆台和小亭上的葡萄藤时，我想起了我留在纽约的孩子们。他们正在听美术讲座，每个星期六他们都去博物馆。是的，可以毫不怀疑，他们对这幅画的了解会比我多。

从教堂出来，我决定徒步回家。雷卡纳迪座落在山丘上。波浪起伏的山陵，向四周伸展开来的山谷，向两边延伸，一边伸向明媚的亚平宁山脉的斜坡，一边伸向亚得里亚海海岸。

大海离小城只有8公里。不久前我在这条路一半的地方建了一座房子。我沿着柏树掩盖的大道行走着，看着农民在耕地，他们缓慢地赶着白色的牛群。我看见姑娘们在小溪里沐浴着她们黝黑的长发。随后，田园变成不大的橄榄林，那里葡萄藤缠绕着弯曲的树枝。需要10年辛勤的劳动，才能酿出好的葡萄酒。而威尔吉克奥——清爽碧玉般的葡萄酒，是在我们周围的树林中制成的，这的确是太妙了。

绘画了"报喜节"的画家是对的，他们描绘的圣地就像意大利一样。

我想，他在自己的想象中没有受骗：那一刻在我眼前展示的景色，是旧约中美妙无比的插图。

　　我再次感到高兴，我成长在雷卡纳迪。在那里，我所知道的有关大地的一切和我所了解的有关天上的一切，汇成一个总体——统一的现实。我的孩子生长在纽约，突然不知为何我感到很忧伤。虽然他们在那里有优越的条件，但是他们在这方面却失掉的很多，他们在那里真的好吗？

　　我试图说明教堂给了我很多很多，但还没有谈到最重要的——它教会了我歌唱。当克维里诺·拉察利尼大师、教堂的管风琴手建议我父母送我到歌唱班去的时候，我还不到7岁。这是一个童声合唱，它是根据邻县洛雷托的样子不久前在教堂创办的。

　　我十分感激拉察利尼大师，这是一位杰出的酷爱音乐的人。对孩子非常亲切，很有耐心，甚至对那些丝毫没有这方面才能的人也是如此。他为能组成这样的合唱班感到很自豪。的确合唱班很快就得到了不小的声誉，至少是在我们这个地方。

　　记得那时格里高利歌调不是必须要唱的歌。我们有一些综合曲目，其中有罗西尼和古诺的宗教音乐，有拉察利尼大师本人专为我们写的作品，还有大师特别推崇的年轻的堂罗伦磋·贝罗吉的作品。

　　堂·贝罗吉那时已是罗马西斯廷教堂合唱队的负责人（他在那里服务到生命的结束），是在意大利从帕莱斯特里那开端的传统宗教音乐的杰出创作者。表演他的作品对我来说永远都是最大的快乐。现在我也自豪地回忆起他和我的友谊。

　　我们歌唱班共有20个人，有一个时候我曾是年龄最小的，因此大师不得不让我站在凳子上，使得从管风琴管子的栅栏后面能看见我的头。大师对我十分爱护，对我极尽呵护，而我对此并没有特别在意，因为在家里我是最小的，我已习以为常。直到他个别教我练唱独唱声部时，我才理解为了教会我唱歌，他为我付出的太多。

　　但是，让帕洛大爷开心和在教堂唱歌，这完全是两回事。现在，歌唱已成为我最大的愉快，无比美妙和令我激动，我感到意义和目的均在于此。在学校里我是一个比较笨的学生，而在合唱队里，我好像是一个有远大前程的人。

　　拉察利尼大师把我带入了一个崭新的世界。我懂得了，我不仅要追随他，而且要自己有热烈的追求。当我在罗马教堂做大弥撒时第一次唱了独唱声部后，我最终明白了，我想成为一名歌唱家。

　　当然，这一切还是遥远将来的事，那时我还无法想象，这一切可能发生。我那时还很幼稚，对生活的艰辛还只有模糊的概念。这时我们的合唱班已开始被邀请到各地演出，主要是我们马尔凯区邻近的城镇和乡村。

　　一次我们遇到了非常好的机会，几乎走遍了整个意大利。我们到了科尔特市，为祝贺圣玛尔加丽塔市的赞助者而举办的特别仪式上歌唱。有时也给我们一点微薄的酬劳，当我把自己的第一次所得交给母亲时，我感到十分骄傲。

　　我很快就懂得了，在歌唱者的生涯中，既有他的优势也有他的困惑。一次我们的合唱队到安科拉去，它离雷卡纳迪不远，我们黎明时出发。火车大大超员，我们不得不站在过道里。清晨我们到达之后，我们仍然要站着在窒闷、狭窄的教堂里唱弥撒。大师还要操心让我们吃好，他送给我们几瓶维尔吉克奥。午间我们一干完事，就去逛安科拉。

　　这是我到那时为止见到过的最大的城市。我和卡特尔沃充满好奇地到处走来走去。当我们坐上火车返回雷卡纳迪时，已经精疲力竭。我们疲惫不堪半睡半醒地穿过车厢昏暗的过道找到空的座位。座椅是用一种十分硬的木头做成，但是我们直挺挺地躺下，立刻死死地睡熟了。

　　暂时一切都很顺利。火车在雷卡纳迪只有特别许可才可停靠，时间自然不会超过一分钟。当拉察利尼大师在站台上清点自己睡眼惺忪的教徒时，发现少了两个。火车冒着滚滚蒸汽，隐隐约约只能看到它的车尾。

我和哥哥一直酣睡到从站台传来小贩卖热咖啡刺耳的叫卖声才被惊醒。这已是三小时之后，已来到了贝内德托·德·特隆托。我们疯狂一般、几乎在列车行进中跳出车厢。这时是清晨6点，我们只找到几个铜板，用这么一点钱当然不够买返回雷卡纳迪的车票。除了徒步，我们没有别的选择。那时，我们只好把目光从诱人的热咖啡上移开（我们已决定中午再用这几个铜板），踏上归途。

七月的骄阳酷热难当，尘土飞扬的道路使我们疲惫不堪。偶尔有好心的农夫让我们搭乘他们的驴车，毛驴走的如此缓慢，就像我们一样。这也是一种恩赐——可以与粪肥和镰刀为伍稍作休息。

途中我们曾两次进入小饭馆，当我们为每人点了一块面包和一杯葡萄酒时，我们感到自己完全是成年人了。不幸的是，结果并不圆满，因为我们还不得不计算价钱。下午6点我们终于回到了家。肮脏，饥饿，脚上磨出了血泡，我们已近昏厥。

我跪在妈妈面前哭着说：我永远再也不离开家去唱歌了！永远！

雷卡纳迪

　　我渐渐长大，人们要我为他们唱歌时，已不再给我糖果了。是的，当他们要我唱时，我也早不期待这个了。歌唱给我如此多的快乐，它已成为一种需要。有时我简直很难克制自己不唱。我很害怕，这可能是很庸俗的，就像好莱坞的编剧通常写歌唱家的童年那样。但是命运无论怎样，也许就该如此。

　　我在家唱，在大街上唱，但我最喜欢的是爬上钟楼，异常清新的空气在平坦的屋顶上飘浮，我放开了喉咙唱。从此我在童年时就有了一个绰号：钟楼上的金丝雀。在雷卡纳迪这个绰号跟随了我一辈子。

　　除了拉察利尼大师在合唱队耐心地教我以外，没有人特别注意我的嗓子。在合唱队里唱歌也被认为是副业。在我们那里，从未有任何人想过，唱歌可以成为一种职业（虽然我怀抱如此强烈的期望）。过了一些时日，我小学毕业，开始做点买卖，这是我的生活所期待的一切。至于我的父母和邻居，他们认为，唱歌只是我的游戏、爱好，甚至是怪癖。它会保护我不受恶习的诱惑，而主要的是，这是可靠的"出气口"——它是抒发感情、排除忧愁的方法。

　　而这自然是最重要的，因为意大利人特别需要抒发感情，给集聚的感情以出路，或是给神经以良好的刺激。"贝尼亚米诺在抒发感情"——当人们听见我从学校回来，用颤抖的喉音卖劲地唱着"tantum ergo"时，他们用宽容的口吻这样说。

在意大利通常不采取以谦虚和沉默来培养孩子。不教育他们隐藏自己的感情和控制心灵的冲动。相反，孩子们要比通常更早地觉醒到自由地、坦率地表达自己的感情，敞开心扉，与所有的人交流，不论好与坏（甚至那些从未读过儿童心理学的父母也是如此）。因为如果这是好事，为什么要压抑和隐藏它呢？而如果是坏事，那么更容易纠正它。要知道坏东西可能是危险的毒药，要像从脓疮中拔出脓毒一样，离它远些。无论怎样，任何一种排解忧愁的能力永远对人有利，这是一种神经系统的安全阀。

　　在童年时就已获得善于抒发感情的能力，成为我们意大利人的第二天性。我们可能因生气而暴跳如雷，因欢乐而热情迸发，因激动而面红耳赤。但只要我们开始叫喊或是歌唱，就会立刻平静下来。

　　我明白，那些不懂得意大利的人，会感到这很奇怪。但我坚信，它有助于我们不惊慌失措，至少，保持良好心态。

　　命中注定歌唱成为我的职业，占据我的一生。

　　但是当父母亲认为这是我的"出气口"时，他们完全没有错，事实上就是如此。甚至现在有时候，当我因某种事情感到愤怒时，我放开喉咙，唱几句，那怕是：

　　　　是这还是那，我不清楚，

　　　　它们如此美妙，像星星在闪烁……

我自己也很惊讶，我的愤怒很快过去，我平静下来。或者有时我的心情很好，比如说在家庭比赛打扑克时，我赢了，我几乎总是唱几句《女人心》，或是唱突然出现在脑子里的某个句子，以表达我的快乐。

　　此刻，当我写到这几行字时，我想起有一次在我去开音乐会时，我被卡在了一座英国饭店楼层间的电梯里，独自在电梯里呆了近一小时。音乐会的组织者聚集在电梯旁的楼梯上，在恐慌中等待着马上会有大的灾难降临。我向他们表现了"古罗马式的激情"，装出歇斯底里的样子，说我会唱不好或者干脆不演出了。当他们突然从我被困的电梯中听到歌声时，他们简直是太震惊了。我知道：我或者因坚持不住而愤怒而叫喊（这无疑会对我的嗓子不利），或者我开始唱。我唱了，我唱了整个音乐会的曲目——这就像在音乐书店的小屋里放唱片，只是这张唱片就是我。

我一首接一首地唱了所有的曲目，甚至打算为返场再唱一首什么，——虽然并没有人要求这样做。这时，电梯突然抖动了一下，它动起来了。我十分平静地从电梯中走出，内心里对自己很满意。我让惊叹的组织者相信，音乐会会成功，要知道我的郁闷已经被排解了。

但是要指出的是，在一天中有一个时刻，我没有丝毫唱歌的愿望，——这就是早晨。这个时间我在生理上就很难歌唱。一般说来，许多歌唱者都像我一样，早上醒来时喉咙都有卡他症状，声音沙哑，只有经过几小时之后，才会慢慢过去。

此外，应当承认，不论是清晨唱、还是其它什么时间唱，我倒是宁愿睡得时间更长些。是的，在这一点上我不大像云雀。当我想起有时我不得不在黎明时早起，特别是在寒冷的冬天，我童年的记忆会变得十分沉重。

在教堂里我还为自己找了一份工作。现在我不仅是合唱队的歌手，而且还是一名教士。一位法国出生的神甫堂罗曼诺·鸠彭舍尔建议我在作祈祷时给他帮忙。为此他每天给我两个索利多（意大利旧时铜币，等于二十分之一里拉——译者）。后来我才知道，一般极少给教士付酬劳。现在我以为，这不过是一种施舍，当然那时我并不懂得这个。

为了赚这两个索利多，我必须在早晨6点半起床，和堂罗曼诺一起作早晨的弥撒，在这之后我再去上学。

可怜的母亲不得不费大力气叫我起床。她用拳头推我，把我从这一边翻转到那一边，用劲让我坐在床上，但不论怎样我又倒在被窝里，死死地睡去。堂罗曼诺是一个心地极其善良的人。如果我迟到了，睡眼惺忪，他也从来不骂我，甚至当我把拉丁文句子弄得颠三倒四时他也不生气。

当我想到我也在帮助家庭时，早起的痛苦就会减轻些。一天两个索利多在那个时候实在是微不足道的小事，但无论如何总比没有强。我们的钱总是不够用，虽然妈妈也在教堂找到工作：她扫地、擦门的铜把手、清除尘土，总之是打扫卫生，一天可以得到11个索利多。妈妈总想把我的两个索利多积攒在一起为我买衣服，但是每次都不得不用在更需要的地方，比如食品。如果没有我这一点钱，我们的午餐经常只能是一块面包和煮葱头或是辣椒。每当用我赚来的钱做出浓浓的四季豆汤时，我认为这是我所吃过的最好吃的东西了。

夏日的傍晚，堂罗曼诺在我的帮助下做完"祝福式"或"晚祷"后，他常常带我去散步。我们走出城外很远，直到荫菲尼托（意文，意无边无际——译者）山丘。堂罗曼诺虽然几乎一生都在意大利度过，但他还是带有浓重的法国口音，起初我感到十分可笑。堂罗曼诺是我一生中遇到的第一个外国人。他用温和的声音告诉我，这个山丘是为纪念莱奥帕尔迪著名的诗篇而命名。莱奥帕尔迪是但丁之后最伟大的意大利诗人，他出生并成长在雷卡纳迪，而我应当了解他，因为在我们的广场上立着他的雕像。

驼背诗人孤独、悲惨生活的故事令我感动得流泪。但是我也许让堂罗曼诺失望了：这篇著名的诗篇《无边无际》太复杂、太严肃了，那时我没法理解它。我更喜欢的是他关于血族复仇、古代风俗史和有关过去战斗的故事。听到这些故事，我惊呆了：我们的城市至今没有被彻底毁灭，什么也不能威胁它。而我就出生在这里——要知道多少世纪以来，古罗马人、哥特人、巴比德人（古日耳曼部族之一）和其它部族都曾为了雷卡纳迪而互相争斗。他们占领了它，把它投入烈火，而它又从灰烬中重生。

有一次我问堂罗曼诺："从那时起，雷卡纳迪居民是不是改变了许多？那个时候他们是不是很凶残？"

他笑了："是不是有人对你讲过关于教皇约翰二十二世和魔鬼的故事？这是在很久很久以前。那时基督徒成年累月抛开自己的家，为解放'圣地'而勇敢地去和土耳其人战斗。而雷卡纳迪的居民那时也一直和所有自己的邻居搏斗，为此遭受了如此多的不幸，使得教皇决定：不如让魔鬼来统治这个城市。"

"这是真的，神父？"我对这个问题很感兴趣。

"你看，我亲爱的，说实话，对这个问题永远都不会没有争议。不论怎样，教皇反雷卡纳迪居民的十字军东征，和土耳其人所做的完全一样。每一个参加者，都可以像与土耳其人战斗过的人一样得到宽恕赦免。而雷卡纳迪的敌人——他们为数不少——，当然很乐意如此。因为他们可以不费吹灰之力拯救灵魂，不需要乘车去'圣地'。此外这个绝妙的企图还可以为自己复仇。当然，他们能够赶走魔鬼。要知道今天已看不出它的任何痕迹，不是这样吗，贝尼亚米内洛？"

我很喜欢堂罗曼诺，但是我怎么也弄不明白，他什么时候是在开玩笑，什么时候说的是真话。这个时候我总是很困惑，因为所有这一切都和在学校神学课上所讲的完全不一样。

我们意大利神父对魔鬼是很严肃的。

"但是，神父，也许魔鬼不总是追着诱惑我们，怂恿我们干坏事？"我反对说。

"喂，你不要再想那个倒霉的老魔鬼了，贝尼亚米诺！他在大城市里的事情已经够多了。我很怀疑他还有空顾上雷卡纳迪。"

这一切都发生在那荣耀的时刻，那时，雷卡纳迪居民能够使罗马教皇失去控制力。而现在，看起来，魔鬼已完全对这个偏僻的角落失去任何兴趣——堂罗曼诺对此深信不疑。雷卡纳迪现在的确是少有的宁静、古朴的城镇。从来没有任何人对它的居民叙说过在亚平宁山脉后面大千世界所发生的一切。他们对罗马和米兰的了解不会多于对古巴比伦的了解。与它们相比，甚至纽约和费城对他们来说，也不是那样陌生和遥远。因为谁都知道，至少可以在那儿找到面包师的侄子安东尼奥，皮匠的表哥吉捷托。有时父亲在饭前说："有个叫安娜－玛丽娅的收到了信。"

显然，这是从纽约或新泽西的儿子来的挂号信，里面装有美元。

几乎每一个雷卡纳迪的家庭（我们家除外）都有人"远渡重洋"。一些人到那里去是为了摆脱暗无天日的穷困；另一些人幻想到那里淘金；而第三种人不过是由于天生好动。几乎所有的人——当然只有上帝知道他们过的如何——都在大洋那边立足，给家里寄来挂号信。有一些不成功的侨民两手空空失望地返回家园，他们后来常常以自己所干过那么多各种各样的活儿，而使那些生性好动的人也感到惊讶。这些人直到生命结束时，都被人们叫做"美国人"。

雷卡纳迪的生活从出生到死都遵循着某个时候规定的秩序，并在各方面遵循祖先严格的习俗。如果谁想改变自己的生活，他只能到美国去。雷卡纳迪的莱奥帕尔迪广场和纽约的茂比利街，这是两种生存的极端，大家都很明白，谁都不会不知道该做什么。

我的双亲也生活在这个环境里。因此，当我终于告诉他们，我想成为歌唱家时，他们仅仅宽容地笑笑，这就不足为奇。我记得，当我的一个孙子告诉我，他要在月球上建汽车厂的计划时，我也是同样地笑了笑。可能，比起我的孙子的愿望来，对我的父母来说，我的幻想可能要稍稍小一些。当我开始坚持自己的想法时，他们比较通情达理地反驳说：我能在哪里成为歌唱家呢，要知道在雷卡纳迪不可能。在这里只能在教堂里唱，而我已经在那儿唱了。当然，上帝保佑，我还能以此挣点钱。但是不能这样过一辈子。也许，在美国？不行，到美国去是为了做石匠和木匠，而不是去唱歌。还能到哪里去呢？他们不乐意让我到可能想象得到的、如像罗马这样的其它别的什么地方去。他们也可能会同意，罗马对此很合适。但是他们设想，你到那儿去了，你怎样成为歌唱家呢？对此谁也不能回答。

父亲考虑："此外，这是一件不可靠的事。大家都知道，音乐家都是饿死的。最好学一门好的手艺，或者做买卖。"他说这些，却忘了自己的可悲经历，而且从不后悔。

"你还要知道，贝尼亚米内洛，我不想让你上台唱歌。我以为这不是很好。你不能为了挣钱去唱！"母亲支持父亲，她带有责备意思地说。

反对的意见很多，一个又一个。没有道理，互相矛盾，但问题不在这里。实际困难要严重得多，比任何理由都更有说服力。我们很贫穷，父母不能供我成为歌唱家，如果有时自己出现这种想法，稍稍思考之后，立刻也会恐慌地否定它。对他们来说这是不可接受的，超出了他们习以为常的范畴。那是处于亚平宁山脉之外的，充满诱惑与欺骗的世界，那里出现了那些制鞋工厂，它使父亲的手艺化为乌有。

暂时我只能听从父母的安排，我还能做什么呢？

我只有8岁，父亲为了让我学会一种手艺，把我送到帕洛大爷那儿去当学徒。两个漫长的夏天，整个假期，我在他的作坊干活，试着学些木工活儿的技能，但是我并未表现出特别的本事。

当我满10岁时，父母大概认为我学缝纫也许更好些。又是两个不愉快的夏天——我是在针线、顶针当中度过的。但是显然我在这方面成效也不大，因此当我 12 岁小学毕业时，已不再谈缝纫作坊的事了。

那时药剂师威尔德可亚正好需要一个孩子给他当助手。随后的五年——我在雷卡纳迪度过的最后几年，我在药房干活。要说起来，这是个很不错的工作。但是站在柜台旁，我的脑子里只有一个想法："怎么能成为歌唱家呢？怎么能既没有钱，又能当歌唱家呢？"

药房老板的帮手

　　所有的人都以为我的生活道路已经确定了，我将永远是一个"歌唱得很好的药房老板的帮手"。但是在我的心灵深处，总是怀有一种希望，我的命运还会另有安排。但是我从来没有想到过，我会突然放弃自己这样好的、可靠的工作，更没想到会有一个人促成我这样做。是这样，当我对我的生活能有所改变已失掉任何希望之时，我正好遇到了我所需要的那个人。

　　这就是那种有时会决定你的一生的一次偶然机会。这个人明白，最大的困难在哪里：要成为歌唱家，却没有一个铜子儿。他帮助我，带给我希望，甚至找到了我如此期待的回答。没有这个人，我永远不会来到罗马，永远不会真正学习歌唱。他是决定我的艺术生涯的最重要的人。这不是什么重要人物，什么有威望的人，或是富翁；他甚至不是特别有智慧。这不是经纪人，不是神甫，不是政府官员，这是一位厨师。

　　以后我会讲我们是怎样认识的。现在先说说在遇到他之前的那些年是怎样度过的。这个时候我仍然为达到自己的目的而心怀胆怯，没有信心，像虾一样向后退，远离自己的目标。5年我就是在半睡半醒、灰暗的外省生活中度过的。我记得，在炎热的夏天，我放下药房窗户的遮阳棚，懒洋洋地扑打苍蝇，往药瓶上贴货签，毫无意义地浪费时间，对我的艺术生涯来说这是惘然若失的年月，我那时就是这样的感觉。后来，随着年龄的增长，我有了些经验，我开始明白，生活中没有什么是没有益处的，或是没有意义的。这些平淡的、安定的几年——少年充满幻想的年代——同样是很有成效的。

　　现在，当我已离开舞台，我喜欢坐在自己的花园里，和阿尔萨斯牧羊犬扎雷嬉戏，在记忆中翻腾过去。我坐在藤椅里，把球扔给扎雷——它很喜欢扑球，发出不可思议的喧闹声，沿着小径向球奔去，蹦蹦跳跳，碎石向四处飞溅。以前我没有时间和扎雷玩耍，而现在——多长时间都行。要知道，2：30不再有记者等我访谈，17：57我不需要乘火车，剧院不要8点准时开幕让我登台。现在我有时间思索、幻想，难道以前我能够这样？

　　记忆，就像老胶片，过去的一幕幕在我的面前展现。有时是模糊的，像雾一般；有时是清晰的，明亮可见。瞧，举起了指挥棒，准备序曲开始……酒杯的碰撞声和用各种不熟悉的语言发出的为友谊干杯声……观众席的欢呼声……火车的车轮声……它们隐约闪现，把我带到久远以前。场景不断变换、浮现、消失、再次出现。这是我在某个地方穿着无袖上衣（旧时代替西服的坎肩），唱着咏叹调——我在舞台上演唱过60个角色……我在罗马演唱——休息时我被邀请到皇室包厢……为纽约大火的孤儿扮成圣诞老人……在底特律我在警察的保护下穿过城区，因为黑手党威胁要杀我……在威尼斯我半夜从热火朝天的慈善音乐会上消失，而匆匆赶到出色的拉芬尼切的威尔第剧院，在那里为威尼斯游船船夫、手艺工人、洗碗工，和只能在圣马可广场的星光下度过蜜月的贫穷的新婚夫妇举行重唱音乐会……1914年在罗维戈，在索恰雷剧院的后台，为了鼓足勇气我大口喝着咖啡，——这是我首场演出的日子……1917年在皮亚维，我为士兵们演唱……多么富有幻想力的未来等待着来自雷卡纳迪朴实的男孩啊！我在舞台上的创作生涯延续了40年，我为此高兴，为此生活。但是难道我曾有过哪怕是短暂的时间，这样安安稳稳地坐一坐，这样思索或遐想吗？也许是在刚刚开始学唱的时候。记忆中出现了我在罗马住过的顶楼，为了赶去上课而匆忙脱掉仆役的制服……

没有，我没有一个小时的安静，一分钟的无所事事。只有当我忆起威尔德可亚先生的药房时——咳嗽药水、泻药、苍蝇……我明白，在那儿度过的日子没有白过。它给了我必要的时间，使我增强了要成为歌唱家的愿望，使我对自己有了信心，能够想象并开始把自己的理想付诸实施。

闲暇时间！当昼夜以分钟来安排，当你只是为了听众而生活的时候，这是多么样的奢侈！当我还仅仅幻想着未来的时候，我曾有过闲暇时间，而我现在再次终于获得它，我已经只能回顾过去的岁月。至于那些把这些年月划分开来的动荡不安的日子……是的，看来这是对的，为了成功，必须付出。如果说在这种条件下，我能成功地至今像我所期望的那样朴实、健康，如果说在我身上还能认出我曾经是那个没有离开亚平宁山脉的男孩，那么我想，首先是因为我那个 5 年——这个时间是为了在成为歌唱家之前，先要保持本色。

但是我的派头太大了，我完全忘了那个在药房劳动的男孩。虽然那时我只有 12 岁，我一天要劳动 11 个小时。是的，我常常有许多空余时间，药房有时歇工，我总能得到威尔德可亚先生的允许离开一会儿，但我是一个相当老实和胆小的男孩（不像我们有时遇到的那种厚颜无耻、贪得无厌的意大利人），我不经常向主人请假。

这是我第一个像成年人一样的真正的工作，我为此感到骄傲，我最害怕有什么事做得不对。说实话，我很喜欢药房，如果不是唱歌，我也许会这样工作一辈子，也许会很满足。

如果说，教堂使我看清了过去的日子，那么，药房帮我认识了成年人的世界。在南意大利的小城镇里，药房，这不是什么小卖部或小商店，这首先是可以了解许多消息的场所：像一种地方交易所，实际上是一种独特的、相当民主的俱乐部，因为什么人都可以来这里。同时这儿的环境很舒适，有文化韵味：在壁柜抽屉上有各种拉丁文名称和彩色的大瓶子。它不能和任何便宜的小酒馆相比！当然，在雷卡纳迪也有自己的俱乐部——贵族聚会，那是殿堂，只有特殊的人物才能去，那完全是另一回事。

在药房，听威尔德可亚先生和顾客的谈话，我了解了很多城市居民的个人生活，许多是我从来不知道的。由于我不是特别忙，我能够任意满足我的好奇心。年过半百的太太们向我讲了许多她们的仇人的丑事和亲人的病态。很快我就成为很多有趣故事的保护者，以至于最终弄得人们开始把我看成一个像有阴谋和病态的人。

那时我近距离地认识了许多有知识的人，而在此之前我只知道其中的拉察利尼大师、学校老师和教堂神甫，而现在我每天都和这样的人打交道。这里有两个律师、医生、公证人和市政府官员，有时还有其他人物。但是每天最先来到药房的不是顾客，而是威尔德可亚先生的朋友，他们是来聊天的。我觉得他们像阴谋家，特别是他们一个又一个小心翼翼地窥视药房，又很快把目光挪开，然后悄悄地进来，直接进入威尔德可亚先生准备药品的房间。

当然，这里完全谈不上什么阴谋和秘密联盟，这不过是一些想方设法消磨时光的人。威尔德可亚先生是一位极有教养的人，懂希腊文和拉丁文。在没有顾客的时候，他总是读诗歌打发时光。他订阅了各种各样在雷卡纳迪甚至都不卖的杂志，直接从罗马和米兰寄来。这是一位善良可爱的人。只是他有一个爱吵闹的妻子，我甚至怀疑他晚上是否害怕回家。

当他的朋友来到药房时，威尔德可亚先生请他们喝一杯茴香蜜酒，或者他们轮流煮浓咖啡，这时总是派我到旁边的小饭馆去买。然后他们长时间地坐在空酒杯或咖啡壶前，抽烟，聊天。这时，我照顾顾客，不去听他们的谈话。只有当他们有时开始大声争吵时，我能听见几句。无论什么时候，他们的谈话都超出了我的理解。但是我清楚，成为一个有文化有教养的人，有很大的优越性。正因为我不是这样的人，我常常奇怪，他们谈论什么能谈得这样久，是什么值得整晚上讨论。那时我已知道存在着某种叫做政治的东西，从那时起直至永远，这对我来说都是秘密。

在美国人们常常问我："你在药房做什么？你做什么样的夹肉面包？你还记得怎样准备加柠檬的矿泉水吗？"每一次我都解释说，意大利药房和美国药房完全不一样，那里完全不卖三明治和冰淇淋。虽然在威尔德可亚先生的药房里也卖过冒汽的柠檬汽水，而这正是我这一生中所受到的最大委屈的原因所在。甚至于今天，当我想起这件事时，我也感到很不愉快。

威尔德可亚先生用一种特别的秘方配制柠檬汽水，这能使他增加收入，特别是在夏天。但是药房狭窄，他想出用三角形的方法堆放瓶子，可以尽量少占地方。

用三四十或是五十个瓶子堆成三角堆是件很困难的事，可我必须做。比起按份量称药粉，把它灌进透明的药袋，或者是把药丸分放在盒子里，这件事需要极其灵敏。每次堆好三角堆，我都会轻松地叹口气。而夜晚，我总是做同样的噩梦：三角堆坍塌了，瓶子稀里哗啦地都碎了。

一次，我一失手，噩梦变成了现实。结果，所有的细节都和我想象的一样可怕。劈里啪拉的碎玻璃声，满地的柠檬水似汪洋，一大堆碎片，从另一间屋里跑出来的威尔德可亚先生，他正在那里和朋友们说话。这一切简直是太可怕了，我确信，他会把我立刻赶走。

但是，正如我说过的一样，药房老板是一个好人，他看到我的绝望，抑制住自己的情绪，只表示希望以后不要再发生类似的事情。现在我能做的事：把一切收拾干净。自然，全城都知道了所发生的事，我很长时间都感到很羞愧。但是奇怪的是，噩梦不再追随我了。

安杰丽卡

在离药房不远的这条街上，有一所不大的音乐学校，其中只有一位音乐教师：西尔瓦诺·巴德里老师。他有时晚上也到威尔德可亚先生这儿来。巴德里老师也知道我，听过我在教堂里唱歌。有一次，当老师和其他客人坐在药房时，他把我叫到里屋，问我，想不想学萨克斯管。

我激动得满脸通红，什么是萨克斯管？我从来没有近看过的一种乐器，除了教堂的管风琴。我经常去听市管乐队的音乐会，但是我完全分不清各种乐器的名称。更糟糕的是，我完全不会识谱。不管他怎样看，难道我能吹萨克斯管吗？

"别害怕，贝尼亚米诺，我教你。我们乐队缺萨克斯手，愿意帮我们吗？"巴德里老师说。

真糟糕，——我愿意帮忙吗?！我感到，我心中充满了骄傲和感激。巴德里老师很善于培养我对萨克斯管的真正兴趣。我认为这个乐器是很奇特的，它和管风琴的对比很迷人，而我可以说是管风琴培养起来的。

在乐队里，我即使不算很好，至少我很投入。我们的曲目几乎完全是歌剧咏叹调和歌剧序曲，这是我首次接触歌剧音乐。我们甚至表演了歌剧片断，后来我已完全背诵下来，比如迈耶贝尔的《非洲女郎》。

众所周知，在意大利，歌剧是民间文艺的要素，对此我也了解。在我开始在乐队里演奏之前，我只知道宗教音乐和民歌。这一切成为我的新道路的开端。

不久我又有了一个近距离接触歌剧的缘由。正在神学院学习的我的哥哥阿布拉莫集合了一批 10 岁左右的孩子——我也是其中之一，教他们一些小型的舞台剧和喜剧。他的唯一目的就是让我们不顽皮淘气。我们星期五在我们教区的儿童俱乐部集合，那时它刚刚建成。那儿有一个小舞台，我们有时在那里举行公开演出。

通常有上百人来看我们的演出，有时更多一些。当然，来的都是我们的亲朋好友。阿布拉莫用玉米穗给我们做大胡须，而胡子就用烧糊的木塞画。

第一次走上舞台我非常害怕，我相信，我看起来一定很可笑，很愚蠢。突然，令我十分惊奇的是，原来这不仅令人愉快，而且十分令人鼓舞。

我们的演出受到以我哥哥阿布拉莫为代表的教会核准这一事实，看来有助于打消母亲反对戏剧的警告。否则我简直不敢设想，她怎会允许随后所发生的一切。

我已经 15 岁了，但我还没有变声。一次，像往常一样，药房十点钟关门之后我回家。我发现父母十分不安，原来有客人：三位年轻先生——三个大学生。他们直接从我们省的大城市马切拉迪来到这里，而且是为我来到这里！他们想做什么？他们想让我扮作女孩，在某个轻歌剧中唱女高音角色！……

"显然，这完全不可能！"母亲回答。

她断然拒绝告诉他们在哪里可以找到我，而且根本禁止他们找我。当然，她也很遗憾，他们从那么远跑来。但这是他们自己的错，他们的脑子怎么能想出这样可耻的念头呢。母亲请他们喝最好的咖啡，甚至自烤的杏仁饼，这是母亲为客人和节日保存在铁盒里的。在这之后，她十分礼貌但很坚决地送走了他们。

我沮丧之极。我原本想母亲不会如此坚决，如此不可动摇，至少她应该允许我本人和他们谈谈。当然，一般来说，如果想想——穿上女孩子的衣裳，唱什么轻歌剧，太可怕了！

可是在那个时候，有人请你上舞台唱歌，难道不是一件感到荣耀的事？这一切真是太不可思议！在马切拉迪，他们从哪儿知道我的呢？为什么他们需要的正是我呢？难道他们那儿没有自己的女高音？为什么首先想到了我呢？

渐渐地我了解到了事情的详细情况。一群大学生决定排一部轻歌剧，他们想自我娱乐。此外，他们也想邀请观众赚点钱。似乎他们对轻歌剧《安杰丽卡的出走》特别感兴趣。不知为什么他们就想排这部戏。但是后来了解到，在马切拉迪的上流社会家庭中找不到一个女孩同意扮演这个逃离家庭的女主角。也没有哪家的父母允许自己的女儿以这样轻佻的角色出现在舞台上。大学生本已打算打消自己的想法，突然其中一人想起几周之前，在雷卡纳迪的圣弗拉维安诺教堂听过弥撒，有一个小孩的独唱唱得不错。

"不管他是谁，只要他穿上女孩子的衣服，他就会是一个绝妙的安杰丽卡。"他说。

他们立刻派了代表来到雷卡纳迪。在教堂里学生们了解了他们所想知道的一切，径直到了我的家，但母亲把他们赶了出来。

但是看起来学生们并不罢休，因为下一个星期天，这三个年轻人又来到我家，站在门旁不走。他们请求妈妈，向她发誓，向她解释，甚至和她开玩笑。总之他们不达目的誓不罢休。要知道这不是无偿的：我一定会得到报酬！母亲坚定不移（靠舞台挣钱，——这太下贱了）。但我想，这后一个条件对父亲会有点影响，因为他最终嘟哝了几句："算了吧，也许这不是什么坏事……"至于我，当然非常高兴能接受邀请，我希望不要耽搁。

这次学生们终于成功地迫使父母允诺答应他们的要求。

大学生走了，而这边母亲打算从阿布拉莫那里找到自己的同盟者。可是，当阿布拉莫告诉她，他读了剧本，没有发现有什么不好的东西，妈妈立刻惊呆了。是的，故事说的是从家里出逃，但这只不过是一个滑稽剧，结局却很圆满。按照他权威性的意见，轻歌剧既没有脱离信念基础，也没有脱离道德规范。如果贝尼亚米诺很高兴参加，那我们为什么不让他去呢？

但是拉察利尼老师却吓坏了。他不是从道德观念上，而是因为他认为，从纯音乐方面看，轻歌剧绝对低于宗教音乐，从而当然降低了合唱队员的尊严。这种论点起初使我有些动摇，但时间不长。那时老师曾试图说服大学生，他开始向他们证明，我是女低音，我不能唱女高音声部。但是大学生不顾一切，坚定不移（有意思的是要指出，男高音童年时都是女低音，而童年时唱女高音的男孩，后来都是男中音）。无论这样那样，老师看到我的心已经飞到马切拉迪，他终于缓和下来，对轻音乐在总的方面提出一些严肃意见之后，他放我走了。

但是妈妈还是寄希望于最权威的意见，显然，没有任何人能反对他。她把这一切告诉了老法国神甫堂罗曼诺。但是神甫微笑着对她说："贝尼亚米诺是个可爱的孩子，生活中他快乐的时候很少。这件事应当由您决定——您是他的母亲。但我想，如果他去马切拉迪，不会发生什么可怕的事。"

我的母亲是一个非常顽强的人，尤其是当她认为自己是正确的时候。而这一次，虽然所有其他的人都已同意让我走，她却长时间坚持不渝。谈话，劝说，还做了很多努力，大学生已经失去了耐心。但终于母亲还是让我去了。

随后几周的事情给我带来很多不安。我不得不数次去马切拉迪排练，我开始感到我像个流浪汉。后来我偶然得知大学生不排别的什么戏，而如此热衷排演《安杰丽卡的出走》的原因。这部轻歌剧的首次上演是在几年前的锡耶纳。该剧的作者、作曲家阿历山德罗·比里住在佛罗伦萨，他的兄弟是马切拉迪的市政府秘书。众所周知，任何一位市政府秘书总是能找到成百上千的方法，帮助或者相反阻止打算排演轻歌剧、甚至希望得到观众出席的大学生。这一次市政府秘书准备全力帮助这件事，条件是要排演轻歌剧《安杰丽卡的出走》——他的兄弟天才的作品。这样一来，我们能得到的，比如说，不是一个小的演出场地，而是个大剧场。它的楼座和包厢装饰着红色的天鹅绒和装饰物。这个剧场引起我如此的尊重，就好像这是著名的斯卡拉剧院。

哪一个男高音能严肃肯定地说，他的首场演出唱的是女高音角色？但有时我也玩笑地让我的谈话对手猜我在舞台上首次唱的是什么。当他们让我提示点什么时，我受到启发，画了一件我当年演出时穿的服装：白色的长裙，宽大的袖子带有皱褶花边，黑色天鹅绒帽子饰有两朵大白花，手持天蓝色的遮阳伞。然后我满不在乎地坐到椅子里，为我的对手的不知所措感到很开心。

那天晚上，当我在拉乌罗·罗西剧场的服装间，在镜子中看到我面前自己妆扮的安杰丽卡时，我也十分惊讶。

我的双颊绯红，圆圆的、光滑的，额头上低垂着黝黑柔软的卷发：这就是个女孩！这让我真难为情极了。后来我突然感到一种男孩的羞怯，随后是些许慌乱。那儿，在大幕后面，坐着城市里最文雅的太太们，至少我是这样认为。更糟的是，那儿坐着我的父亲，我怎么能出现在他的面前呢？而且我十分清楚，这不是雷卡纳迪儿童俱乐部的小舞台。我甚至没有听见叫我的名字，不知是谁用力把我推上了舞台。

那时突然一下子一切归于正常，一切比想象的都好。就像排练时所教给我的那样，我把玩着遮阳伞，在台上走来走去，唱着我的咏叹调："去年我曾在这里散步……"比里大师专门为我的嗓音在轻歌剧中写了这首咏叹调，我认为他给了我极好的机会表现自己。不论如何，好像所有这些掌声和热烈要求返场的呼声正是冲着我的。真是太不可思议了！我深深地被感动了，我就像我扮演的那个女孩，我要大声喊叫。

但是我咽下了眼泪——无论如何我是个男孩！我试图和父亲交换眼神，我看见他坐在前排。在这样的喧闹、激动和掌声之中，他十分平静地坐在那里，甚至没有朝我这个方向看看，我十分伤心。后来才弄清楚，戴着这样的帽子，有这样漂亮的花边，他根本没有认出我来，他一直翘首以待地等着我的出现！

在咏叹调"去年我曾在这里散步"获得成功之后，我每一次出场都得到听众的喝彩。当然，如此多的掌声落在我的头上，让我有些不自在，——这比我应该获得的多，因为我认为其他的人也唱得很好，特别是男中音阿尔曼多·桑多利尼和男高音、大学生曼里奥·乌尔班尼（他扮演我的未婚夫）。

乌尔班尼是个很可爱的青年，腿稍微有点瘸，我记得那时我很喜欢他。许多许多年之后，有一次我在南美演出，在布宜诺斯艾利斯参加一个慈善音乐会，这是地方意大利报纸《意大利德波罗》组织的。音乐会之后举行酒会，我正好坐在报纸的编辑、音乐会组委会主席的旁边。我们聊了很多在这种场合常说的话：意大利、音乐、布宜诺斯艾利斯的侨民区和其它等等。后来他问我是怎样开始演艺生涯，我在哪里学习，在哪里开始演唱。我对他笑谈了我在雷卡纳迪的首场演出，大学生排演的轻歌剧，我在里面演了个女孩子。这时我的同伴有些奇怪地看着我，我中断了谈话，看起来，大概我做了什么很不妥当的事。但是突然他大笑起来，他笑得前仰后合，几乎坐在地上，说不出话来。显然有什么事让他非常高兴。

这是曼里奥·乌尔班尼，我从前的未婚夫。

"我的安杰丽卡！"他大叫起来，扑向我搂住我的脖子。

《安杰丽卡的出走》的首场演出是真正的成功，人们说主要是由于我的参加。后面几场的票立刻都卖光了，为了满足观众的要求，我们不得不加演了几场。但是后来我回到雷卡纳迪，生活又回到从前：药房门上挂着小铃铛的帘子，青年乐队的萨克斯管，教堂里帕莱斯特里那的管风琴、经文歌，用烧焦的木塞画的胡子，教区俱乐部的星期日音乐会……一切都和从前一样，又和从前不完全一样。我的嗓音已经有一次充盈过整个剧场，抓住了听众，使他们激动。我感到，我也许会再做这一切，无疑，我可能再做这一切。

又过了两年，我已 17 岁。那个夏天，我经常到雷卡纳迪近郊的小酒店去，那里在葡萄缠绕的小亭子里可以玩木球。在那儿我认识了一个叫乔万尼·杰里的人。他在罗马的葡萄牙教会学校做厨师。这个学校的学生夏天通常都在雷卡纳迪的海滨度过。在玩了两三局之后，我和杰里坐下喝了小杯酒，他开始谈论音乐。他出生于罗曼尼，众所周知，在那里，甚至厨师也热爱音乐。尤其是他在著名男高音歌唱家亚历山德罗·邦奇（Bonci，Alessandro，1872 – 1940，意大利男高音）那里工作了多年。他自我吹嘘了一通如何训练嗓音的各种各样混乱的见解。他甚至知道许多歌剧歌唱家的奇闻趣事和流言蜚语。炫耀自己的见多识广显然使他得到很大的满足，特别是在这样一些像我一样好学的、兴趣盎然的听众面前。但在这种冒充好汉和大言不惭之下掩藏的是对歌剧音乐真正的爱。

一次他听了我在教堂唱歌之后，他说我会有伟大的前程，但条件是我要到罗马去。后来我们每次见面，他总是不厌其烦地对我说："你应当到罗马去！"要知道我早就幻想听到某个人这样说。没有钱？他让我相信，这不是什么障碍。他会为我安排……他会关心我……他会为我找到工作，他会安排我到某个音乐厅去做领位人……他认识一个"奥林匹亚"剧院的群众演员……

"顺便说说，你不是还有一个哥哥在罗马吗？"

的确，卡特尔沃不久前以优异成绩考取了美术学院，得到了奖学金，他在那里学雕塑。

"你为什么不到他那里去呢？我可以在学校的伙房里管你们的饭。你在音乐厅拿到工资以后，就可以去上歌唱课！有一天，当你成为一名著名的歌唱家时，你会想起我，你会送给我两张楼座的票。这会是什么歌剧呢？《游吟诗人》？也许是《阿伊达》？"他已经想象着我未来的荣耀和富有。

杰里整个夏天都在重复着同一件事，说服我，提出保证，诱惑我。

"或者现在就做出决定，或者永远也不做。"他说。我明白，他是完全对的。拉察利尼老师和这时已成为神甫的我的哥哥阿布拉莫也认为我应该到罗马去，他们还帮助我说服父亲、母亲。到 9 月我终于打消了他们的固执。卡特尔沃从罗马写来信，很高兴我去他那里，我可以和他一起住在他的阁楼上，他已为我在卡乌尔学院找到一个药剂师助手的位子。（也许这要比领位人的前途更有希望一些）。最后，一切都进展得很迅速。我成功地筹措到车票钱，阿布拉莫借给我 60 里拉。口袋里少许的钱和厨师的监护——当我和威尔德可亚先生的药房、和教堂、和双亲、和雷卡纳迪告别时，这便是我所有的一切。我踏上了路程，去到那里——亚平宁山的后面。

罗　马

　　自然，被理想弄得头脑发热的我的厨师朋友有些太夸张了。我到罗马一两个月之后就明白了这一点。他没有给我介绍任何一位歌唱教师。我开始怀疑，他到底是否认识他们当中的某一个人。

　　我经常真的挨饿，但这只能怪我自己，我无法向杰里解释。当他说他将在学校的伙房管我饭时，我几乎完全相信了他的话。每一次我到他那里去时，他都很有礼貌地接待我，然后很神秘的样子让我坐在桌旁。看着他，可以想到，他会用某种十分可口的佳肴来款待我。但是他拿来杯子，倒上一杯饮料，好像什么事也没有发生又无边无际地谈论歌剧演员。这样的谈话可以延续一两个小时——这要看他是否忙。甚至无法想象用某种小心谨慎的暗示来打断他，说明我来的真正目的。是的，在离开时，他会给我一点什么好吃的东西，但这不仅不能使我得到安慰，反而更燃起我的食欲。也许这一切是因为某种误解，也许是他感到不方便接待我，不好意思请我吃点什么，既然我没有请他这样做。也许他完全忘了他在雷卡纳迪说过他会帮助我们。但无论如何，我拿定主意，指望他每天都帮助我们是完全徒劳的。但是我仍然深信不疑——在这一点上我也没有错——，在真正遇到不幸时，他总会帮助我。我还相信另一点：友谊，虽然不是很好，但还是应当感谢他，因为正是他促使我来到罗马。

　　但是，无论是饥饿，无论是失望，都不能改变的最重要的是：我终于来到罗马，甚至来到它的最中心地段，因为我哥哥住的阁楼就在帕塞扎塔·迪利培塔，在美术学院和迪布罗之间安静的绿荫小街上。从这儿走几分钟就是科尔索大道，罗马的主要街道。以我外省人的眼光看，这就是最美妙的罗马世界。在一天结束时，举止文雅、傲慢自大的人群，通常坐着四轮马车或者骑着高大的骏马在科尔索大道上漫步。离科尔索大道不远就是德波波洛广场。这个广场以它有五座教堂、喷泉和埃及方尖碑而著称。最后是平秋花园。那儿我以清教徒的恐怖心理，偷看到那些士兵不知羞耻地和带着孩子的保姆调情。或者我去看木偶戏，那儿让我陶醉。

无论我后来在什么地方唱《波西米亚人》，我总是会忆起我在罗马最初几个月的生活，我和哥哥栖身的阁楼。这也是艺术家的生活，只是没有咪咪和缪赛塔。虽然有时十分艰难，我们仍然生活得很快活。卡特尔沃就是那个学画画的大学生：消瘦的面庞，宽边的帽子和黑色的蝴蝶结领带。有时他学校的朋友到我们这儿来。我们无法请他们吃点什么，因此我们尽可能逗乐，更多的时候是唱歌。有时我们淘气地模仿街上小贩的叫卖声，我们模仿得神似。晚上我们坐在烛光下，因无事可干而做练习，我表现出真正的模仿才能。我藏在窗帘后面，向大街上发出磨刀师傅和送水人的叫卖声，或者反复地让人们来修伞。在邻居们没有发现我们的勾当前，他们好长时间猜不出是怎么回事。

我们的晚餐总是同样一种不多的、只值几个索尔多的"培慈迪"——这是一种罗马菜，用各种鱼切成碎片做成，有鲥鱼和咸鳕鱼，把它和很浓的玉米糊搅拌在一起，最后用油煎烤。我像魔鬼一样学会准确算好时间，什么时候应该下楼去，拐过通向小饭馆的墙角，正好在他们从小煎锅倒出一份很好的"培慈迪"的瞬间到达那里。为了使它不在路上变凉，我把纸袋紧抱在胸前，快步跑回阁楼。我们既没有盘子，也没有叉子，更没有桌布。但是卡特尔沃总是在桌上铺上干净的纸。我们静悄悄地、快速地像银行的职员一样，把"培慈迪"按块分好，然后老老实实均匀地分成两份，同样静悄悄地、快速地吃掉。

我们对这种永远没有变化的菜单已经很厌烦了，我们不止一次地回想起妈妈为我们做的四季豆汤。但是"培慈迪"总比什么也没有要好得多。一次我晚上回家，发现卡特尔沃一副令人费解严肃的样子。他刚刚向房东交了房租，现在一分钱也没有了。如果我现在不去找我的朋友乔万尼·杰里请求帮助，我们就会没有晚饭吃。我提醒卡特尔沃，我以前去找厨师的结果。

"为什么这一次你不能直接对他说是怎么回事呢？"

空肚子发生了作用。我鼓起勇气，大步流星地向葡萄牙学校奔去，它离我们不远。我跑到那里，立刻敲厨房的门。门开了一条缝，我看见了杰里热得红通通的脸。

我对他说："我们没有吃的了。"

"轻点！管家老爷正好在厨房！……你等等，我马上拿来。你就在楼梯下等，别让别人看见。"

过了近10分钟，他出现在楼梯口，把手指放在唇边，示意我不要出声。

"拿去！"他扔给我一个纸包，悄声说，然后立刻消失。

我打了个趔趄，没来得及在半空中抓住纸包——它落在了我的脚下。弄脏了的稀粥、金灿灿的鸡蛋羹——就剩下这些了。我止不住泪流满面，步履艰难地回到家。但无论怎样，我终于在乔万尼·杰里面前克服了胆怯。后来我不再害怕直接对他说，我们的确没有吃的了。

在"法雷罗尼"药房的工作是无聊和枯燥的。这与威尔德可亚先生药房那种朴素友好的环境完全不一样，但是这儿也有事物的另一面。从帕塞扎塔·德里培塔到卡乌尔大道——药房所在的地方，我必须穿过科尔索大道直到尽头。我以为，世界上所有的奇珍异宝都集中陈列在我每天都要走过的商店橱窗里。我不羡慕这些财富，我只不过是好奇。这些绸缎、皮毛，这些包上古老织物的精美的椅子、精巧的金表、镶嵌有模压花纹的硕大的银杯，那些不可思议的珠宝都是为谁做的。为了得到对这个问题的回答，只要看看从我身旁走过的人群就足够了。生活中我从未见到过这样惊人美丽和典雅的妇人：我想，所有这些妇人至少是公爵夫人。

从科尔索大道出来我来到威尼斯广场，从那儿进入直通科里泽大街的狭长的林荫小道。这儿，我似乎来到完全另一个世界，它令我想起雷卡纳迪的朴实无华。但是由于它的喧嚣纷乱，我仍然感到是那样的格格不入。每走一步都能碰到鞋匠、裁缝、木匠。他们就在大街上干活，坐在自家的门旁。到处都有带着自己的羊沿街叫卖羊奶的人，他们直接把奶挤在顾客的容器里。而旁边，在烤炉里，在喷溅着油花的大煎锅里是香气四溢的肉丸，它们被就地卖给路过的行人。

早晨我通常行色匆匆，而晚上我总是可以耽搁一会儿，吃块西瓜解解馋，或是花几个索尔多买几个热栗子暖暖手——这要看是一年的哪个季节。我无所事事地在街上遛达，我高兴地想，我呼吸的空气，是罗马的空气；我现在享受的自由，是罗马的自由。

罗马，罗马……突然我的心因惊慌而停止了跳动。我为什么来到这里？为什么这样毫无意义地让时光整日、整周、整月地流逝？我惊慌失措地扑向卡特尔沃，请求他立刻想想办法。

我们由于无知做了许多愚蠢的错事，为克服各种困难失去了很多时间，这只是因为我不清楚该怎么做。已经很多年，从我第一次从拉察利尼大师那儿听到堂·贝罗吉的名字起，我就开始幻想到西斯廷教堂合唱队去唱歌。而现在，比起任何时候来，我都确信，这是唯一可以摆脱困境、进入魔力圈的路。当然啦，我想，既然我在教堂唱过那么多年，他们一定会吸收我参加这个合唱队。我写信给已经成为雷卡纳迪神父的阿布拉莫，让他设法把我介绍给堂·贝罗吉。根据阿布拉莫的请求，雷卡纳迪的大主教给安吉其·马特依公爵、罗马教皇荣誉近卫军军官（他出身于雷卡纳迪宫殿所属的那个古老家庭，诗人莱奥帕尔迪也出生在那里）写了一封信。公爵在他的罗马豪华公寓接待了我，我紧张得腿都哆嗦起来。但是当公爵用我们的家乡方言和我说话时，我的窘迫立刻消失了。他为我写了介绍信，但不是给堂·贝罗吉本人，而是给他的助手、西斯廷教堂合唱队队长贝兹大师。

在我看来，成功已得到保证。难道还有谁能拒绝像公爵安吉其·马特依这样显赫的人物介绍的人吗？（那时我还不知道，介绍信在意大利实在是一件微不足道的事，因为写几句好听的话，要比说出令人不愉快的真话容易得多。）我兴高采烈地跑去找卡特尔沃，我们一起去贝兹大师家。大师住在第四层，每上一个台阶，我的不安就增长一分。

大师自己开的门，他说他正好要出去。我们站在楼梯口，忐忑不安地等待他拆开那封宝贵的信。我们刚看他一眼，大师立刻把信还给我们，说：

"我十分遗憾，我的孩子，你已经超过了允许在我们合唱队唱歌的年龄。堂·贝罗吉无论如何也不会同意已超过16岁的少年参加合唱队。这个年龄的嗓音已不是童声，已过了变声期。我担心，我无法帮助你。"

我傻了似的站在那里，不明白他说的是什么，卡特尔沃正要感谢他，大师已把门关上。卡特尔沃静悄悄地拉着我的手，我们缓慢地往下走，我们无话可说。

我把卡特尔沃送回学校，完全绝望地、机械地向自己的药房走去。一切完全超出了我的想象。也许我不应该离开雷卡纳迪。当然我是个傻瓜，我还指望在这个大城市里能得到什么。

到目前为止，除了卡特尔沃的朋友，没有任何人听过我唱歌，当然他们也不把这当回事。很可能有谁听过以后会笑着说："你想做歌唱家？不错的玩笑！难道你不知道这是罗马，而不是省城?!"

母亲很想念我，阿布拉莫写信告诉了我。如果说我命中注定要在药房度过一生，那么，我直接的想法是回雷卡纳迪，那里我至少还有朋友，有铺着干净被褥的床，晚上有热腾腾的四季豆汤，还有——母亲。

这一次我再也忍不住泪水，我沿着卡乌尔大道坚硬的石桥走着，痛苦地哭了。中午的阳光，反射在硕大的酷似兵营的窗户上，我睁不开眼睛。我几乎分不清我在往哪儿走，我不断碰撞着行人。他们一定在想我喝醉了。难道这有什么意义吗？要知道他们当中没有一个人知道我，对我来说他们都是陌生人。

最初的老师

晚上，我仍然恍恍惚惚地回到家，发现卡特尔沃正兴致勃勃。在这种情况下他还如此快活，说明他完全不理解我和没有同情心。看他神秘的暗示和微笑，我终于明白他有什么新消息，他想使我难受一下，但我完全没有心思开玩笑。

"留住你的新消息吧！"我生气地说。

"那好吧，那么你自己去告诉迪斯泰法尼教授，你不去试听了。"卡特尔沃回答。

"什么试听?!"我喊叫起来。

"星期天，在他家。"卡特尔沃平静地回答，显然很满意他所制造的效果。"他会等你，我今天在学校对他讲到你。你知道他，就是彼特罗·迪斯泰法尼。他是因为爱好而搞雕塑，他是一位最优秀的歌唱教师。我不能原谅自己，我没有早些想起来！可能是因为他比我大很多，再加上我们从来没有谈到过唱歌。今天我才明白，我必须为你做点什么，否则你会完全丧失信心。他说他急不可待地要听你唱，怎么样，你满意了吧？"

我想，过分迅速地从绝望转到高兴也许有些不体面，我让卡特尔沃安慰了我一个晚上。

下一个星期天，我们庄重地按响了座落在其切隆大道上迪斯泰法尼教授的门铃。（顺便说说，在意大利，不论教什么的教师，都被称为教授。）迪斯泰法尼特别友好地接待了我们。但令我十分伤心的是，他开始让我们看了整整一个小时他的雕塑作品，对此我丝毫也不感兴趣。在这段时间他只字未提我们为何来到这里，我感到我实在是太不幸了，看来他已忘了我的嗓音了。突然迪斯泰法尼把抹布放到由九位缪斯中的四位组成的大理石雕像上（他解释说，其它五位待有新的更大的房子时再做），难以置信地说："孩子，我们现在先放下一位缪斯而投入另一位缪斯的怀抱吧。"他更加肯定地说："我们到钢琴那边去。"

他先让我唱了几个音阶，然后让我选唱了几个音，最后建议我唱我想唱的曲目。为了开开心，我问他最想听哪一首弥撒……他用各种方式听了近两个小时，这期间如果不算几个听不清楚的"bravo!"，他没有提任何意见。然后毫不注意我，转身对着卡特尔沃，十分激动、看起来很真诚地对他说：

"应当承认，我的卡特尔沃，我没有想到会听到这样的声音！你的弟弟是极其优美的抒情男高音，不训练这样的声音简直是罪过。"

"我们知道这个，"卡特尔沃不顾一切地说："正因为如此我们才来找您，但不幸的是我们太穷。"

教授在回答之前，不知为何适时地咳嗽起来。随后他灵活、认真地说（他的情绪变得如此之快使我感到不安）："当然，我明白。既然他是你的弟弟，我可以给他特殊条件：一个月20里拉，一般我都收30里拉。你明白我是一个理想主义者，我喜欢帮助身边的人。"他稍作停顿，好让我们明白应该如何办。然后又补充说："除此以外，培养这样的嗓子也是不小的荣耀。"

我不知道我们怎么办，我让卡特尔沃去谈。我当然无法想象从哪儿去找这一个月20里拉的学费，难道我要从60里拉的伙食费中拿出来！然而即使这样我也差点饿得要死。这时卡特尔沃已经和教授谈妥，随后他对我解释说："我明白，我们没有能力允许这样做。但你必须开始上课，我们没什么可再考虑的！"

教授奇怪的行为使我紧张，我对此相当怀疑。但是卡特尔沃让我相信，他是最有权威的歌唱教员之一，他从来不会夸奖一个他确实不喜欢的嗓音。我想，迪斯泰法尼的确是一位好老师，但是，在这两个月里他教了我一些什么，我学到什么，只留下了一些模糊的记忆。每周三次晚上9点我到他那里去上课，因为白天我没有空。为了交学费，我不得不免去晚上的一份培兹迪。卡特尔沃也不轻松，我拒绝和他分食他那一小份。每周不上课的四天，我去找我的厨师朋友求援，但在上课的那几天，我只好挨饿。

我现在想，读者们对我如此频繁地提及这些关于吃的篇章会很不快。对于刚起步的歌唱者来说这可能不是很浪漫，但是如果在谈及我的青少年时不提及饥饿，那就是不真实的。我太想唱了，但我也需要吃点什么——没有这个，无法对付。

在药房下班后我直接到教授家。我的胃空空如也，在门旁我闻到了令人头晕的烤肉或是番茄汤的香味：通常教授这时吃完了晚饭。有时他请我喝杯咖啡。教授在我背上重击一掌欢迎我，如此这般在课还未开始之前我的头已开始旋转起来。

我不认为当我经受这些饥饿时光之时我是英雄。但是我懂得，当我饥饿虚弱的时候，上课不可能得到任何成绩。因此这种求教的意图对我来说是没有任何意义的，依我看是白白浪费金钱。同时我又感到，我不能就此放弃，也就是说我不能完全放弃歌唱课。因此我开始想，如何才能找到摆脱困境的出路。我开始接受这样一个谚语："信赖上帝，自己也不要疏忽大意。"

那时在我的生活中发生了两件大事，一件接着一件。我知道我已走到了极限，也就是说，我注定必将缓慢地、虽然是高尚地饿死。我永远告别了药房，到斯潘诺吉伯爵夫人家做仆人，她好像出身于我们马尔凯省。很快卡特尔沃又为我找到另一位声乐教师，他同意以赊欠方式给我上课。

应当说，传记作家在类似的情况下通常都会这样感叹："从此他再也不向后看！"但是这样说也许更正确："从此他总能勉强度日。"说实话，我再也不用像在药房工作和在迪斯泰法尼那儿上课时那样，不得不经受那样强烈的屈辱感。我已经 18 岁，无论如何，我现在自己养活自己，而且不间断地——直到 6 年之后我的首场演出——上声乐课。

对今天的某些青年歌唱家来说，学习 6 年可能感到太长了。可我至今认为，这是完全必要的。我至今深深感谢我所有的老师，他们不仅训练了我的嗓音，而且教会了我耐性。起初我想，学两三年足够了。但是当你严肃地照常规开始学习，我懂得了，为了掌握你所需要的一切，一辈子都不够。

现在，当我已离开舞台，人们常常问我，对于未来的美声（Bel canto）如何看。对此问题我只有一个回答：一切决定于认真工作的愿望。每一代歌者都有区别于其他歌者的嗓子。如果年轻的歌唱者不准备把六七年的时间奉献给训练，Bel canto 就会衰退。

斯潘诺吉伯爵夫人住在塔尔塔鲁格小谷广场——螃蟹广场。之所以这样称呼，是因为在它的中央有一个喷泉，它由四个小螃蟹的背支撑着。伯爵夫人也叫我螃蟹，因为我干活慢条斯理。我睡在楼梯下的贮藏室里，在那里我可以为所欲为。除我之外家里还有五个仆人，但我是年龄最小的。我擦鞋，完成其它交办的事，帮助大管家准备餐桌。不能说这是繁重的工作。对伯爵夫人我怀有感激的记忆。她从来不对我发脾气，她是那种最善于寻开心解闷的妇人。好几次她发现我为客人服务时戴的白手套上有汤渍或调料汁：在我从厨房把菜端上桌子时，我不由自主地馋涎欲滴，我忍不住在半路上尝尝。当然，当我被当场捉住时，我非常难为情，但伯爵夫人只是笑笑。

虽然收入微薄，但这个工作对我十分合适。伯爵夫人对我的嗓音很感兴趣，每天放我两个小时的假去上歌唱课。

现在我没有什么可操心的事：我有住处，有饭吃，甚至有衣穿。我还需要的就是一点零花钱，而我的收入正好够了。

正如我已说过的，卡特尔沃对我的嗓音充满信心，他为我又另找了一位歌唱教师，他同意在我能支付学费前先等一段时间。现在我至少可以写信告诉父母我过得很好，有了一点成绩。虽然卡特尔沃为我们漂泊生活的结束有些恋恋不舍，但我发现，现在他不用再为我操心，他可以更多地工作了。

我的教师是位女教师，她叫安妮叶泽·波努琪。

她的丈夫是位公务员，因此她不指望靠教书为生。但是从她那一方面说，为了一个完全陌生的人花这么多时间，这是很高尚的，整整两年她几乎每天都给我上课。她喜爱音乐，但是有些偏重于理性。她对我的信任帮助我对自己树立了永久的信心，而这对任何一个歌唱家来说都是十分重要的。她善于使我产生这样的信心，从此我不再张皇失措，不会失去镇定。而更为重要的是，她的教学对我非常适用：她根本没有什么方法。准确地可以这样解释：有一次她明白了，所有的嗓音都是各不相同的，对待每一个人要有不同的方法。她从来不用某种严格的规则约束我，或是让我养成某种纪律。她教给我掌握嗓音的基本规范，在此之后，她认为不用再教我什么了。她在指导我的时候，好像在和我唱二重唱，有时感到，是她跟随着我，而不是我跟随她。我有这样一种感觉，我更多地是听从我自己的某种本能，自己的嗓音，而不是某个老师。自然，我只不过后来才懂得，这是最优秀的教学方法。

服　兵　役

在从记忆中搜寻过去的时候，我现在很难回想起某些不得不和忌妒或怨恨有关的不愉快的故事。要知道这在歌唱者的命运中是特别经常发生的，总的说这也是对成功的一种惩罚。但是对这种事最好不去回忆它，我保有更多的是知恩的回忆，特别是那些在我穷困潦倒时，在我还不知名时给过我帮助的人。应当说，在拥有适当的条件时，人基本上是善良的，也许，我就是走运，比如说，遇见德尔费诺上校，对我来说不就是运气吗？

现在我来解释。我在斯潘诺吉伯爵夫人家平静地工作了整整一年，波努琪太太的教学使我在歌唱方面也有不少进步。突然我被应征入伍。我恐怖至极——要知道这是整整两年哪！本来很清楚，这是每一个有健康体魄的意大利青年的天职，但我从来没有想到过会落到我的头上。而现在，我完全被击倒了，因为我最害怕的是要中断歌唱课。我甚至希望也许出现了什么差错，把我和什么人弄混了，国防部有的是我这样的小人物。然而这就是那一张可怜的小纸片，上面写明我应当在某一天到某个兵营去报到。在那里我得知，我将派往西西里或与法国接壤的边界，甚至去再也不要想什么歌唱课的另外的地方。要知道我已经失去了那么多的时间，绝望中我请求伯爵夫人给我帮助。伯爵夫人派我去帕奥林大道的卫戍司令部，给德尔费诺上校送去一封信。

上校读过信后说："好吧，给我唱点什么吧。"

　　我惊呆了，但我打起精神。唱歌——这比说话要强得多。我为他唱了《女人心》，虽然这首咏叹调人们都听腻了，但它是威尔第最优秀的作品之一，它最能让男高音表现自己嗓音的所有能力。

　　我唱完以后，上校认真地说："好吧，我建议这样。你可以在罗马服役，但有一个条件，你要向我保证，请我在康斯坦察剧院的包厢看你的首场演出。"

　　康斯坦察剧院至今也是罗马最大的剧院，后来它改成皇家歌剧院。我局促不安地站了一会儿，完全不会说话了。上校大笑起来，我也和他一起笑。

　　"遵命，上校先生。"我高兴地回答，一生中第一次尝试着行了个军礼。

　　10年后（应当是5年后的1916年，这里显然是作者的笔误——译者），当我已经25岁，我首次在康斯坦察剧院演唱了博依托的歌剧《梅菲斯托费勒斯》的浮士德。演出的头一天我去到卫戍司令部，把包厢的钥匙交给了德尔费诺上校。

　　"我要努力还债。"我对他说。

　　应当说，上校遵守了自己的诺言。他不仅令人羡慕地优待我，把我留在了驻扎在罗马的第82步兵团，而且让我免除每天的军事训练，派我任司令部的话务员。这对我的三个愿望给予了很大方便：这就是说，上校在某种程度上把我置于他的庇护之下；由于我从来不是大力士，会给我大大减轻负担，我可能逃避繁重的机械性练兵和列队齐步前进，这通常是步兵必须做的；最后，最重要的——我的日程比较灵活，不难抽出时间去上歌唱课。

　　正如经常所有的那样，生活不是总像我们所设想。幸运的是，有时它又完全不像你预期的那样可怕。我非常害怕服兵役，然而当我回想过去时，我要真诚地说，穿着普通步兵粗糙灰绿色军装的两年，是我青年时代最幸福的时光。如果谈到物质方面，当然，士兵的生活是相当严峻的，但无论如何我已食寝无忧了。而最重要的是，在一生中第一次，大概我终于懂得了，什么是真正的友情。我再也没有压抑感或无意义地浪费时间了。

现在我的生活已完全集中在歌唱课上。话务员的责任非常轻松，我有足够的自由时间，使我不忘记我已20岁，应该享受生活。电话对我来说是一种奇妙的新鲜玩艺儿，是我玩不够的玩具。电话总机的姑娘们不知怎么了解到我会唱歌，当她们空闲的时候，她们通常都会让我在电话里给她们唱点什么。我总是很乐意满足她们的要求：要知道这也是一次很好的练习。我记得，她们特别喜欢托塞蒂的《小夜曲》和《重归索莲托》。

其中有一个女孩叫伊塔，她的声音很好听，我对她有特殊的好感，虽然我一次也没有见过她。伊塔比其他女孩更经常要我唱，虽然看起来她比她的女友文雅。比如说，她从不会没有什么藉口就给我打电话。

有次她说，"如果你能打听到也在部队服役的我的兄弟，我会十分感谢。""为什么你自己不到这里来呢？"一次我问她："我无法了解你所想知道的一切。但我可以陪你去找军官，他会向你解释。"

她当天就来了，我很紧张。在一般条件下我从来没有这么大胆、这么近地靠近如此美丽的姑娘。而这次——要知道我们在电话里已经相识——我鼓起了自己的全部勇气，邀请她和我下班以后6点钟一起散步。

她直率地接受了我的邀请，使我感到轻松，成功。我平生第一次和女孩一起散步，不知道该说什么，甚至没有试着这样做。幸福的我和她并肩走在民族大道密集的人群中，我不再感到过路的人是陌生的、有敌意的，或是无动于衷的。总之，现在我和他们一样有权待在这里，罗马以伊塔为代表接受了我。

我们走到特利尼塔·德·蒙第，在那里站了一会儿，观赏向下伸展的全景，西班牙广场的台阶，玩耍的儿童，伸手乞讨的乞丐，手捧诗集的英国太太，可爱的乡村女孩，她们为了挣钱生活而为画家摆姿势，现在她们正等待着请她们干活。通向平桥的长街，那里好像火焰在喷发——这是盛开的夹竹桃，有的地方绿树茵茵，清新凉爽，——那儿生长着槐树和柞树。

　　我们缓步而行，仿佛从阳台上看城市在我们面前展开，教室黄色的圆顶，钟楼，被落日的余辉照得通红的屋顶。在平桥我买了两份冰淇淋，我们津津有味地吃着，满怀着一种豪情，仿佛买的是香槟酒。突然间，一种羞涩感笼罩着我们，我们去看木偶表演，我们被粗俗的笑料逗得开怀大笑，却并没有完全忘掉我们的拘谨。有时，我们坐在德波罗广场露台上的女儿墙上。

　　晚霞已经消散，应该返回兵营了。我心中充满幸福，我感到，我几乎要被唱歌的愿望窒息，因为这是唯一可以表达我的感情的方式。但是伊塔拉拉我的手说："现在别唱，要不人们都会看我们。"

　　这个秋天和冬天，我和伊塔相处得很好。当夏天再次来临时，我为自己订做了一套衣服，——唯一的目的：隆重拜访伊塔的父母亲，并向她求婚。衣服是崭新没有穿过的，需要放在苯来苏尔水中浸泡。但是在我应当出现在伊塔父母面前的那个星期天，我和成百上千的新兵被送到火车站，在这里我告别了我的初恋，踏上战场。1911 年，意大利准备侵占利比亚。

　　人满为患的火车驶离站台，伊塔向我挥动的头巾消失在远处。我扔下背袋，在走廊的一角坐下，叹了口气，这是忧愁的叹息，同时也是放松。我很失落，我的歌唱课中断了，我为和伊塔分别而忧伤。尤其可怕的是我要和阿拉伯人打仗，我本人和他们从来没有任何误会。与此同时又有另外一些原因，使我在这时离开罗马却没有感到过分难过。

就拿我和伊塔的关系来说，我认真思考过婚姻，我认为这是非常美好的事，但我总有一种不详的预感。伊塔的父母不太同意我们的田园诗继续发展。他们并不富裕，他们期望自己如此漂亮的女儿能够找到更好的伴侣。在这种情况下，我当然很难和他们争论。他们自然也不同意我们订婚后要很久才能举行婚礼——因为除了模糊的希望和理想以外，我一无所有。当然他们还坚持，在我退役以后，或者不再上歌唱课，找一个固定工作；或者立即开始作为一个职业歌唱家去演唱（这和抱头投入泥潭一样）。我对两者都没有兴趣，但我爱伊塔，我完全不想失去她。

我如果留在罗马，也许我会对他的父母让步。而现在我正在穿越庞廷沼泽，正处在或是离大炮、或是离婚礼都有相当距离的地方。我透过车窗向荒凉的远处看去，我发现，它已不那么令人忧伤了。很快我来到那不勒斯，然后到的黎波里。当然，可以不从这儿回去。然而，如果我回去……这时我陷入了徒有虚名的幻想中：从战场回来，戴着战士的奖章——当然，伊塔的父母不再拒绝我。

无论如何我现在什么也不用决定，我对自己平静地说。

但随后我的思绪转向另一方面，这里的一切已不那么令人愉快和给人以希望了。在伊塔方面还可以有些指望。但是我做了很多蠢事，当然，我无论如何也不可能为此而感到骄傲。

火车这时正好从隧道出来，拐过弯，在我面前出现了福尔米阿蓝色的海湾。我一生中第一次看到长在树上的桔子。我想，应该说，战争使人变得聪明起来。我这样考虑，我感到我还很不够聪明。如果把在我身上发生的所有错误都推给我的老朋友乔万尼·杰里是不公平的，这完全是我的错误，只有我应该对此负责。

一切开始于数月之前，那时杰里又对我的嗓音发生了兴趣。

我按从前的记忆晚上去找他，就在厨房里唱了点什么。杰里为我的进步感到惊讶，但他对于我的嗓音掌握在"只不过是某个妇人"的手中表现出深深的不安。只有优秀的、最杰出的歌唱教师——当然是男性，才能合理地训练我的嗓音。

我不得不对他解释，我的成绩在很大程度上应当归功于"只不过是妇人"的波努琪太太出色的教学和她非凡的典雅。但是，哎！我让他的理由说服了我。在这次谈话后不久，杰里带我去见他以前的主人，著名男高音亚历山德罗·邦奇，这时他正好在罗马，他要在康斯坦察剧院演唱《爱的甘醇》。

邦奇住在艾克斯策尔司奥尔宾馆顶层豪华的套房。他身着华贵的缎袍接见我们。我想起我的父亲——他现在会怎样想呢？在我的耳旁响起他的话："唱歌不会给你带来收益，我的孩子。为自己选一门手艺，不要扔掉它。"

我给赫赫有名的男高音唱了几首咏叹调，他夸奖了我，对我说，如果我愿意，他可以把我介绍给马尔丁诺教授。他说，应该讲，在歌唱教师圈里，他是最优秀的教师。随后，他转向杰里，好像继续已开始的谈话，他建议："把你的钱投入这个嗓子吧，他会给你带来利益。"

我只是在几天之后才弄清楚，这意味着什么，那时杰里来到我们司令部。

"为什么这样着急？"我很惊奇，"波努琪太太怎么办？我对她还什么也没有说，要和她商量商量。除此以外，要知道我向她学了两年，我没有付给她一分钱。我不能不顾一切就这样离开她。而且，我用什么付给马尔丁诺教授？"

"别担心，"杰里满不在乎地回答："这事让我来操心。钱我可以现在借给你，你以后再还给我。我已准备好了一个简单的合同，需要签一下，你看看吧。至于那位太太，你不要犯傻，你应当考虑自己的前程。马尔丁诺给你很大的恩惠，他同意教你，如果你现在拒绝，他会生气。不要错过这个机会！要知道，这简直就是成功！你整个命运现在只决定于他！"

我明白，这样做不好，但那时我感到我已没有别的出路。我看了看合同，它看起来很正规，很重要。杰利负担马尔丁诺教授的授课费，而我必须在首演之后，把前两年收入中的百分之三十以及后三年的百分之四十付给他。我受到了良心的谴责，我想起波努琪太太从来没有谈起过我的责任。但我听从地随着杰里去找证人，签了合同。我的首演！对我来说，这是十分遥远的未来。

后来我们去找波努琪太太，对她说，有人建议我向马尔丁诺教授学习。

多年之后我听到这样一句英国谚语：甚至在地狱里，也没有比嘲笑他人更凶狠的泼妇。我知道，通常都是在另一种情况下才会想起这句谚语，而不是像我所说的这样。但是它在这儿真是再合适不过了。波努琪太太的温柔娴雅一瞬间消失得无影无踪。她由于愤怒而大发雷霆，一大堆责难和污辱的话语冰雹般向我袭来，斥责我忘恩负义。她砰的一声关上门，命令我立即离开她的家，永远不要再出现在她的眼前。

我吓坏了，我沮丧之极，羞愧得无地自容。这是最沉重的体验，它只在威尔德可亚先生的药房碰倒堆积起来的瓶子时遇到过。自然，这一切的发生都是纯意大利式的，我完全理解波努琪太太。要知道她无法排解愤愤不平，这是热情奔放的妇女的出气口。她无偿地教我，她所做的一切非同寻常。不言而喻，有一天，我会全部偿还她。但如果一直只由她一人教我，她也许永远也不会提出要偿还。她相信我的嗓子，为它而骄傲。无疑，这也是嗓音所有者的骄傲。我是她的学生中的一颗"星"，因此很自然她想到了未来——她不仅盲目深信我未来的荣誉，而且这会影响到她的命运，或者至少是在她教我时那种创作上的满足。她为我的声乐生涯奠定了基础，而我现在抛弃她，用自己的整个行动说明，作为教师，她已不再适合我，不能在学习最愉快的、最令人鼓舞的最后阶段指导我。我伤害了她的自豪感，她有充分理由生我的气。

在愤怒中她打算诉诸法律，我不得不面对法庭。法官问我，波努琪太太是否在两年的过程中几乎每天都给我上歌唱个别课。我回答："是，完全对。"我很遗憾事情竟会发展到这个地步，但我只能责怪自己。法庭认定我应付学费，一共是 2500 里拉。如果说在两年期限内归还，数额是完全可以接受的，但是如果无缘无故地落在还在服役的士兵身上，他一天只有 10 分钱，这简直是骇人听闻。

"法官先生，"我恭顺地说："我将放弃我所有的赏赐，补偿所有利息。但我担心不得不等很长时间。"

波努琪太太并不坚持要我付款，显然，她就是要做出一副愤怒的姿态。她并不想她本人或是通过任何别人来执行这件事。

12 年之后，当我已经在大都会歌剧院演唱时，我决定给我过去的老师写信，但很难找到她的地址。她和她的丈夫离开了罗马，现在住在希腊佐泽卡尼索斯群岛的罗得，那时还属于意大利。我请求波努琪太太的宽恕，请她记住过去的友谊。她给我回了一封十分热情亲切的信，我非常高兴，我们又成为朋友。但又过了几年我们才得以再次见面。1939 年，我在雷卡纳迪自己的别墅休息，我收到了来自罗马的电报："我正在休假，请告诉我，您愿意见我吗？"当然，我立刻回电报给她，请她到雷卡纳迪来。她来了，但是坚持住在旅馆里。我感到，她仍然为她的自尊而痛心，因此妨碍她接受我的殷勤接待。但不论怎样，我们一起参拜了第洛佩托圣母教堂，感谢命运使我们幸运重逢。后来当我们告别时，我终于能向这位善良的妇女负荆请罪，偿还了我欠她的债。除最初约定的数额之外，还加上我对她所怀有的另一份感激之情。

但这一切都是遥远未来的事。第 82 步兵团普通新兵贝尼亚米诺·吉利还坐在拥挤的火车走廊的角落里，还没想过为自己过去的罪过感到羞耻而脸红。

马尔丁诺教授无疑是一位杰出的教师，但是他一共只给我上了几个月的课。因为很快就传来消息，我要到利比亚去服兵役。与此同时，杰里在张罗我的声乐课时，同时还在安排我在其它方面的教育。他让我认识了一个我以前完全不了解的世界：便宜小酒馆和淫荡女人。我认为许多年轻人都会以这样那样的原因到那里去泡一泡。当然，这个环境对我充满诱惑力，我不敢肯定杰里会表现出特别的抗拒。是的，我有时也感到良心的谴责，我想到了母亲，也许更多的是想到了伊塔，她从不怀疑，她以为我把更多的时间花在了声乐课上。

但是我很快就从我走了一遭的深渊中摆脱出来。杰里以各种男女私情引诱我，可我对这些完全不能适应。某些传闻传到了杰里的太太契切琪琳的耳朵里（顺便说说，这是一位十分漂亮、盲目相信自己丈夫的女人）。显然传言歪曲了事实，因为她以为好像是我给了杰里坏影响，她说，杰里指望我的未来，白白在我这个游手好闲的人身上浪费钱。当然杰里知道真情，但他也不能过多向妻子解释这到底是怎么回事。但不论怎样，他不得不忍受妻子挑起的争吵。

终于得知我要到利比亚去。出发的前夜，杰里来找我，他带来我们两人签的合同。他说："你听着，我知道你理解我……如果不撕掉这张纸，我将得不到安宁。而且你现在也不需要上课了，那就阿门。"他当时就撕掉了合同。

这是我和乔万尼·杰里在意大利的最后一次见面。很快他们全家去了国外，我只打听到他们落脚在加利福尼亚的某个地方。

1920年我在北美的大都会剧院举行了首场演出。我演唱了博依托的《梅菲斯托费勒斯》中的浮士德。第二天各报刊对我的首场演出给予了极大的关注，发来了贺电。我有些得意地读了这些电报。突然，我惊呆了，一封来自旧金山的电报："如果还记得我，太好了，如果不记得了，那你可以去找魔鬼。"签名：乔万尼·杰里。我完全不能确信，这里的魔鬼是不是指的梅菲斯托费勒斯，这完全不是偶然的文字游戏。但我仍然立刻给他回了一封电报，说我很想再次见到我的老朋友。

　　1923年秋天，我终于来到旧金山。市政当局对即将到来的意大利歌剧季是如此地热情，给予我几乎是皇室的礼仪。摩托车队护送，警笛声伴送我从火车站到宾馆。乔万尼·杰里在大堂里等着我。

　　就这样最终实现了当年在雷卡纳迪缠绕着葡萄的小亭下所想象的一切，那时我和他玩着木球。"给我两张票，说好了吗？有意思的是，会是什么？——《波西米亚人》还是《弄臣》？"既有《波西米亚人》，也有《弄臣》。实际上在整个演出期间，所有晚上杰里都是在剧场度过的，没有漏掉一场演出。我真的

年轻的吉利在歌剧中

很幸福，一切正是按照他所想象地实现了。在我们的友谊中有好有坏，但我会永远记住，没有他的支持，我的一生大概都会在雷卡纳迪药房的柜台旁，在包装药物中度过。

我刚从一些官方仪式和上流社会的招待会中脱身，演出之后来到杰里和切琪琳太太那里（她也和我交谈，再也不认为我是游手好闲的人了）。桌上出现了可口的面条，在杰里在新世界"带来成功"的小饭店里，度过了美好的时光。

"我能帮你什么忙吗？现在该轮到我了。"一个晚上我问杰里。

"不，谢谢。"他断然地说。他像从前一样和我保持平等，他愿意继续如此。

"你确实不需要？"我坚持说。

他最后犹疑地说："这样吧，有一件你可以为我做的事。假如我用你的名字命名我的饭馆，你不会反对吧？贝尼亚米诺·吉利饭馆，你明白吗？这对我的事业太有帮助了……"

伊　　塔

　　从某种意义上说我是完全对的——委派到利比亚可能会成为我生活的有利转机。问题在于我最终没有到达利比亚。这样我就失去了成为英雄、在胸前戴上奖章的唯一可能。（这种可能本来也多半是不现实的）。总之，我既没有看见骆驼，没有看见阿拉伯人，也没有看见沙漠的黄沙。代替这一切的是我不得不去做弥撒，唱经文歌，靠护士们给我的炸鸡腿生活。

　　我们来到那不勒斯，被安排在一个大军营里。所有新部队从意大利的各个地方陆续来到这里。他们都集中在这里等待着穿越大海送到的黎波里。就这样度过了一周、两周又三周。军营里的纪律不甚严格，为了打发枯燥乏味的日子，也为了练习，我开始唱歌。我几乎从早到晚不停地唱。一次在我洗衣服的时候，我放声唱了"是在这儿还是那儿，我闹不清……"（威尔第的歌剧《弄臣》中公爵的咏叹调）。卫生所的一位那不勒斯籍军士听到我的歌声。他什么也没对我说，自己去找一位老军官谈起我，这是我后来才知道的。结果我从那不勒斯被调到卡泽尔特的野战医院。

　　"你要对别人说你生病了。"军士对我建议。

　　"这是为什么？"我很惊讶，我认为整个这件事太愚蠢，甚至是军士官僚愚妄的举动。

　　"我现在无法向你解释，但是你不要着急，这一切对你会有好处。"军士神秘地补充说。

　　当我来到医院，我被指定到一间单人病房，像一个真正的病人那样被安置下来。开始几天我遵循军士的建议，继续抱怨我很疼。到周末，我发现那个少校大夫马吉奥里并不重视我的抱怨。

一天他很高兴地说："怎么样，男高音先生，今天你哪儿疼啊？"

"少校先生，我的左手不能动。"我用可怜的声音说。

"是的，这当然很严重，"他向我挤挤眼回答说："但我想你可以起床稍稍走一走，也许你试试起来走到我这儿来？"

到第二个周末，我已不再被认为是病人了，我被任命为少校马吉奥里的助手，——虽然是非正式的。我和他一起查房，在病榻旁记录他的医嘱，然后把它们抄清，也就是说建立病历。当少校得知我在药房干过，他干脆把药柜的钥匙交给我，让我把它们整理好。

所有这一切令人很愉快，但我仍然像以前一样不明白，为什么会这样。我去利比亚的任务怎么办？最后我直接问少校："请原谅我的鲁莽，但也许您能对我解释清楚，为什么我在这儿而不是在利比亚？"

少校微微一笑，"也许应该感谢你自己无价的嗓子。看来有人认为，它是如此珍贵，不应当把你送到利比亚去。沙漠的沙子可能对你的声带有害，我以为是这样。"

"那我的团呢？"

"你的团？三天前它已经开往利比亚了。"

为了在最困难的时刻不胆怯，我早已鼓足勇气。而现在看来，战争对我已不存在了。当然还需要一点时间来习惯这种想法。我的新生活是很舒适的，适应舒适通常都不会有什么困难。我没有任何要操心和负责任的事，一切都在不明情况之中。

我决定以乐观态度对待一切。

在这方面掌管医院的护士们给了我很多帮助。她们谁也弄不明白为什么这样长时间地把我留在这里，因此她们以为我一定生了什么秘密的病。但是由于我仍然在做弥撒，在合唱队唱歌，我很快就成为她们大家的宠儿。

护士们宠爱我，给我吃各种各样的美味佳肴。我的"善良"给她们留下深刻印象——从此开始明白，再也不要谈什么歌唱课了，我决定自己给正在恢复健康的病员上歌唱课。在这里我发现，教学真是一件很有意义的事，它有助于自己独立地明确许多东西。

自从离开罗马以后，我经常给伊塔写信。起初她很快就给我回信，很亲切，后来写得少了。但我得到的少量的信仍然像以往一样真挚、热情。最后，没有任何解释，她完全不给我写信了。我们已经三个月没有见面。我太了解她了，她是要我相信，她的感情已经迅速地消失了。我猜想，一定发生了什么严重的事。我感到这样消闲的生活已使我失去了平静，我要立刻回到罗马去。

"我还要在这里待多久？"我生气地问少校马吉奥里。

"我以为你在这儿生活得不错嘛。"

"我不争论。但是现在我有理由要离开这里。"

"如果我不把你留在医院里，就会有人错误地把你送到利比亚去，而我所做的这一切是要让这一切不要发生。但是我也许可以放你一个月的假回雷卡纳迪休养，这个时间够你解决所有的问题吧？"

"太感谢您了，但是我能去罗马吗？"我慌张地说。

"很遗憾，不能。或者去雷卡纳迪，或者哪儿也不去。我担心，我不能再做任何别的事。你想想吧。"

在任何情况下我都会抓住这个机会去看我的母亲，但是现在对伊塔的思念折磨着我。这时任何别的事对我都没有意义，哪怕只到罗马待一天！甚至一个小时都足够了！我只需要见见她，弄清楚发生了什么事，我也就安心了。假如我有一些钱，我就能先去罗马，然后去雷卡纳迪。但是这样旅程要长得多，需要比我能筹措到的多得多的钱。

第二天我收到妈妈的信，我撕开信封，有什么东西掉出来，原来是5里拉。5里拉是我在部队服务50天所得，这对我来说无疑是一笔财产。但是我很明白，5里拉对铁路局来说微不足道。我计算了一下，到罗马至少需要15里拉。当然，这5里拉是命运的赐予，但命运没有足够的远见。我长时间地看着这些钱，思考着，然后绝望地去到烟铺，用所有5里拉买了烟卷、雪茄和烟丝。

医院里是绝对禁止抽烟的，虽然住院的病人很难弄到烟，但并非所有的人都遵守。我知道他们不能自己去买烟，因此总是准备付更多的钱，我决定利用这个机会。当然这不很高尚，但是要见到伊塔的无法控制的愿望趋使我抛弃任何墨守成规。

连续三个夜晚，估计人们已经熟睡，我串遍各个病房，推销我的商品。卖掉我所有的烟，三个晚上足够了。5里拉变成了15里拉——正好是我需要的那么多。

"我已想好了，少校先生，我还是想回雷卡纳迪。"第二天我对少校马吉奥里说。

用军车票我只能坐快车。我晚上离开那不勒斯，清晨到达罗马。为了等待伊塔上班，我8点以前在中央电报局近旁踱来踱去走了很久。到9点钟她还没出现，最后我终于忍不住走进电报局去找她。

"她已经几天不来上班了，我们不知道她怎么啦，她最近好像有些奇怪。"一个姑娘说。

我惊惶不安地跑到伊塔家，她的母亲用冰冷的目光迎接我。

"伊塔不在，你快走吧。"她说。

"请告诉我，我在哪里能见到她？"我央求道。

"这恐怕不可能。"

"可我一定要见到伊塔！您明白吗，我需要见她！我是专门到罗马来的。我求您，就让我见她一次！"

"伊塔在医院里。她有严重的神经衰弱，我们很着急。大夫坚决禁止探视，任何一点激动都会对她有害。现在请你走吧。"

我泪流满面，我甚至不打算克制自己，我只想怎样能打动这个妇人的心。

"好吧，只是请您告诉我她在哪个医院，我想给她送点花。"我同意说。

眼泪起了作用，她很不情愿地给了我地址。

我把花放在床上，等待着她微笑，哭泣，或是投入我的怀抱。可是伊塔把脸转了过去。

"伊塔，亲爱的，这是我！"

"你为什么来？"她终于问我。她的声音疲惫、无力，仿佛遥远的回声。

"你不写信，我知道，我应该来。"

"难道你不明白，已经什么也不能改变了？一切都已结束。我让步了。"她疲惫地低声说。

"这是什么意思？"

"我斗争过！不断地斗争，但他们说，我会让他们死。我不得不让步。"

"'他们'是谁？"

"自然是父母。难道女儿能和父母作对？这不合规矩。于是我让步了。后来我病得很厉害，我常常失去知觉。现在一切都过去了，我好多了，但我已做了承诺。贝尼亚米诺，请你走吧。"

"你承诺了什么，什么？"

"不再见你。不再给你写信。不嫁给你。"

"但是为什么？我做了什么？"

"啊，什么也没有。你穷，他们说，你最终只能在大街上卖唱……他们说还不如嫁给乞丐。啊，我当然知道不是这样。但是哪怕你有什么真正的手艺，我还可以和他们争辩。我非常遗憾，贝尼亚米诺。别让事情更复杂了，我求你走吧，忘了我吧。"

"但是伊塔……"我刚开始说……她转过身来，看着我的眼睛，我不停地颤抖。

"不要坚持了，"她缓慢地说："这没有用，我现在已是另一个人，我不再爱你了。"

我站着，长时间看着她，我不相信……我终于跑出病房。

从此我再也没有见到过伊塔。

考　　试

在雷卡纳迪度过的一个月对我很有帮助。和伊塔分手以后，母亲的爱是最能减轻我痛苦的宽心剂。我又感到似儿时一样，充满了关怀和呵护。

突然，似闪电一般——传来消息：月末我必须到达罗马，在司令部电话机旁占据自己的位置。但是没有伊塔我将如何在罗马生活呢？我知道她就在近旁，但却甚至不能见她，我怎么办呢?!

从未感到过我是如此地孤独。我唯一的安慰是上校德尔费诺亲切、似亲人般的面孔。兵营中已没有我过去的同伴，他们早已在利比亚打仗；卡特尔沃在卡拉拉搞雕塑；乔万尼·杰里消失了；波努琪太太对我很生气；而我又没有钱继续到马尔丁诺教授那儿去上课。

当我有闲暇时间时，我只能在兵营附近的保林大道上遛达。我不能不注意到一个淡黄色头发的女孩，她每天在同一时间走过这条街道，看起来她是回家，我对她产生了兴趣。

过了几星期，我们开始互相道"晚安"。一次我送了她一程，她告诉了我她的名字——科斯坦扎·卡罗尼。她的父亲是一位农业经纪人，他向农民贷款，换取比其他人更早收购下一季农作物的权利。按照老传统，他在潘提翁广场做自己的手艺。至于科斯坦扎，她在《论坛》报编辑部工作——在信封上写订报人的地址并发送报纸。

我忘不了伊塔，但所发生的一切太伤我的自尊心。和科斯坦扎一起我不再感到那样孤独。在我们认识后不久，我提出和她订婚。但是我向她解释说，我们不可能很快结婚，而且我能给她的只是贫穷和对未来的希望，她同意了。

时间在流逝，而我仍然没上歌唱课。

再过几个月我的服役期即将结束，我需要找个工作，看来生活要求我一切再次从头开始。

年轻的吉利

我去报名争取市府行政管理部门的空缺职位。我十分难堪地意识到，我的学历对这个职位来说太不够了。但我以为我在部队还是学了点什么，也许这已够了。我参加考试，坐了一个小时，心情压抑，死盯着数学题考卷。它看起来似乎不难，但对我来说它完全和中国文字一样。最后，在应该写上答题却没有动过的考卷上，我画了一个高音谱号，写上了稍有变化的几句卡瓦拉多西的咏叹调："工作……像清晰的梦一样消逝！"随后我把考卷交给监考人，扬长而去。

我再次不得不求助于上校德尔费诺。他嘱咐我不要和他失去联系，无论如何不要着急。

"顺便说说，唱歌的事怎么样？别忘了你答应给我包厢票！"

我告诉他我暂时还没有钱交学费。

"那好吧……等等吧！也许圣契切利亚学院能帮帮你。为什么你不到那里去和他们谈谈？"

圣契切利亚学院，这是罗马最著名最受尊敬的音乐学校。我从来没有奢望过我能和它有什么关系。但我接受了上校的建议，去到学校。在那儿我得知很快要开始比赛选拔考试，我决定参加。

我们一共有17个期望通过比赛的人。考试时我唱了弗洛托的《玛尔塔》和威尔第的《路易莎·米勒》中的咏叹调，并以《梅菲斯托费勒斯》的咏叹调"我到了顶点……"结束。我感到自己相当有把握，但出现了一个我万万没有料到的情况：要考钢琴。无法想象能依靠何种冒险来摆脱困境。因此我诚实地告诉考试官，我唯一会演奏的乐器就是萨克斯管。

我是如此沮丧，宁可不等考试结果。但是由于没有任何人离开，我要是走了，会有损自己的名声。为等待考试官作出录取决定，不得不等很久。终于学院院长斯丹尼斯劳·法里基出现了。他提高嗓门儿，点了一个又一个考生的名字。当我明白他将最后一个点我的名字时，我的心猝然停止了跳动。

"考生贝尼亚米诺·吉利，"他严肃地开始说："考试时没有提供最基本的钢琴知识，他不会弹钢琴。我们都很了解，我们不会吸收任何一个不会弹钢琴的人进我们的学院。"他停顿片刻，向我投来严峻的目光，继续说："但是，鉴于上面提到的考生的声乐和表演才华给考试委员会如此强烈的印象，委员会决定给予特殊处理。"教授再次中断了讲话，这次对我笑了笑，"我高兴地通报大家，贝尼亚米诺·吉利获得比赛的第一名，获得每月60里拉的奖学金。"他结束说。

学院的课程要到秋季才开始，我的服役期也即将结束，上校德尔费诺建议我到雷卡纳迪去度过夏天。

他说："你父母的年纪也一定不小了，和他们多待些日子吧，他们会很高兴。以后你会长时间和他们分别。让妈妈多为你做可口的汤，你可以好好地呼吸新鲜空气。不要忘记你还有不少事要做，这会是沉重的劳动。"

他答应只要听到有什么合适我的工作，他会写信告诉我。

这是一个金色的、无忧无虑的夏天。在上一次我回来时，可以说，我在为伊塔沮丧，甚至很少出门。现在我愉快地回到了童年，那些可爱的日子又重生了。当我和父亲登上钟楼，帮他敲钟，或者和堂罗曼诺出城漫步，直到英费尼托丘陵；拉察利尼在管风琴的伴奏下教我唱歌；我和帕洛师傅在手工作坊里侃侃而谈，或者在巴德里大师的乐队里吹萨克斯管，而药房老板威尔德可亚先生给了我一小杯茴香蜜酒，我仿佛又回到了我可爱的童年。比起我现在的首都生活来，外省过去的日子要充满希望，无忧无虑平静得多。当和这样的生活就要分别的日子越来越近时，真感到无限愁怅。我要坚定意志，要想到在罗马，康斯坦察歌剧院在等待着我，要成为歌唱家，我已走在达到目的的路上。

圣契切利亚学院

　　我的哥哥卡特尔沃现在又生活在罗马。他结了婚，在蓬德菲其大道租了一套房子，他又一次很好地接待了我，但现在已不是从前的"波西米亚人"了，我们已成为合法的、令人尊敬的市民。安杰洛·扎内里建议卡特尔沃为《献身祖国》做一组雕塑雏形，这是巨大宏伟的建筑，维克多·艾曼努伊尔二世的纪念碑，现在已成为罗马最有标志性的雕像之一。至于我的事，德尔费诺上校没有失言，在教育部的照相馆为我找到一个技术员助手的位置。那儿只需要半天工作，工资是每月 60 里拉，加上奖学金一共 120 里拉，我还从来没有如此富有过。

　　上午我在学院上课。我的第一位老师是伟大的男中音歌唱家安东尼奥·科托尼（Cotogli, Antonio 1831－1819），他是考试委员会的成员之一，还在那时，他已选定我作他的学生。

　　我能认识科托尼，这是我莫大的幸福。这是一位伟大的艺术家，同时又是一位极其善良和高尚的人。他不仅为自己的学生在音乐方面的成就费尽心血，而且还操心他们的生活必需，他不止一次送给他们匿名礼品——皮鞋、大衣，甚至是金钱，如果他认为需要。

　　科托尼没有许多歌唱家通常所有的那种虚荣心和妒忌心。作为"沙皇男中音"，他在莫斯科的皇家剧院演唱了 30 年，当莫斯科出现另一位意大利男中音巴迪斯蒂尼·马蒂亚（Mattia, Battistini 1859－1928）时，他仍然名望极盛。科托尼认为，他在剧院主宰的时间太久了，他应当提携年轻的歌唱家作为自己的继承人。他甚至没有预先通知，8点钟出现在巴迪斯蒂尼的面前，后者感到十分惊奇。

"年轻人，"科托尼没有任何开场白地对他说："不要为准备自己在《唐·璜》中的角色而浪费时间。在这里的皇家剧院有一些与表演这个角色相关的传统，让我来向你解释清楚。"

在巴迪斯蒂尼首演《唐·璜》的那个晚上，科托尼和他一起来到舞台上，当着所有观众的面拥抱了他，并对俄罗斯的戏迷说了几句告别的话。第二天他回到罗马，从此再也没有登台歌唱。他的威望是如此的高，圣契切利亚学院立刻把教研室交给了他。在我进入学院时，科托尼已有20多个学生。

我再也没有遇到过像科托尼这样的人。我在他的班上学习，欧洲最伟大的歌唱家之一是我的教师，这种想法本身已令我激动不已。每一个见到过科托尼的人都会感到，和这样的人即使是交往一次都会使人变得高雅起来。当校长法里基突然对我说，我错过了在科托尼班上课的时机时，自然，我难过极了。

"哪里还能找到像他这样杰出的老师呢，哪儿？"我受到侮辱似地问。

但法里基坚持自己的决定。他说，现在由他，法里基，负责我的嗓音。科托尼已经80多岁了，他没有太多的精力。假如我想作出成绩，应该转到恩利科·罗扎蒂大师班上去。

我尽我所能顽强地反对，但法里基毕竟是校长，我最终不得不听从他的建议。我不知道如何向科托尼解释自己的行为，对罗扎蒂说些什么。我很不情愿地来到他的班上，罗扎蒂立刻明白了一切。

"没有人强留你在这里。如果不愿意，你可以离开。"他斩钉截铁地说，声音中没有丝毫懊恼的影子。

我还是留下了。罗扎蒂大师原来是一位合乎理想的老师。他有时很严厉，要求严格，总是迫使自己的学生做很多功课。

（从这个意义上说，无疑，他的教学会比科托尼带来更多的益
处。）正如波努琪太太那时一样，他非常了解我的嗓音。在指导
我的学习时，似乎既不费劲，也没有压力。我在学院学习的三
年，他一直是我的教师和导师，他为我准备了我的首演。我感
到幸福，我们的共同劳动以友谊结束，这友谊日后延续了一生。
我想利用这个机会，在这几页纸上铭刻下我对我的老师的感激
之情和我对他的挚爱。

这时已经清楚，哪些练习适合于我的嗓音。但是在我的唱
法中还有一些缺陷，罗扎蒂大师决定改正它。比如说我习惯于
吸满气唱歌，用我肺部的全部力量。由此我的有些高音很困难。
罗扎蒂帮助我做些音的调试，教会我感受分寸。他让我在某个
时间放下歌剧角色，把注意力集中在17、18世纪温文典雅的旋
律上。其中我记得最清楚的是莫扎特的《紫罗兰》。经过半年的
艰苦努力——我们不仅在学校上课，而且常常在他的家里上课，
终于我可以唱威尔第的《安魂曲》中非常困难的"Ingemisco"
了，大师感到十分满意。

一个春光明媚的日子，在学期结束时，罗扎蒂大师带领全
班同学去做传统的郊游。我们去到福拉斯卡迪——它在艾尔班
山丘上。在艾尔多布兰迪别墅奇妙的花园游览之后，我们坐在
一个不大的饭店花园的长桌旁，吃小羊肉加青豆和奶酪来提提
神。奶酪很咸，不加点香料，当然无法吃。我们开心极了，因
为还有女孩子和我们在一起，即使有酒，我们表现得仍很体面。

但是后来，当我们挤坐在拥挤不堪、缓慢移动的电车里回
罗马时，我们终于放松了。有些喝醉了的小伙子开始对我们的
女孩子开起不礼貌的玩笑。起初我们装作没有注意他们的样子。
我们人很多，而他们很放肆，情况变得非常紧张。发生了在意
大利通常会发生的那种事——斗殴。

"看在上帝的份上，贝尼亚米诺，你唱点什么吧！"罗扎蒂

大师悄悄对我说。我首先想到的是"Ingemisco"，我没有多加考虑就唱起来。过了一会儿我就明白了，这个旋律在这种情景下是多么地不合时宜，但是一切已经太晚了。在绝望中我集中精力尽量唱得好些，完全忘了我周围是些什么人。

当我唱完，拥挤的电车里死一般地寂静。我向四周看看，对我们寻衅的人露出惊愕的神态，任何掌声也不会带给我如此成功的感觉。

圣契切利亚学院每年的毕业典礼都会吸引许多来自罗马的音乐爱好者。参加了一两次这种庆典之后，我很快就获得某些名声，看起来还比较大，因为上流社会的一些聚会开始经常邀请我去唱。在圣契切利亚学院通常不允许这样做，学生在学习期间没有权利作为职业歌唱家演唱。但是金钱奖励是如此诱人，我决定破坏这个传统。一个晚会的收入比我在暗房中冲底片一个月的收入多三、四倍。

我辞去了这份工作。从此下午我完全用在声乐课上，而晚上我以假名米诺·罗扎（这是一个诡计，为了逃避禁令）在鲁第尼侯爵、加罗尼先生、布留勉什吉尔公爵、俄罗斯公使克鲁卡尼茨基和其他上流社会人士的沙龙中演唱。我也在我曾经当过仆人的那位太太、伯爵夫人斯潘诺吉家去唱。我和她回忆起当年我戴着手指上沾满汤汁的白手套招待客人的情景，我们大笑起来。

有时我不得不去租燕尾服，但穿起它来我显得十分可笑。最后我不得不按自己的尺寸定做燕尾服。显然，当有钱时，一切都可以做到。现在我一个月可以挣到3000里拉。难道可以和遥远的"培迪慈"时期精打细算地花那60里拉的时候相比吗！

1914年夏天，我在圣契切利亚学院学习的最后一天来到了。毕业考试我考得很好，我是男高音的第一名。许多专程来听我们音乐会的客人来参加学院的大型舞会。其中不少是准备来捕捉我们的经纪人，就像狼捕捉即将离开羊圈的小羊羔一样。无论是法里基还是罗扎蒂都告诫我要小心，要仔细倾听所有的意见。我毫不怀疑，他们会给我智慧的建议，我会听从它。

　　一位穿着白色衣裙的老农妇静悄悄地坐在角落里，淹没在喧闹的、挤满唧唧喳喳交谈着的上流社会妇女之中。这就是我的母亲，她独自一人从雷卡纳迪远途来到罗马。在音乐会上我唱了迈耶贝尔《非洲女郎》中的咏叹调"啊，美丽的地方！"这就是当年每个周末在莱奥帕尔迪广场上，我吹萨克斯的那个管乐队曲目中的一部歌剧。

　　当我唱完之后，响起了暴风雨般的掌声，它没有辜负我的期望，但给我最大奖赏的是：我看到，80岁高龄德高望重的安东尼奥·科托尼拥抱了我的母亲，吻了她的手，祝贺她的儿子的成功。

　　"现在，"罗扎蒂大师由于激动声音变得嘶哑："现在你可以勇敢地直面命运之神了。"

比　　赛

　　长期艰苦的跋涉结束了。一生中我首次登上了顶峰，可以环顾四周了。6 年的学习，在学院没有变化的领先地位和 24 岁，都已远去。正如罗扎蒂大师所说，我现在已经可以勇敢地直面命运，换句话说，我已准备好面对经纪人、评论家和听众的审判。

　　这是非同寻常的、因而也是令人不安的前景，但是我又一次很走运。学院毕业之后，有那么多各种各样的经纪人邀请，使我能从早到晚绞尽脑汁地选择，我该偏向谁。

　　罗扎蒂大师建议我参加将于 1914 年 7 月在帕尔马举行的国际声乐比赛。比赛应当发现和鼓励新的声乐才华。参赛者必须是还没有名声的歌唱家。比赛的组织者有：帕尔马音乐学院的教授兼指挥克莱奥丰特·坎帕尼尼大师（Campanini, Cleofonte 1860 - 1919，比赛由他本人倡议）和一位富有的美国妇人，来自芝加哥的伊丽莎白·梅考尔米克女士（她是比赛的资金赞助者）。芝加哥歌剧院演出季的合同等待着比赛的得胜者。坎帕尼尼大师和梅考尔米克女士打算每年举办一次这样的比赛，使有才华的青年歌唱家有可能在演出季开始以前稳住自己的位置，而不像经常所有的那样，落入过分墨守成规的经纪人和经理紧抓不放的魔爪。

　　第一次世界大战破坏了所有这些美好的设想，随后几年比赛再也没有进行，当时的得胜者也没能在芝加哥演唱。最终看来，为这次比赛花费最多、怀有最多希望、从这次比赛中受益的唯一一个人，就是我。

　　在1914年酷热的夏天，我们150人汇聚在帕尔马：32名男高音，19名男中音，6名男低音，40名女高音，6名女中音和2名女低音。意大利有很好的代表，但是在比赛之前做了这样大规模的广告，以至于从世界的各个角落来了许多歌唱者，他们来自莫斯科、纽约、芝加哥、布宜诺斯艾利斯。我们的旅费和在帕尔马三周的所有花费都由梅考尔米克女士提供。

　　帕尔马使我产生了信心。我从未到过意大利北部，但我在帕尔马仍然感到和在家里一样。虽然这个城市更富丽堂皇，更具有贵族风格，但实际上它和雷卡纳迪一样，是意大利外省的一角。我知道，帕尔马是和威尔第的名字联系在一起的，城市的居民以热爱音乐而享有盛名。我个人的经验也证实了这有深厚基础的声誉。帕尔马的所有居民，甚至最普通的人，都以极大的兴趣和热情关注我们的比赛，仿佛是奥林匹克音乐竞赛，殷勤、欢乐地接待了我们。

　　比赛的评委会主席是伊塔洛·阿佐尼教授，帕尔马音乐学院的副院长。评委中还有两位音乐学院的教授、指挥、律师和我的老熟人——男高音歌唱家亚历山德罗·邦奇，就是我的朋友乔万尼·杰里曾经在他那儿服务过的那位歌唱家。评委们连续三周每天9个小时坐在学院的音乐厅里。比赛的每一位参赛者要唱三首歌剧咏叹调，而我们一共有150人，这要求很多时间。这是炎热的7月，在休息时，无论是评委还是来听比赛的人，吞咽了难以置信的大量的冷啤酒。我从未像那时一样喝过那样多的啤酒，我想，以后也不会有。

　　我的次序排在第三周的开始。我唱了雷耶尔·欧内斯特的歌剧《西古尔特》的咏叹调，威尔第《茶花女》的最后一场和迈耶贝尔《非洲女郎》中的"啊，美丽的地方！"。

　　比赛的许多参赛者都很有才华，但是大多数人由于声乐素质过差或很不好，甚至不能适应比赛的最起码要求。作为这些滑稽插曲的目击者，使我感到，当这种比赛的主考官也不轻松。

当150名参赛者中最后一人的最后一个音唱完时，已是半夜了。我和一些年轻歌手在学院旁的大街上等待比赛结束，陪送疲惫不堪的考官到加里巴尔迪广场，和他们一起喝一杯告别啤酒。

酒精使我们胆子大了起来，我们在路边的咖啡桌旁高谈阔论。突然一个阴沉的声音唱起《瓜拉尼人》（巴西作曲家戈麦斯的歌剧）中卡恰科的咏叹调："姑娘，在你的目光中……"声音颤抖、跑调，但却震耳欲聋，灌满整个广场。它招来所有考官暴风雨般的抗议声。正在柱廊下巡逻的宪兵飞快地跑到我们这边来。然而歌声却越来越大，终于一个街头歌手从黑暗中走出来，他走向我们，骚乱中他举起双手。

这真是太过分了，考官们不能忍受。其中的席尔瓦大师跳起来，递给他5里拉纸币，呵斥说："闭嘴，滚开！要不然打死你！"

歌手的歌声在半小节当中停下来。突然我们所有人都笑起来，笑得几乎摔倒在地上。三个星期的紧张全消失了。

第二天结果出来了。我被宣布为比赛发现的"难得的人才"。在评委会的结论中，在谈到我的地方，一位评委用大字写着："终于我们找到了男高音！"，最后的一个字用红铅笔画了三道。

报刊围绕着我们的比赛掀起了众多的议论。关于"难得的人才"的消息登上所有意大利报纸的头版头条。我完全被来自意大利四面八方的经纪人、经理和剧院院长的电报所淹没。我对自己说："现在正是应该特别谨慎从事的时候，任何情况下也不要惊慌失措"。回到罗马，我征求罗扎蒂大师的意见，他把我委托给一位姓鲁萨尔第的精明强干的经纪人，他们一起帮助我决定每一个起步歌唱家至关重要的问题——在哪里首演。

显然，不能长时间地躺在帕尔马的桂冠上。要找一个有良好声誉的剧院，在演出季开始的剧目中要有合适男高音角色的歌剧。根据各方面判断，罗维戈的索恰雷剧院适合这些要求。他们邀请我唱蓬基耶利的《歌女焦孔达》中的恩佐。

　　和雷卡纳迪一样，罗维戈离亚得利亚海不远，只是更北一些。这个状况使我很愉快。这个地方的歌剧演出季比其他的城市要稍早一些，因为它要赶上秋季大集市的揭幕，通常北意大利各个角落的不少人会来到这里。这对我也很合适：我的首演越早越好。此外，索恰雷剧院优秀的指挥朱赛佩·斯图拉尼在等着我，他也是帕尔马比赛的评委。与我同台演唱的其他独唱演员观众都很熟悉。这是女高音蒂娜·波利－兰达乔（Poli－Randaccio, Tina 1879－1956，意大利歌唱家）和男中音塞古拉－塔里恩（Segura－Talien 1880－1927，西班牙歌唱家）。而我最终决定选罗维戈为首演的地方，是当我偶然听到罗扎蒂大师说，我在圣契切利亚时如此崇敬的过去时代的伟大男中音安东尼奥·科托尼，正是在这个剧院首演的。我深信，这是一个好的标志。

首场演出

　　1914年8月，这是几个悲伤的字眼——第一次世界大战爆发了。但歌唱家是利己主义者，我个人对于这个恐怖事件的回忆只具有纯个人性质。这是在罗扎蒂大师阴暗的屋子里，在钢琴旁度过的漫长的日子。窗户被百叶窗严严实实地遮掩着，尽可能地保持一点凉爽，躲避难以忍受的炎热。家具都套上了套子，因为教授一家都到城外去了，而他留下为我准备首演。我们时不时地中断练习，煮咖啡或打开沙丁鱼罐头，然后大师又坐到钢琴旁，我们继续连续几个小时练习。

　　每天从大街上传来报贩关于福兰德战况的叫喊声，等他的声音消失，我再用pianissimo重复被打断的练习。还能做什么呢？要知道我将面临的也是必须打赢的战斗。

　　当上天赐予我一副好嗓子时，它就很有远见，额外又送给我好记性。我不能想象如果我没有这样的记忆力，我怎么能唱整部歌剧。有一次我不得不4天学会普契尼的《燕子》，另外一次是一个星期学会马斯卡尼的《小云雀》。为准备我的第一个角色，我用了整整6周。由于记性好，我学会角色几乎不费力，我可以完全集中精力在表演的技术和风格上。罗扎蒂大师可以说是一位"完美主义者"。我以为，我的首演对他来说，也具有对我一样的重要意义。他为我准备得很好，我感到很有信心。

　　我以为，恩佐对于起步的歌唱家来说是很理想的。他不是特别困难，同时又能最大限度地表现声音。虽然《歌女焦孔达》

的音乐并不是很有特点，但无疑它仍然是一部"唱的歌剧"。其中有6个出色的独唱角色：女高音、女中音、女低音、男中音、男低音和主要的男高音。1876年在米兰首演的《歌女焦孔达》属于那种古老学派，它尽力要使歌剧中有更多的咏叹调，使歌唱者有可能唱，蓬基耶利不是音乐上的革命者。

但《歌女焦孔达》在某种意义上来说仍然是意大利歌剧史的里程碑。它的节奏比当时所惯有的快，乐队的配器更具表现力，歌剧在戏剧方面更有效果。宣叙调和咏叹调这种老的形式有了新的力量。

脚本也许不会得到人们的特殊关注。这是一个文艺复兴时期的爱情故事，由多才多艺的阿里多·博依托改编自雨果被遗忘的话剧《安杰洛》。它的故事中无所不包：不幸的爱情，失败的逃逸，伪装的服毒，虚假的美德，自杀；其中人物有宗教裁判者、土匪、乞丐、间谍和难以慰籍的妇人……应该说，这不是艺术精品，但我想它是优秀演出的好素材。脚本中的情节可能太混杂、不可思议，但却很有力度，一切都发生在富丽堂皇的背景上。歌剧中有美妙的芭蕾舞音乐，特别是著名的《钟舞》。《歌女焦孔达》在罗维戈的首演虽已过去很久，我仍然还记得各种各样的情景，应当说，无论是歌唱家还是听众，歌剧总是使他们得到很大的满足。

演出前给了我两周时间和剧组排练。我在10月初来到罗维戈，向两个老姐妹租了一间房子。两位都是助产士。老太太对我如此关爱，如此亲切无微不至地照顾我，好像我是新生婴儿。当我面临如此严峻考验时，她们的关怀和照顾给了我非同寻常的帮助。

第二幕中间著名的咏叹调"天空与海洋"对男高音来说，永远都是试金石，如果它成功了，歌唱家《歌女焦孔达》的成功就有了保证。咏叹调的结束句是："啊，你来吧！啊，你来吧!"按蓬基耶利的原作,咏叹调的最后一个音是 G。但随着时间的推移,听众认为这是歌唱者图轻松,对此表示不满,很快开始抛弃原作随意地用降 B 代替 G。

在所有的排练中,降 B 我都唱得轻松自如,自己感到很有把握,但在彩排时我退步了。闭元音似乎还好,但在降 B 前我突然犹豫了,我头一次感到我有些紧张。

"不要为降 B 不安,"斯图兰尼大师说:"所有其它地方你都唱的极好。为什么你不坚持正确的原作,不唱 G 呢?"

"但是听众要听降 B!"

"他们对你没有等待这个,他们知道,这是你的首演。"

翘首以待的这一天终于来到了。这是 1914 年 10 月 15 日。我完全明白,对于这个晚上坐满索恰雷剧院的听众来说,我在舞台上的出现是十分意外的。海报上我的名字顶多会引起好奇:"新男高音?有意思,他唱得怎么样?"

听众是来听演唱主角的蒂娜·波丽-兰达乔、演唱巴尔纳的赛古拉—塔里恩和演唱拉乌拉的伊达·齐佐尔菲的。虽然斯图兰尼大师让我相信,听众对起步的歌唱者不会期望很多,但我知道,我不能指望宽容。不管怎样,人们会十分严格地审视我,而我也愿意这样。

演出前我想妈妈想了很久,我吻了她的照片,然后做了祷告,喝了很多浓咖啡。应当说,这一切对我都很有帮助。我的确唱得很好,但是当快要唱咏叹调"天空与海洋"时,突然我感到一种恐惧。我唱最后那个音吗?我还没有决定唱不唱那个降 B。我继续唱着,看着观众席,想找到我的助产士老太太,我对她们讲过我的不安和担忧。也许,如果我看到她们的目光,她们母亲般的同情会帮助我唱好降 B。但是我立刻移开了视线,看到这面庞的海洋,我的头旋转起来。我吸气,唱降 B,但突然感到喉咙痉挛起来,我不敢冒险,唱了 G。

《歌女焦孔达》
中的恩佐

　　听众给了我相当有力的掌声，同伴们在祝贺时很慷慨。我的助产士拥抱我、吻我，因为高兴流下了热泪。我自己明白，除了这个失败的降B，其它都好。报刊第二天早晨肯定了帕尔马评委的意见：我是"难得的人才"，是"完全成熟的演员"。评论家一致预言我会有好的前程。我轻松地叹了口气，决定再也不想这个降B了。

　　这天我偶然听到一个乐队队员和合唱队员的谈话。

　　"吉利的能力有限。"

"看来是这样。"

"你注意到，他不能唱降B。"

我的自尊心受到伤害，我走过去，直视他们的眼睛，"你们想说明什么？"我问："我在另外的歌剧中唱过数十次这个降B，我只不过认为这里没有必要，就是这样！"

但是现在我感到自己完全有信心。在下一场演出的那一天，我没有任何负担地唱了"天空与海洋"，我早已决定，结束时唱G。但是这一次听众不满意了，只给了我一般礼貌性的鼓掌。显然，不管怎样，他们要听降B。但我决定坚持自己的作法。此外，评论家也没有因为这个G批评我，应该引导听众不能随心所欲，我认为应当教会听众尊重原作。

我也这样对自己说，但在内心深处我很明白，所有这些只不过是一些借口，仅仅是为了掩饰自己因喉头可怕的痉挛而感到十分恐怖时的一种诡计。

第三场演出时，我像以前一样对听众仍怀有敌意，我决定仍然唱G，不论他们喜欢不喜欢。但当快到咏叹调结束时，我突然感到一种勇气的冲动，这也许是一种呼唤，它发自内心深处。"现在我给你们看看！"我暗下决心，没有想得太多，用全部声音，全身心地唱了这个倒霉的降B。

回报我的是罕见的喝彩声，这是我刚刚开始的舞台生涯的第一次喝彩声（在这之前曾经有过一次，那是当我在马切拉迪唱了女高音角色之后）。听众从座位跳了起来，热情地鼓掌，把节目单向空中抛去，要求返场。指挥不得不把指挥棒放在谱台上。演出被中断了，但我没有返场：我不想再考验运气。我自己没有期待这个，虽然轻松终于来到了，但这仍然使我感到压抑。我是怎样唱了这个降B的？我怎么也不明白……

这个晚上我不能入睡，在床上辗转反侧。我突然发现，床单难以置信地仿佛有刺在扎我。我气愤地打开灯，想弄明白到底是怎么回事。我看见，整个床单上是大朵凸出的花纹。浆好

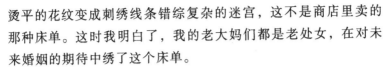

烫平的花纹变成刺绣线条错综复杂的迷宫，这不是商店里卖的那种床单。这时我明白了，我的老大妈们都是老处女，在对未来婚姻的期待中绣了这个床单。

生活就是这样的：计划被打破了，希望没有实现，愿望越来越少，甚至完全没有了。但是要知道，我仅在舞台上尝到的成功，这也是生活。或许这仅仅是稍纵即逝的梦，我很快就会醒来？不，我知道这不是梦。但是我今后的整个生活会都是这样吗？这样的前景在某种意义上甚至吓坏了我。为什么这种特殊的运气会落在我的身上？为什么我和别人不同？为什么正是我具有这样的能力使听众在激动中从座位上跳起来，要求返场，而我的房主人老大妈们，虽然她们善良、可爱，但却找不到丈夫？我付出了不少劳动，这很对，但是有多少其他的歌唱者，他们也很努力却永远得不到成功。

我不是神学家，对我来说这永远是个谜。上帝因某种原因对我如此垂青，我感到我不配这样的恩惠，我突然产生感谢他的热切愿望。

我从床上站起，双膝跪下。

征途的起点

在罗维戈我受到一个很重要的教育：歌唱者完全决定于听众。听众花钱来听他，他们付给他生活费用。歌唱者在自己创作的可能范围内，忠实地回报听众向他要求的一切。歌唱者可以向听众提供某些东西，但不能把自己的愿望强加于他们。他应当使他们高兴，赢得他们的好感，否则他最好是立刻离开舞台。听众，这是他的裁判，他的评委，他的审判员。

评论家也有很重要的意义。但依歌唱者的观点看，这不是主要的。歌唱者没有评论家也可能很容易应付。事实上我有时真的认为，没有他们我可能会更好。然而，歌唱者若没有听众就毫无意义了，在这里他们是互补的。

甚至最有名、最有威望的歌唱家，从来也不会骄傲到不听批评。当然，批评应该是正确的、有道理的、有益的。但是报刊上的大部分评论文章，只不过是把这次演出和另一次演出做比较，把这位歌唱者和5年、10年、甚至是15年前唱过这首咏叹调的某个歌唱家做比较。这样的评论对我没有任何益处。对我来说永远唯一重要的是，在每次具体的情况下我唱得怎样，对听众来说，我的演唱是否真挚，是否拨动了他们的心弦，是否带给他们深刻的感受？

在听众对我感到满意之前，任何一位评论家也不会使我难堪或使我不安。如果大厅里掌声稀少，或是我内心里觉悟到我有负于掌声时，即使是记者们最惊人的褒奖也不能使我得到安慰。

我不抱怨评论者，在我的整个演出生涯中，他们对我的歌唱的评论，总是十分宽宏大度。的确，他们总是准备好责备我（特别是在英国和美国），用他们的话说，我总是"为顶层楼座"（指最便宜的顶座）而唱。实际上他们一点也没有错。

歌唱区别于所有其它音乐形式，是因为生活本身使作曲家得到灵感，表现它不是依靠某种铜管或是木管乐器，而是依靠"最富个性的"乐器：人声。

我以前已经说过，歌唱者必须感觉到自己与听众的紧密融合。当他唱的时候，他一定要始终感觉到，他的歌唱得到直接反响，否则他的所有努力，只不过是从自己的喉咙里发出声音的纯技术，这时他不会赋予歌唱一切最美好的感觉，不会把自己全部的心灵投入到声音中去。

有时在过分激动时，应该说，我犯的错误是，过分强烈地表现出要感觉到和听众的这种交流的愿望。但是评论家一定要懂得，歌唱者没有掌声不能生活。

在罗维戈我又唱了11场《歌女焦孔达》。在我爬上钟楼之后，我已不想再下来，有一次唱了降B，我不想后退，所有11场演出我都唱了这个降B。

10月末，在费拉里的演出开始前，我有十天空闲时间，我可以稍事休息。但我不能留在罗维戈，我要在这个时候赶到罗马。

"我再也不能这样了！"我对罗扎蒂大师说："这个降B就像噩梦一样折磨我。有时我成功，有时我又感到我做不到。在罗维戈我只是在第三场才征服了观众。而在费拉里又将从头开始。"

"在费拉里一切都会很好！"大师鼓励我："我们照常排练，一切都会很顺利。"

我们这样做到了。

"好极了，现在降B怎么样？"一周后大师说。

"我相信现在我能做到了，谢谢您。"

他笑了。

"当然，我不怀疑，现在你不仅会很有把握地唱降B，而且还能唱B，甚至更高。"

"您想说什么?"

"一个星期前，在我们开始练习时，我让人把钢琴整整调高了一个全音!"他使了个眼色解释说。"因此当你每一次想到你在唱降B时，你完美地唱的是C。要向你表示祝贺!"

在费拉里，有一天晚上，有人把我介绍给伟大的指挥大师图里奥·塞拉芬（Serafin, Tullio 1878—1968，意大利指挥家）。

"我听了你的唱，我对你有一个建议：12月26日在热那亚的卡尔洛·费里切剧院演出季的开幕式上，要上演马斯内的

《玛侬》中的德格里埃

《玛侬》，你想唱德格里埃吗？"

　　卡尔洛·费里切是意大利六大歌剧院之一。这时在我国所有的歌剧院中有将近 300 个男高音在唱。而正是我，这个仅仅在一个月前完成了首演的人，被邀请去参加这个剧院演出季的开幕式，而且还是受塞拉芬指挥本人的邀请！

　　我暗自想："人们是怎样器重我！"可我仅仅对塞拉芬说："感谢您想到了我，我试试吧。"

　　在热那亚我感到我告别了省城，生活立刻以从前我从不知晓的速度向前迈进。当我了解到赫里斯多费尔·哥伦布正是出生在这个城市时，我一点也没有感到惊讶。这里的人讲一种奇怪的方言，我很难听懂它。热那亚人，首先是海员和商人，对他们来说，世上最重要的东西是金钱。地图上最遥远的点，除了市场以外，没有任何什么别的东西，他们应该得到这些市场。

　　所有这一切与意大利南方安静、平稳的生活形成了强烈的对比。在几个世纪的过程中，在教皇统治罗马和雷卡纳迪的时候，热那亚已经获得自治权，是一个独立的海岸国家，不难感受到这里的某些差别。我虽不很了解历史，但在周游意大利时，我懂得了，历史本身正开始在我的周围复活。

　　正如在《歌女焦孔达》中一样，我在《玛侬》中的搭档是有名的女高音，这次是罗吉娜·斯托尔吉奥（Storchio, Rosina 1876—1945，意大利女高音歌唱家）。与蒂娜·波丽-兰塔乔不同，因让她与某个刚刚起步的男高音搭伴演唱而感到受了侮辱，为此立即向塞拉芬诉苦。

　　"你稍等等，夫人，然后再评论。"大师回答她。

　　"可我现在就看出来就是这么回事！"斯托尔吉奥坚持说："又是一个受你庇护的人！难道说您以为我不配有好的搭档？"

　　在排练时，她不失时机地让我明白，我是一个靠钻营飞黄腾达的人，我钻的不是地方。在这样的情况下要表达一个不幸的恋人的痛苦是十分困难的，但我决定在演出时不让她干扰我。我对自己说：忍耐，任何事都不会没有困难，在罗维戈是降 B，在这里是女主角的敌意。

我读了天主教神父普莱莫的小说，歌剧脚本是以它为蓝本的。我读了一遍又一遍，终于在我的想象中形成了我自己的玛侬的形象，我决定演出时只想这个形象。

我做到了。当我唱第一幕中的"梦幻"时，斯托尔吉奥夫人完全可能站在离我千里之外的地方。我想的只是那个冷酷无情、淫逸放荡的女人玛侬·列斯科，她的形象在我的想象中。

热那亚富有的市民是歌剧艺术热情的崇拜者。我从来没有在这样大的剧场里演唱过，因此，当我发现，掌声能够像暴风雨时，我完全惊呆了。当然，在罗马，我常常在康斯坦察的顶层为易波利托·拉萨罗（Lasaro，Ipolito 1887—1974，西班牙男高音歌唱家）、邦奇或是巴蒂斯迪尼鼓掌。但我不明白的是，为什么当你自己站在舞台上听到从观众席传来掌声时，声音完全是另样的。难道说这些掌声都是冲我而来？这甚至有些吓坏了我。"Bis！Bis！"——观众一面跺着脚，一面喊叫。我慌乱地不知该怎么办，我看着站在指挥台前的塞拉芬，他对我点点头，似乎在说"来吧"。我再次面向自己想象中的玛侬唱起来。

如果说在演出时罗吉娜·斯托尔吉奥夫人曾距我千里，那么当大幕降落时，她立刻就站在我的近旁。

"应当说，您没有失掉机会，您很好地收买了给您捧场的人。"她直截了当地对我说。

"您怎么想，亲爱的夫人，我用什么收买他们呢？用铜币？"我反驳道。

这似乎是一种迹象，虽然与我在罗维戈的收入相比，这里已多了一倍，但一场演出也只有 100 里拉。显然，这点钱不够用来收买掌声，即使是我的脑子闪过这样的念头。

当我还在热那亚唱的时候，我就接到了 1915 年 2 月末去西西里的邀请。加艾坦诺·巴万尼奥里大师从巴勒莫给我来信，建议我在马斯莫剧院演唱《托斯卡》。和以前一样，我开始越来越多地受到重视，在巴勒莫，我的收入又增多了一倍。那时对我来说更重要的是巩固自己的声誉，这远比金钱要重要得多。因为在巴万尼奥里大师的指导下在马斯莫剧院演唱是极大的荣幸，我毫不犹豫地接受了他的邀请。

《托斯卡》是我第一次接触普契尼的音乐。后来我被认为是他的作品的主要表演者，这是对的，我也总是认为，他的歌剧特别适合我的嗓音。但是马里奥·卡瓦拉多西这个角色相当粗糙、乏味。幸运的是，第三幕绝妙的咏叹调"星光灿烂"弥补了它。

正是因为卡瓦拉多西这个角色缺乏个性，这种情况使我不知所措，我决定琢磨点新颖的东西。我想，这在某种程度上能使我获得成功。

我永远也不能理解，为什么男高音通常都是以快乐的、饱含希望的情绪唱《托斯卡》第三幕的大部分。在十分仔细地研究了角色之后，我决定脱离这个传统，而按普契尼对这个角色的理解来诠释这个角色——我对此毫不怀疑。

弗洛丽娅·托斯卡给马里奥带来通行证，并且说他已获得自由可以离开监狱了。但是，我完全做了另一种解释：马里奥不相信她，他无法强迫自己相信，幸福就在眼前。他明白，他们残酷地欺骗了弗洛丽娅。他想让她高兴，让她怀有希望，但与此同时，从这一场的开始到结束，很清楚，这是他们相聚的最后时刻，他很快就要死去，因此他始终没能微笑起来。

我以为我的这种诠释是合乎逻辑的，至少是可取的，我决定把它交给巴勒莫的观众审判。

疑　惑

在从热那亚到巴勒莫的途中，我感到有些不安，我第一次这样远行。西西里总让我感到是一个强盗的巢穴。我想，难道说强盗也能对我的"托斯卡"的叙说感兴趣？

巴勒莫第一眼就给我很好的印象。车站上有成群的乞丐，没有一个真正的强盗。在随后的日子里，我也没发现任何强盗，但却看到另外许多不可理喻的、新奇的事情。

比如说，我看到一座玫瑰色的怪楼，不知为何，它让我挥之不去地联想到挂在斯潘诺吉伯爵夫人客厅里的马罗科的样子。当我得知这是一座教堂时，我太惊讶了。

"教堂？我以为更像清真寺。"

于是他们向我解释，起初这的确是一座清真寺——一个世纪以前，当阿拉伯人统治西西里的时候。

一次在和巴万尼奥里大师聊天时，我告诉他我很奇怪，我在这里看到很多浅色头发蓝眼睛的大汉，这是些什么人呢？也许是来自北方邻国的旅游者？大师对我的无知笑了很久。

"他们的确来自北方，但不是旅游者，也不是现在才来，而是在七八个世纪前，那时他们叫做诺曼人（北日耳曼部族）。但我想，他们现在的后裔，是不坏的西西里人。"

我想起童年时在听老法国神父堂罗曼诺讲雷卡纳迪的历史时我惊讶不已。各种战斗中的胜利与失败，都给我留下了深刻印象，激发了我的想象力。但是现在我开始想，那里谈不上什么真正的历史。我想，发生在巴勒莫、热那亚、罗马的一切才是历史。而隐藏在亚平宁山脉那边、在山谷里安安稳稳生活的雷卡纳迪，他们不知道阿拉伯人的侵入，也没有来过诺曼人，那里只不过偶尔有邻里间的纷争。我懂得了，到处游历将教会我正确地理解周围世界的博大。

在巴勒莫发生了一件我无论如何也不会忘怀的事。在谈到诺曼人时，巴万尼奥里大师让我去看一座大教堂，是诺曼人以前在巴勒莫郊外蒙雷亚莱的一个山丘上建造的。

金碧辉煌的镶嵌结构，色彩斑斓螺旋状的圆柱，每一根柱子上都雕刻着真迹原画，如神话一般，无与伦比！这样的杰作在任何别的地方我再也没有见过。我想在那儿待得更长久一些看个够，但大师提醒我要赶去排练了。

当我们来到春光明媚的大街上时，一群衣衫褴褛的孩子们引起了我的注意。他们围在排水沟旁的什么东西上。我好奇地走近他们，想看看西西里的孩子们怎样玩耍，是像我们雷卡纳迪一样，还是另有高招。看来他们和我们差不多，但使我惊愕的不是这个。孩子们聚集在一块滚在泥土里落满苍蝇的生肉旁。一个孩子把它分成几块，递给其他人，他们急不可耐贪婪地把这块脏肉吞了下去。我仔细地看着他们，使我更加惊讶的是，许多孩子都有严重的眼疾。苍蝇落在他们长满硬痂和脓液的眼睛上，他们甚至不打算把它们赶走。

我想，童年时我懂得了贫穷和饥饿。但是，无论是我，还是雷卡纳迪我的同龄人中的任何一个人，都没有见到过类似的事情。恐怖的画面几天来都缠绕着我，我问自己：难道这不是近似罪行的极其可怕的行为吗？当你在金碧辉煌的剧场里为珠光宝气的听众演唱时，就在你的近旁，在你两步之遥的地方，却是乞讨和饥饿。与这些孩子的痛苦相比，第三幕中托斯卡和卡瓦拉多西的痛苦又算得了什么呢？这些问题对我也是一样的。在这之前，我还不知道有什么人比我更穷。但从另一方面说我能做什么呢？我感到沮丧和无助，所有我能做的就是歌唱。

　　我成功地克服了《托斯卡》的技巧困难。我的同事、女高音比安卡·伦齐，男中音贾科莫·里米尼对我十分关照。这一次的困难在我本身。在排水沟旁见到的不幸的、饥饿的孩子使我难以忘怀。在排练时我精神恍惚，行为机械。我不能想象，现在，在我见到这件事之后，我所思考的问题是否还有意义。

　　一次，不知何故我走进了教堂。我坐在阴暗的门厅的长凳上，想把自己的思绪理出个头绪来，但我没能做到。当然我明白，我将像从前一样唱，因为别的什么事我也不会做。我也明白，当我看到这是一种肤浅无益的职业时，我不可能唱好。

　　在墙的侧面开了一扇门，在昏暗中我隐约看到芳济会老修士的身影。他隐身在忏悔室的帘子后面，于是我走了过去，坐在栏杆旁说："神父，我需要您的帮助。"

　　我对他讲述了一切，当然是前言不搭后语，断断续续，但他很有耐心地听我诉说。在我说完之后，他稍有责备地说："为什么你这样忘恩负义呢，我的儿子？上帝赐给你绝顶的天赋，而你还要抱怨造福者，蔑视这种才能。你想想在圣经里是以怎样的爱谈到野百合，它的命中没有注定沉重的劳动，它也不抱怨什么。上帝给了你嗓子，让你去安慰人们，你应当爱你的嗓子，上帝愿意你唱。不要违抗上帝的意志，我的儿子。"

　　"神父，您认为唱歌是我的天职？"我如释重负。

　　"当然，你的天职。什么也不用害怕，我的儿子，一路平安。"

　　上帝保佑着我。

　　后来人们告诉我，在《托斯卡》首场演出时，当大幕最后一次落下，在马西莫剧场，没有一个人不抹眼泪，我的眼睛也湿润了。在演出中我甚至没有听见一次掌声，我仿佛远远地超越了现实。我唱的是卡瓦拉多西的痛苦，想的是蒙雷亚莱的孩子们。后来我再也没有过要把自己的感受传达给观众的这样热切的愿望。这时既没有徒务虚名的欢呼，也没有成功的陶醉，我只是感到心中充满了欢乐和平静。

科斯坦扎

　　虽然在歌唱者的生活中有各式各样的表象，从高尚到平庸和可笑。但总的来说，他和其他人的生活没有什么区别。《托斯卡》在巴勒莫的首场演出使我经受了某种类似宗教的迷惘。而几天之后，我把自己所有的钱，直到最后一个铜板，都在和同事们玩扑克时输个精光。

　　他们非常狡猾地欺骗我，起初我拒绝玩，我舍不得花钱，我要结婚，我不能把积蓄挥霍一空，但是朋友们不让我安宁。

　　"你以为你是歌唱家？真像那么回事！"他们嘲笑我。"所有真正的歌唱家都玩扑克！这是传统！你也要学会它才好。让我们来教你所有的游戏规则。"

　　我就这样很好地学会了所有的规则，狂热的赌徒轻而易举地把2000里拉输个精光。早晨我开始思考，我的境况是，我还不是扑克迷，或者说甚至只是偶尔玩玩扑克。按我的同伴的看法，这是命中注定，因为我是没有家室的单身汉。我断定，要逃脱这种境遇，唯一的解救办法，就是尽快有一个家。我已经想好，当他们再要我去打扑克时，我该怎样回答：

　　"非常遗憾，伙伴们，我要回家了，妻子等着我哩……你们明白……"

　　于是我决定尽快结婚。母亲大概吓坏了，因为按照她的说法，即使最穷的人，没有床，没有桌子，没有几把椅子，头上没有房顶，就不能娶媳妇。但是没有别的出路。我寄希望于以后能给她解释清楚，当然没提及自己在牌桌上的成就。

我到邮局去给科斯坦扎发了电报："准备嫁妆，宣布结婚。我到罗马后我们必须立刻结婚。"

第二天早晨我收到了科斯坦扎的回电："嫁妆已准备好，它已在我处。"

我和科斯坦扎于 1915 年 5 月 9 日在罗马结婚。我从我的经纪人那里借了 2000 里拉，在罗马近郊的巴特里亚·诺缅塔纳一个简朴的饭店里举行了家庭仪式。我们的蜜月起初是在卡斯特尔·甘多尔佛，阿尔班山一个安静的、清澈如镜的小湖旁度过的。后来我们去了雷卡纳迪，把科斯坦扎介绍给父母亲。

从我最后一次休息起已经过去这样长的时间，我几乎忘记了还有过无事可做的时候。我很开心，打球，满不在乎地闲聊在药房里的趣事，看着烤炉，妈妈在教科斯坦扎做面条——我们家传统的节日菜肴。正当我们习惯于外省平稳安静的生活节奏时，突然传来消息，意大利参战了，这是 5 月 24 日，我的家庭生活仅仅只有两周。

从此我长久地等待着召唤我上战场，但是一直没得到这张灰色的纸——通知。过了一个月，已经不能再承受这紧张的等待，我给德尔费诺上校写了一封信，我等待他的吩咐为部队举行义务音乐会。他回了电报："太棒了！我下周在罗马组织第一场音乐会。"我告别了科斯坦扎，怀着满腔爱国热情，整个夏天走遍了意大利。8 月末，我看到部队不会召唤我，我接受了塞拉芬大师要我在博洛尼亚科尔索剧院演唱的建议，10 月要在那里举行博依托的《梅菲斯托费勒斯》的首场演出。

回顾我 40 余年的舞台生涯，我可以坦诚地说，无论我是唱同一部歌剧或是唱同样的音乐会曲目，我从不会落入习以为常的职业套数。每一场演出对我来说都是新的体验，新的创作探索。我仿佛要求自己，在自己面前提出一个又一个新的任务，永无休止地去实验。所有这些只有一个目的——试验自己的能力，拨动人的心弦，征服听众。在这种永无止境的体验中有一些特别重要的演出。我在罗维戈、斯卡拉和托斯卡尼尼的演出、在大都会歌剧院的首场演出就是这样的，那时在人们嘴上说的还都是卡鲁索的名字。受塞拉芬的邀请在博洛尼亚演唱《梅菲斯托费勒斯》也是我最严格的体验之一。

据称，博洛尼亚有理由为他们对这部复杂的、智慧的、勇敢的歌剧拥有某种权利而骄傲，因为它正是在这里问世。阿利戈·博依托当时首先是以诗人和剧作家而著称，《梅菲斯托费勒斯》是他首次试图以音乐形式阐述自己的思想。

歌剧 1868 年在米兰的第一次演出遭到完全失败（博依托本人担任指挥）。演出从晚上 7:30 一直延续到深夜 2:30，而且歌唱者唱得很糟。一部分听众坚持不了，不满意地离开了，另一部分留在剧场，提出了强烈抗议。博依托不动声色地一直站在指挥台后面直到最后，而到第二天，他收到了受到伤害的传统歌剧忠实捍卫者要求决斗的信。

但是事端渐渐平息，《梅菲斯托费勒斯》似乎完全被遗忘了。但 1875 年该剧突然在波隆剧院的舞台上再次上演，只是它已重新修改，缩短为通常的长度，海报上是第一流表演者的名字。博洛尼亚的观众热情地接受了歌剧，并认为该剧是他们自己的发现。从此，博依托的《梅菲斯托费勒斯》成为波隆剧院必演的传统剧目。

现在我将面对这些要求严格、有鉴赏力的观众，但我更关心的是歌剧本身的困难。博依托是思想家和诗人。在《梅菲斯托费勒斯》中他力图用音乐手法传达歌德的哲理。古诺的《浮士德》是音乐和思想更完整的统一，这部歌剧成功地经受了时间的考验。博依托的《梅菲斯托费勒斯》无疑是一部更富理智的作品，在精神实质上更接近歌德的创作。但是《梅菲斯托费勒斯》唱起来更困难。

　　自然，越是困难的角色，当你成功地战胜他时，你越会得到更大的满足。越是深入地研究浮士德这个角色，越是更强烈地被他内涵的戏剧性所吸引，会更得到鼓舞。我努力工作，我极力要用三种不同的声音表现浮士德生活的三个不同时期：青年、成年和老年。不仅改变外型，还要改变声音的色彩。后来在斯卡拉，对角色的这种演绎受到了托斯卡尼尼的赞赏。至今我把它作为最巨大的财富保留在我的记忆中。而那时这种诠释帮助我经受了在博洛尼亚的考验。

　　总的说来，我深信，这是一场智慧的演出。演唱主角的是伟大的男低音安杰洛·马齐尼－皮耶拉里（Mozini－Pierralli，Angelo1877－？意大利男低音），指挥是图里奥·塞拉芬。当我听见要求严格的博洛尼亚观众要我再唱两首主要的咏叹调："从平原，从山谷……"和"快到生命的尽头……"时，我明白，我成功地经受了考验，我赢得了又一次战斗。

　　我收到了伟大的皮埃特罗·马斯卡尼本人的下一个邀请。当他给我信时，我还在博洛尼亚，冬季他将在那不勒斯的圣卡洛剧院担任指挥，他问我是否同意在《梅菲斯托费勒斯》和《乡村骑士》中演唱。

　　邀请我在圣卡洛演唱已是莫大的荣幸，而受到马斯卡尼本人的邀请那就是太荣幸了！我当然同意。剧院的演出季于12月以《乡村骑士》开幕。已经是10月末了，我刚能离开博洛尼亚，就立刻赶到罗马，和罗扎蒂大师一起准备角色。

　　与此同时家庭问题也显现出来，也需要关注。这一段时间科斯坦扎都住在雷卡纳迪我父母家里，她正等待着孩子的出生，现在她坚持要和我在一起度过生产前的最后几个月。12月初我们一起去到那不勒斯，冬天，在那里的公寓里租了一间带家具的房间。于是在一个季节里，等待我的同时有三个考验：圣卡洛剧院，马斯卡尼，做父亲。说实话，这样的前景还真有些让我害怕。

《宠　　姬》

一次，当我排练完正等电车回圣卡洛时，我偶然听见两个那不勒斯人的谈话。

"听说这个新男高音吉利唱得还不错……"

"管它什么不错！反正他配不上我们的堂恩利科！"

我没有马上明白他们说的是什么。后来我醒悟到，他们拿我和伟大的卡鲁索（Caruso, Enrico, 1873—1894, 世界著名的意大利男高音歌唱家）相比较，遗憾的是，这对我完全没有用，他是那不勒斯人，虽然多年生活在美国，他仍然是同胞的偶像。许多年之后，在纽约也发生了这种比较，它继续折磨着我，使我苦恼。但是那时它只是使我开心，使我的自尊心得到些许满足。不论怎样，我的名字和声名显赫的"金嗓子"联系在一起。

"这么说来，我永远也不能和卡鲁索相比？"我想，"也许不能，我同意。但我无论如何也不会放弃歌唱！"

我已经说过，即将和伟大的皮艾特罗·马斯卡尼会见使我感到有些不安。一年的成功演出增加了自信，但在别的方面我没有什么变化。我总是有些稚气，不善于社交言谈，在和名人接触时不知所措。但是马斯卡尼的特点之一，正好是他善于并愿意立刻解除自己谈话对手的任何局促不安。第一次与他的会见奠定了我们友谊的基础，这友谊后来延续了30年，直到他去世。

《乡村骑士》是他最著名的歌剧，但却不是我最喜爱的歌剧。

事业日渐
上升的吉利

许多年之后，1937年，在罗马，我唱了他的另一部歌剧，我以
为，它更适合我的嗓音，这就是《友人弗里茨》。我和马斯卡尼
的关系在创作问题上仍然是深深地相互理解的。他的歌剧总是
吸引着我，即使是从男高音的观点看不大合要求，或者很困难。
不论怎样在我的剧目中仍同时有他的六部歌剧：《乡村骑士》、
《小云雀》、《小玛拉》、《伊丽斯》、《西尔瓦诺》和《友人弗里
茨》。

虽然在纯音乐方面我不是很喜欢《乡村骑士》的戏剧性紧
张，但从我这一方面说，我要尽最大努力把它表现好。说实话，
在圣卡洛的前几场演出中，甚至马斯卡尼也嘲笑我的过分卖力。
比如说我记得，我用全身的力气把肺鼓得满满的来唱西西里中

的高音，——"啊，洛拉，你像春天花朵一样美丽……"用全部力量，尽我的声音的一切可能。而到这个句子结束时，我的气息已不够了。

"像你这样的唱法要把气息拖到最后已超越了人的能量。要保护自己的嗓子，要学会留有余地。"大师说。

在马斯卡尼的帮助下我学会了这样做。1915年12月在圣卡洛演出季的揭幕式上，我的图里杜的表演惊动了一位那不勒斯的评论家，他说："趁现在还有可能，大家快去听吉利，因为他不会在这儿待久，美国要把他带走。"

美国？我从来没有闪过这种念头。

1916年1月，在圣卡洛的剧目中又出现了《梅菲斯托费勒斯》。作为指挥的马斯卡尼把速度处理得相当慢，演出结束时往往已是深夜，1月31日的演出也不例外。为了感谢掌声，我加唱了咏叹调"快到生命的尽头……"。随后我摘掉了乱蓬蓬的头套和80岁老翁的灰白胡须，跳上出租车，这时已经是两点半钟。我很累了，但是看了一眼躺在床上的科斯坦扎我就明白，不能睡觉了，我奔向大街去找接生婆。

几个小时以前为老浮士德鼓掌的观众，看到他现在扮演的是接生婆的助手一定会乐坏了。但是我需要这个角色，只是因为要摆脱在旁边的屋子里等待的痛苦。我的女儿是在早晨8点出生的，这一天我要开音乐会。我给她取名叫艾斯特尔——我母亲的名字，但很快她就变成了艾斯特琳娜。的确，对于这么一个娇小的孩子来说，这个名字实在是太长了，于是我们干脆叫她琳娜，从此她一直就叫琳娜。

由于某种危机或是其它什么原因，圣卡洛的演出季突然中止了。我劝说科斯坦扎和琳娜一起回雷卡纳迪，而我自己到莫德纳去几周，在那儿唱《梅菲斯托费勒斯》。两周后我回到那不勒斯，得知演出季继续，只是换在贝里尼剧院，让我唱多尼采蒂《宠姬》中的费尔迪南。我的生活变得活跃起来，我明白，应该彻底地习惯于此。

顺便说说，在《宠姬》的本性中仿佛就有一种匆匆忙忙。多尼采蒂在短期逗留巴黎期间，只用了一周时间写成歌剧的前三幕。至于第四幕，人们说，好像他只用了三个多小时，是在等待一位性情乖僻的巴黎女士而消磨时光之时写成的。当然，《宠姬》并不是这位多产作曲家最优秀的作品，但是即使它不是杰作，它也可以载入音乐史册。我认为，正如《威廉·退尔》一样，《宠姬》标志着歌剧历史的转折。它们仿佛同时组成了歌剧音乐中形成于那个时代的两种流派的连结链：老观点认为歌剧主要是展示声乐的完美技艺，而新观点是歌剧由于威尔第和瓦格纳而成为音乐戏剧的独立形式。音乐完全和作品理智的、感情的、精神的内容连接在一起。

当然，对歌剧的这种观点，为声乐的戏剧性打开了巨大的可能性（正如我惊奇地注意到的，某些现代作曲家正因为如此而准备立即完全拒绝它）。但可悲的是，它不可避免地会导致Bel Canto 的衰落。

我们再回到《宠姬》。当多尼采蒂来到巴黎时，在地平线上已升起了一颗明星罗西尼，在所有人的嘴边都是他的《威廉·退尔》。但1840 年12 月2 日，《宠姬》在歌剧院的首演仍然引人瞩目，得到了前所未有的成功。多尼采蒂十分了解如何讨好时髦的花样翻新，歌剧中能感觉到法国的影响——在舞曲和一些其它段落。但是我认为，唤起巴黎人热情的与其说是一些聪慧地、有分寸地添加的嬉游曲，不如说是这部歌剧中新流派的革命倾向。在《宠姬》中没有声乐的竞技，只有清晰徐缓的旋律，有时是抒情的，有时是戏剧性的，这决定于内容。

由于我认为多尼采蒂的音乐很适合我的嗓音，我愉快地开始准备《宠姬》。但在贝里尼剧院的演出带给所有人的只是失望。演员的挑选时间仓促，杂乱无章，排练匆匆忙忙，时断时续。当那不勒斯的演出季结束时，我轻松地叹了口气，我可以到罗马去和我亲爱的、热忱的大师罗扎蒂上课了。

不久我又不得不再次唱《宠姬》，这次是4月在帕多瓦，和另外的搭档和指挥。站在指挥台前的是彼德罗·法布罗尼，演唱的是露易莎·加里巴尔迪（Garibadi, Luisa 1878－1917，意大利女高音）和朱赛佩·贝拉托尼（Bellatoni, Giuseppe 1880－1946，意大利男中音）。这是些杰出的、当时声名十分显赫的歌唱家。应该说在这儿我的运气也总是很好，我经常有机会（其中包括我的首演）和一些大歌唱家同台演出，我可以向他们学习很多东西。

帕多瓦的演出季一直延续到5月底，演出很成功，尤其是和那不勒斯相比。然后我和歌剧告别直到秋天——那时还没有想过在露天演出。我到雷卡纳迪去了两周，看看琳娜长大了。后来我又向上校德尔费诺提出我要为他们服务。这一次他建议我上前线为战士演唱，我愉快地同意了。

在1916年那个悲惨的夏天，我坐着军车走了我国不少地方。我主要在皮亚沃区，甚至登上阿西阿戈高原的最高点。我常常一天唱三场，有时甚至唱四场音乐会，我仍然感到太少。后来我再也没有遇到过像那时那样出色、那样充满感激之情、那样热情洋溢的听众。最使我惊诧的是战士，他们面对死亡，却乐观、充满活力。当我为他们歌唱时，我常常热泪盈眶。在他们没有感到极大的快乐之前，他们不会放过我。

《拉美莫尔的露琪亚》

1916 年 10 月 5 日，在里斯托里的维罗纳剧院，在我持续增加的剧目中又加上了第七部歌剧。又是多尼采蒂的《拉美莫尔的露琪亚》，改编自瓦尔特·司格特的小说，是一个苏格兰姑娘悲欢离合的故事。她嫁给了一个她不爱的人，在结婚的当晚她杀死了他，后来她精神失常了。露琪亚由朱赛平娜·芬齐－马格里尼（Finzi－Magrini, Giuseppina 1878－1944，意大利女高音）演唱，亨利爵士由马里亚诺·斯塔比莱（Stabile, Mariano 1888－1968，意大利男中音）演唱，而我，男高音，自然是富于浪漫色彩的角色埃德加·拉文斯伍德。在《拉美莫尔的露琪亚》中，男高音最出彩的地方是最后一幕最美妙的咏叹调："你已展翅飞向天堂……"有意思的是，多尼采蒂是突然间想起要写这首咏叹调的，那时他正在和朋友打牌，忽然来了灵感，他从椅子上跳起，跑到另一个房间，匆匆忙忙把出现在脑海中的旋律记下来，然后再回到桌旁继续打牌。

在首场演出时，我尽力不忘记要为咏叹调"你已展翅飞向天堂……"留有足够的气息。我练习了无数次，但对歌唱者来说，这首咏叹调十分复杂，极耗费精力。演出前我像通常一样一次又一次地问自己，观众会怎样接受它。对自己的能力没有任何自信，多浓的咖啡也不能把我从不可避免的、令人疲惫的期待中拯救出来，首场演出总是特别明显。

自然，我估计到会成功，但无论如何也没有想到会让我谢幕 20 多次，更没有想到第二天会在报刊上发表评论。其中有一篇把这次演出和 1835 年 9 月 26 日《拉美莫尔的露琪亚》在那不勒斯圣卡洛的首演相比。那时热情的观众"用暴风雨般的掌声和疯狂的呼叫声迎接了法国男高音杜普雷（Duprez，1806 - 1896），任何描述也不能表达观众的热情。"

唱多尼采蒂的歌剧要比唱普契尼的歌剧困难得多。但是对于歌唱者来说，唱多尼采蒂的成功是更重大的成功，而在表演普契尼的作品时却不难得到。任何一个拥有一般嗓音、有某些技术缺陷的歌唱者，他在唱普契尼的某部歌剧时，很容易使自己的听众产生错觉，赢得份外的掌声。但是这位歌手在准备唱多尼采蒂的某部歌剧之前，必需慎重考虑，因为他的歌剧会毫不留情地显露表演者的全部弱点。

有一种意见是很不对的，认为多尼采蒂的歌剧角色很特别、"密不透风"，或者说要求某种特别的风格，就像表演莫扎特或亨德尔的声乐作品时所必需的那样。这儿只不过是纯抒情性的旋律，所有一切都仅仅服从于旋律——在咏叹调、抒情曲、卡巴莱塔和慢速的旋律中。为了唱好它，需要很好地控制呼吸和声音，善于轻巧地放送它。所有这些基本技能伴随的是通常的声乐练习。问题在于许多现代的歌唱者过早地作为职业歌手开始演唱——在他们离充分自如地掌握这些基本要素还很遥远的时候。

在多数情况下，显然与金钱方面的困境有关。但是我想，我的例子足够令人信服地说明，这种障碍是能克服的。也许很多老师没有提示自己的学生，他们需要长期艰苦的练习。这时，看来他们从先入为主的意见出发，认为没有必要教他们唱多尼采蒂和贝里尼歌剧中的角色，他们能够自如地绕过这些有危险的声乐障碍，在表演不要求很多劳动的许多其它作品中得到成功。

但是无论怎样，不可避免地会召来悲惨的结果，导致 Bel canto 的衰落。自然，虽然我没有可能做比较，但我深信，与一

个世纪前存在的杰出的 Bel canto 相比，我们今天保留下的已经
少得多了，多尼采蒂和贝里尼歌剧内涵的清晰使我得到这样的
结论。虽然正如我在前一节所指出的，《宠姬》标志着多尼采蒂
创作中的转折时期，他在写作它时，他想到的是他的同代人，
比如杜普雷、鲁比尼（Rubini, Giovanni - Battista1794 - 1854，
意大利男高音）、拉布拉什（Lablache, luigi, 1794 - 1858，意
大利男中音）、佩尔夏尼（Persiani, Fanny 1812 - 1867，意大利
女高音）、格里西（Grisi, Giulia 1811 - 1869，意大利女高音）
和帕斯塔（Pasta, Giuditta 1798 - 1865，意大利女高音）。

　　为了唱好多尼采蒂的歌剧，必需掌握那怕是在某种程度上
与他的艺术相匹配的声乐技巧。我认为应当向所有的青年歌唱
家建议：要坚持不懈地勤奋地练功，要有勇气和耐心，把你的
首演推后到你确实不再需要为它做准备的时候，我请求你们，
不要让 Bel canto 的传统凋萎、消亡。

　　1916 年从 10 月到 12 月，我在意大利的各个城市演出：在
维罗纳——《拉美莫尔的露琪亚》，在贝尔加莫的多尼采蒂剧院
和布雷西亚的索恰雷剧院——《梅菲斯托费勒斯》，在克亚雷拉
的都灵剧院——《歌女焦孔达》。最后，我如此等待、如此害怕
的一天终于来临：1916 年 12 月 26 日，我首次在康斯坦察剧院
接受罗马观众的审判。这是演出季的开场，演出《梅菲斯托费
勒斯》。埃德华多·维塔莱大师（Vitale, Eduardo 1872 - 1937，
意大利指挥）担任指挥。

　　德尔费诺上校得到了我所承诺的包厢；在大厅里是罗扎蒂
和他的全家；斯潘诺吉伯爵夫人坦率地说，她非常高兴出席曾
在她的家里做过仆人的那个人的首演；坐在楼座的是卡特尔沃
和他的妻子，在她的旁边是科斯坦扎。看得出他们三人有些担
心：因为这是他们一生中第一次穿晚礼服。

　　从某种程度上说，罗马的观众在我还是圣契切利亚学院的

学生时已知道了我，那时我化名米诺·罗扎在一些私人交谊会上演唱，还有一年前我在罗马为部队举办的义务音乐会上。但是罗马的评论家还没有机会把他们的笔对准我，我有些忐忑不安地等待着他们的意见。在某个忘恩负义的瞬间我想，罗维戈、费拉里、热那亚、巴勒莫、博洛尼亚、那不勒斯和其它城市的评论家，不过是些省城的文人，他们赏识的裁决不能视为决定性的，终结性的。罗马会对我说些什么呢？——这是问题。当然，像往常一样，对我来说，最重要的是观众的意见，但这一次评论家的评价也使我不安。

我和科斯坦扎住在卡特尔沃家。演出后我们准备了简单的晚餐，我们回忆过去的时光，一直坐到清晨。后来当大家都睡下时，我悄悄地走出家门。我不能入睡，内心有某种不安和焦虑，我漫无目的地漫步在空旷冷清的大街上。在纳沃那广场上挤满了圣诞节集市的帐篷和货摊，地上散落着纸的碎片，玩具在上面摆动。教堂这庞然大物庄严地矗立在月光下。我离帕塞扎塔·皮佩塔不远，这就是那条胡同，那时我和卡特尔沃租了顶楼，晚上在烛光下吃我们的培慈迪。我拐向河岸，转眼间就站在我的屋旁。我在那儿伫立了许久，看着我们曾淘气地对着大街做各种怪叫的窗户。然后不由自主地沿着熟悉的道路走去。走过科尔索大道，站在了圣契切利亚学院面前，从西班牙广场的楼梯出来，面前是特利尼塔·德蒙迪，这是我和伊塔——我的初恋情人站了很久的地方，那是我们第一次兴高采烈的游逛。后来我又来到司令部，在那里我穿着粗糙的灰绿色军装度过了两年，在这里我遇见了科斯坦扎。从家里出来时，我完全没有打算做这样伤感的朝觐，但是现在，当我到过这些我所珍惜的地方之后，我感到自己好多了。我并不是经常有机会来思考一下自己的。

清晨降临，我走向火车站，坐在椅子上等待晨报。

正如我所预料的，罗马的评论家要比省城的同行严厉得多。

但总的说，他们对我还是相当赏识的。所有人都指责说我的化装太糟了。《Messagiero》指出我不会掩饰不安；《论坛》报写道，我在第一幕比最后一幕唱得好；《Coriere dItalia》——我还不是一个成熟的演员，但有好的秉赋。其它都是赞扬，虽然比较克制，但不论怎样也是赞扬。我明白，我应该满足了。突然感到十分轻松，同时感到疲惫不堪。我把报纸放进口袋，登上出租车回到家里。

"你到哪里去了？"科斯坦扎问。

"我去散步了……我睡不着……要看看这些报纸，现在我要好好睡一觉……"

在罗马我又待了两个月，在康斯坦察剧院演唱。1917 年 3 月初，一件新的冒险事在等着我：第一次出国——去西班牙。图里奥·塞拉芬大师被邀请去马德里和巴赛罗那参加意大利歌剧季。为此他组织了一个小组，其中有男高音奥雷利亚诺·佩尔蒂莱（Pertile, Aureliano 1885 - 1952，意大利男高音）、男中音塞古拉 - 塔里翁、男低音安杰洛·马西尼 - 皮埃拉里和我。女角由西班牙歌唱家演唱。不知为何我记住了一位女高音的名字：卡门·波纳普拉塔。

总的来说，周游世界对于歌唱家来说不是什么愉快的事。在这些最初的出国巡回演出时，（我在四大洲各个城市难以数计的周游从此开始）我已完全弄明白，在国外的每一个城市，被迫认识三个地方，那就是火车站、你所入住的旅馆和剧场。而且每一分钟都绝对按日程表安排好，即使晚上没有我参加演出，也要准备角色，含漱咽喉，分发手稿，参加和同胞们隆重的聚会，或者接受报界的采访。很难找出时间，更难有心灵平静的时候使我有可能去看看市容，了解这个国家。几乎永远都是如此，难以数计的旅行没给我留下什么。虽然火车和轮船几乎都列入了我的日程表，就像早餐，在旅行时我通常都不会去享用。

踌躇满志的吉利

我宁愿留在意大利，平静地在雷卡纳迪生活。我这一生中，只要能抽出时间做短暂的休息，我就回到雷卡纳迪，这是惟一吸引我，使我能真正得到休憩的地方。

然而我仍然了解了不少西班牙有趣的事，特别是发现西班牙人是这样一群歌剧的狂热崇拜者，意大利人完全不能和他们相比。我从未见过斗牛赛，但我想，歌剧观众的热情激动，我想说，像一种群体的歇斯底里，只能和围绕着竞技场的人群的激动相比。

我总是记得在马德里和巴赛罗那的一些细节。观众的热情通常都不是冲我而来。他们喜爱的是另外两位男高音——加依亚莱和马西尼。他们每个人都有自己的崇拜者，他们都认为只有自己宠爱的人才是《梅菲斯托费勒斯》中浮士德唯一当之无愧的表演者。而我，一个刚起步的青年，根本没有任何权利篡位。

西班牙的评论虽然用语比较克制，但和观众的意见是一致的，他们对我顶多是宽容，不会更多。

"拥有好的技巧，唱的确实好，如果勤奋学习，会有好的前程和成就。"《Eli Liberali》这样写道。"嗓音较弱，但很好听。他也许应该选某种更适合自己嗓音的角色，而不应在像《梅菲斯托费勒斯》这样著名的歌剧中出现在西班牙观众面前。"《西班牙新闻》写道："他在第三幕中的演唱无法和加依亚莱的表演相比，而在开始的一场，当然比马西尼差得多。"巴赛罗那的观众对我仁慈些，在那儿我唱了《歌女焦孔达》和《梅菲斯托费勒斯》。据说在那儿，恩佐一角我没有强有力的竞争者，因此观众可以尽情地为我鼓掌，而评论也可以毫无顾忌地唱赞歌。

　　当我们起程回意大利时，终于弄明白了，我也有自己不多的一群崇拜者。有一次他们为我组织了游行，为买顶楼的票排起了长队，为此还动起了拳头，不得不召来警察干预。因此我在西班牙的演出最终也算成功。

《小 云 雀》

　　从西班牙回来之后，到1917年底，我所做的一切几乎都和皮埃特罗·马斯卡尼有关。我的剧目中又增加了两部歌剧：《伊丽斯》和《小云雀》。随着这两部歌剧在整个意大利进行了长时间的巡演。随后在那不勒斯参加了《乡村骑士》上演25周年的纪念演出。

　　《伊丽斯》是我在都灵的克亚莱拉剧院唱了不长时间的歌剧（到四月末），该剧用的是一种虚构的、经心打造的方式。它于1898年秋在罗马的康斯坦察剧院首次上演。虽然歌剧的故事发生在日本，但它的风格和情调都是纯意大利的。歌剧伪哲理性的主题以及它过分夸张的象征性，与马斯卡尼如火山爆发般的激情毫不相符。虽然马斯卡尼从未写出一部理性的歌剧，但歌剧中有某种对"哲理思考"的追求。他从来都是轻松自由地写作，就像写信，从不修改。在《伊丽斯》中有庄严的"太阳颂"，它出现在歌剧的开始与结尾，此外还有许多鲜明多彩的曲目。总的看，我以为对观众来说，这部歌剧应该是有些荒谬和不和谐的，与此同时它又给予主要表演者巨大的可能性。我个人对自己的角色没有什么可抱怨的，虽然我应该指出，小板（富有的日本人，一个象征罪恶的色鬼）最终也没有成为我喜爱的角色。

　　歌剧《小云雀》是马斯卡尼的新作。它写于这个演出季的一年前，用马斯卡尼的话说，这是对被战争震撼了的人类送来的爱与和平。歌剧的调子是清新、美妙、富有田园风格的。整部歌剧是最美妙旋律的荟萃。我认为，这部歌剧不应被遗忘，但看起事情还是这样发生了。

《小云雀》于1917年5月2日在罗马的康斯坦察剧院首演。罗吉娜·斯托尔基奥（Storchio，Rosina 1876－1945，意大利女高音）演唱女主角，马斯卡尼本人担任指挥。虽然歌剧受到热烈欢迎，但作曲家对演出并不满意。曲调很好听，但表演起来很困难的场景——孩子们的合唱排练得不够好，还有其它一些不足。因此当马斯卡尼得知可以再次上演《小云雀》，而且是在他的故乡城市里窝那时，他非常高兴。参加这次演出的有：女高音比安卡·贝林乔尼－斯塔尼奥（Bellincioni－Stanio Bianca 1888－1951，意大利女高音）、男中音朱赛贝·诺托、男低音莱昂内·帕齐，画家弗莱梅由我演唱。

这的确是一场出色的演出。里窝那的观众——除了对马斯卡尼的好感，他们为同乡感到骄傲——热情地接受了这部歌剧。1917年8月我们演了9场《小云雀》，还有几场《玛侬》。秋天我们带着《玛侬》去到佛罗伦萨和意大利中部和北部的其它城市，以12月26日在罗马的康斯坦察剧院的演出季开幕式结束了巡演。

应当说，在里窝那度过的这个8月给我留下了最美好的回忆。虽然这种意见可能被当成极大的不恭：当战场上悲惨地发生着战事，当流行性感冒（"西班牙"）肆虐欧洲，特别是肆虐意大利的时候，我们是否有权这样享受生活和快乐呢？而我那时完全是无忧无虑的，就像度假一样。也许这是因为不仅是观众，而且是所有里窝那居民对我们的热情接待；也许是因为我长时间不间断地工作；也许就是因为青春活力的发泄，它要寻找出路。

不知为何，我突然愚蠢地想不当歌唱家了，甚至是有名的歌唱家，我想做另外一个什么人。我不能再为晚上两、三个小时的演出而整个白天克制自己保持实力，我已厌倦含漱咽喉，注意饮食，午饭后按规定时间午睡，我需要散散心。那时我和男中音诺托及我们组的几个歌唱家和渔民建立了友谊。他们带我们一起乘他们的舢板到海上去采水螅（一种海里的固着动物），钓一种叫奥布林的鱼（这是一种肉为白色的小鱼，我觉得它只产于地中海）。

我们白天采水螅，晚上钓鱼。这两种活技巧完全不一样。我们在八九米的大海深处采水螅，我们可以从带有玻璃底的桶透过清澈的水看到海底。渔民一下子就能分辨出礁和石，水螅通常都藏在它们后面。然后我们在钓竿梢上拴上小螃蟹，再把它放入海底。贪婪的水螅从自己的隐匿处爬出来，用它的触角抓住螃蟹，现在只要举起钓竿把它拉上来。

晚上我们去钓奥布林鱼。我们到离岸很远的地方，随后我们小小船队的每个舢板把五六支类似玩具的小浮标船放到黑暗的水面。尖端系着鱼饵的细绳随浮标放入水中，我们紧紧地握住细绳，只要绳子有些微抖动，就明白，鱼上钩了。我们安安静静地坐在小船上，等待着所有的绳端都有战利品。四周的海和天漆黑如天鹅绒，我们惊叹地看着发出磷光的鱼，它们从水中蹦跳起来，扑向海面。

回到岸上，我们摆起丰盛的宴席，桌上摆设的是油煎的水螅和奥布林鱼，浇上柠檬汁、桂叶和辣椒做的调料，不言自明，还要加上大量的干白葡萄酒，它是在邻近的厄尔巴岛酿造的。

渔民教我们唱他们的歌，又让我们唱咏叹调。我为他们唱了"白色的羽毛遮住了头……"但无论如何也教不会他们。我们坐了很久，一起合唱，直到我们必须赶到剧场去演出时才分手。很清楚，这种生活方式超出了谨慎从事的规则，但是它给了我如此多的欢乐，尤其是，我再也没有什么心事。

《小云雀》的成功说明，这种娱乐对歌唱没有什么害处。但是应当指出，有一次在例行的野餐之后，当鱼做得特别好吃时，我不得不求助于白兰地才能好歹把《玛侬》坚持演完。但是应该补充的是，后来我再也没有重复过这种"壮举"。

我不能肯定地说，某个时候我对钱很不在意。也许因为我生来贫寒，钱对我来说永远都有很重要的意义。但是在搜寻记忆时，在我一生中，我不记得有哪一次像里窝那度过的时光那样带来那么多的快乐。那是在白天和黑夜，在太阳和星光下和渔民们在辽阔的大海上度过的时光，这是任何金钱也买不到的。由此引出什么道德教训也许是愚蠢的，但我认为，这一朴素的事实仍然值得记住。

在我的剧目中现在已有 9 部歌剧，但我仍然急切地想充实它。虽然我接受了埃玛·卡蕾利夫人（Carelli Emma 1877－1928，意大利女高音，一位精力充沛的人，那时是康斯坦察剧院的领导）的邀请，于 1918 年 1 月至 4 月在罗马演唱，但我不满意的是，他们在剧目中只选中了他们所喜爱的、而且是熟悉的歌剧：《小云雀》、《托斯卡》、《歌女焦孔达》和《梅菲斯托费勒斯》。整整四个月没有一部新歌剧！这简直是浪费时间！

《燕子》和
《阿德丽安娜·莱科芙勒尔》

　　但是实际上，1918 年在康斯坦察的演出季比我想象的要有意思得多。由于在我的节目中最后一刻所做的改变，我的剧目又增加了两部歌剧：恰科莫·普契尼的《燕子》和弗兰切斯卡·齐莱亚的《阿德丽安娜·莱科芙勒尔》。

　　《燕子》是普契尼最优秀的歌剧作品之一，这是一种介乎《玛侬·列斯科》、《波西米亚人》、《茶花女》和某种维也纳轻歌剧之间的类型。围绕这部歌剧还有很有意思的故事。1914 年普契尼在维也纳时，一位音乐出版商说服他和脚本作家弗朗茨·雷哈尔试试合作创作新的体裁——音乐喜剧。脚本写完之后，普契尼不赞同。1915 年 5 月，当脚本还在讨论时，意大利和奥地利之间突然爆发了战争。与当今已变成正式敌人的维也纳出版商的所有谈判自然中止，但是有一个意大利出版社决定支持这件已开始的事，委托朱赛贝·阿当写新的脚本。现在，歌剧的故事不应当再发生在维也纳；但维也纳圆舞曲的节奏已牢固地盘旋在普契尼的脑海里，最终流入了总谱。

　　《燕子》的故事发生在巴黎的一次舞会上，在法国第二帝国时期。这是一部宫廷近臣浪漫悲惨的故事，他的爱情、谬误、悲伤。歌剧中有很多各种各样的事件和戏剧性的情节。音乐温馨、谐谑、轻松，或者更准确地说，它貌似轻巧，唱起来却十分困难。

　　《燕子》由蒂托·斯基帕（Schipa, Tito1889 - 1965 意大利男高音）、吉尔达·达拉·丽萨（Dalla Rizza, Gilda，1892 - 1975,

意大利女高音）于 1917 年 3 月 27 日在蒙特卡洛首演。后来在同一年，当歌剧准备在博洛尼亚演出时，传说鲁杰罗一角由我演唱，我甚至和罗扎蒂大师排练了五六遍。但是普契尼本人另有安排。究其原因，对我不是很有利。他说，我的外表不合适：要很好地表现一个浪漫的恋人，我过于丰满了。他的新歌剧在意大利首次上演，他希望产生好印象。于是由阿乌连里安诺·佩尔迪蒂莱代替我唱。

从此将近一年，关于《燕子》我再也没有听说什么。1918年 2 月，一次我到康斯坦察剧院去听美国的男高音哈克特（Hakket，Chals 1889 - 1924），他要唱《波西米亚人》。哈克特刚从南美巡演归来，那时他曾多次演唱《燕子》。正好普契尼也在剧场，他很喜欢哈克特的声音。他问剧院的经理卡莱里夫人，能不能在计划外安排几场《燕子》的演出，自然，主角由哈克特演唱。卡莱里夫人回答得模棱两可，她立刻来找到我。

"如果我们上演《燕子》，我想让你唱，而不是哈克特，我相信，你会更好。但是怎么让普契尼相信呢？此外，我也不能设想，你怎样能获得成功，因为达拉·丽萨和其他独唱家都另有演出安排，我只能在下周安排第一场演出。我没法要求你在一周之内练好一部新歌剧。"她对我说。

"我试试。"我说。

我知道，我有非凡的记忆力，但是到目前为止，我也不能设想，我能指望它多少。当我和罗扎蒂大师在钢琴旁把整个角色过了一遍之后，我清楚，我已经会了。在我熟悉它之前，有五六次练习已足够我牢牢地印在脑海里。

第二天早晨，在排练时，普契尼等来的是意想不到的事。他想见哈克特，但他的诧异变成了难以置信的惊讶，他发现，我已掌握了角色。

当我唱完之后，他大声说："太好了！太好了！这真是出色的鲁杰罗！"

"我的外形呢,大师?"我不无调侃地问。

"只要听见你的声音,观众就会忘记你的外形。"

普契尼来到观众席,继续与合唱、乐队排练。哈克特来的时候,我已站在舞台上,"他的"鲁杰罗一角已给了我,他既惊诧又感到受到深深的伤害,他一句话也没说,扭头走出了大厅。第二天他去了米兰,后来长时间都不能说服他回到罗马。造成这样的结果我也很遗憾,但是为了前程,不能错过好机会。

和普契尼的期望相反,《燕子》在罗马并未得到许多年之后在纽约所引起的那种轰动。那时和我一起唱这部歌剧的有卢克雷齐亚·博里(Bori, Lucrezia 1887-1960,西班牙女高音)。罗马的观众更喜欢齐莱亚的《阿德丽安娜·莱科芙勒尔》,1918年4月我和卡门·托斯卡、维达·费尔鲁卡及朱赛贝·丹尼泽第一次演唱了这部歌剧。

从我们第一次在巴勒莫见面起我对齐莱亚就有一种深深的依恋,那时他在那里领导音乐学院。这是一位道德上严谨、艺术上完美、有些守旧、甚至可能缺乏某种特殊灵感的人,更吸引我的是他身上的朴实。

关于他的音乐不打算说很多。柔和、田园风、内省,有时使人想起威尔第,有时是蓬基耶利,有时是博依托,而总的来说和阿尔弗莱多·卡塔拉尼(Catalani, Alfredo 1854-1893,意大利作曲家)的音乐极其相似。但是齐莱亚的音乐抒情,具有一种特殊的美,它使我感到特别亲近。

歌唱者在某种程度上是根据个人的感觉来评价音乐,也就是说是极其主观的,他特别喜欢的音乐并不总是最优秀的。歌唱者通常只不过是看音乐是否能更好地发挥他的声音。

齐莱亚最优秀的歌剧《阿德丽安娜·莱科芙勒尔》写作于1902年。虽然这个时代占领歌剧舞台的是《乡村骑士》、《丑角》、《波西米亚人》、《安德列·谢尼埃》,其中感到更多的是马斯内的影响。脚本的基础是法国戏剧家斯克里布的同名戏剧。在巴勒莫的一次音乐会上我演唱了齐莱亚的另一歌剧《阿莱城姑娘》中著名的哭调，齐莱亚在听了音乐会后说，我的声音非常适合唱莫利斯·萨松伯爵，从此我一直期待着我能有幸演唱这部歌剧。

齐莱亚的意见是完全正确的。高雅、真挚、从容不迫的旋律如此震撼我，我把全身心都投入了角色中。在咏叹调"亲切的容貌"，第二幕中的咏叹调"疲惫的心灵"和与阿德丽安娜的二重唱之后，乐队多次停下来，等待掌声消失。但是在最后一幕，和听众一起完全投入的瞬间是如此强烈和紧张，掌声仿佛都成为一种亵渎，这时观众席一片寂静。在阿德丽安娜死后，我以我能有的全部激情，只唱了一个词："她死啦！"我总认为，沉浸在如死一般寂静中的听众，这时会颤栗起来。

获得巨大成功的歌剧《阿德丽安娜·莱科芙勒尔》结束了我在康斯坦察剧院的第二个演出季，在此之后我几乎立刻开始巡演。在那不勒斯、热那亚、都灵、贝加莫我唱了《小云雀》，最后来到米兰，这是1918年5月。

在此之前我从未到过米兰。都灵和热那亚在某种程度上为我与这座巨大工业城市的会见作了准备。但是，都灵和热那亚虽然和我童年时所了解的那个意大利不一样，但毕竟是典型的意大利城市。而米兰对我来说是某种陌生的、异样的、忙乱的城市，它给我留下一种恐怖的印象，美国对我也是如此，我甚至奇怪，这儿的人们怎么说意大利语。

但是所有这一切都不重要，无关紧要。正如米兰的任何一个歌唱家一样，对我来说，重要的首先是斯卡拉。我在意大利的所有城市都唱过，已经唱了4年，我已经有了一定的威望，到处都为我鼓掌，但我却一次也没有在斯卡拉演唱。现在我们要在抒情剧院上演《小云雀》。多少次我驻足在斯卡拉旁的广场，凝视外表并不那么引人入胜、但却是高不可攀的堡垒！电车发出轧轧声，猛然停在剧院大楼前，它发出可怕的响声，继续向前。我捂上耳朵，躲避着轰鸣声。我试图设想，当我超越乐队唱最高音时，我的声音会是怎样的。看来，我微不足道的成功已成为过去，消逝了。如果斯卡拉不接纳我，我算什么呢？我明白，不征服这个剧院，我什么也得不到。

托斯卡尼尼

我离开了米兰，仍然没能进入斯卡拉，但我在这个城市的逗留不是完全没有成果的。首先，我获得了意大利王国骑士荣誉封号，这并不算什么，但科斯坦扎喜欢这些事情。第二，我的收入增加了。从我在巴勒莫演出开始，三年来，我的薪酬没有变化：每场演出300里拉，现在，在米兰，一下子提高到700里拉。此外，我还签了两个下一年的合同，第一个是和保尔·贡斯堡（1859－1955法国戏剧活动家、作曲家），蒙特卡洛的卡基诺剧院；另一个是和"博内第公司"，布宜诺斯艾利斯的科隆剧院。最后，同样重要的是，我开始录制唱片。

F. V. 盖斯贝尔格，"波切·德帕德隆内"公司和"胜利唱片公司"的代表，一年前他来到米兰和演员签约，并在这里组织唱片生产。由于战争年代的困难，要弄到必不可少的设备相当复杂。而盖斯贝尔格很有办法，正如他自己所说，他甚至不得不在马杰特码头的废料仓库里翻来覆去地寻找。

"波切·德帕德隆内"意大利分公司由卡尔洛·萨巴依诺领导。一次在抒情剧院晚上演出之后，马斯卡尼把我介绍给他，他让我第二天到他的办公室去。在那里我一生中第一次听到唱片，这是《唐·帕斯夸勒》中的咏叹调"多么迷人……"恩利科·卡鲁索唱的，我一生中还从未听到过。我记得很清楚，我是以恭谦和崇敬的心情欣赏的。

"现在我也想请您到录音棚来，我想试试录您的声音。您想唱什么？别担心，这只不过是试录。"萨巴依诺大师说。

　　我有些激动地选了《小云雀》中弗莱梅的咏叹调"啊，又找到她……"。第二天大师让我听录音，这真是太不同寻常了：静静地坐在圈椅里，听着自己的嗓音。而使我更惊诧的是，我立刻注意到我的嗓音和昨天所听到的嗓音惊人地相似，那时放了卡鲁索的录音唱片。我手足无措，萨巴依诺大师做这样的对比想说明什么呢？

　　我和盖斯贝尔格谈了谈，我们约定立刻录 10 个曲目，这是我的剧目中最著名的咏叹调：《歌女焦孔达》中的"天空与海洋"，这是我首次登台的歌剧，为了那个降 B，我费了不少精力；《梅菲斯托费勒斯》中的"从平原，从山谷"和"快到生命的尽头"，"隐密的和谐"（《美好不朽的城市》），《托斯卡》中的"星光灿烂"，《乡村骑士》中的"告别母亲"和已提到过的《小云雀》中的咏叹调。不需要具有特殊的洞察力就能明白，这件绝妙的事能揭示多么巨大的能量。那时我远没有料到，有朝一日，在"波切·德帕德隆内"公司伦敦分部，仅仅为我的唱片就有一个团队的人员在工作。

　　正如前几年一样，1918 年的整个夏天我都在为红十字会举办慈善音乐会，为前线的士兵也唱得很多。战争的结局对意大利很有利，胜利在望。但是对我来说，阿里戈·博依托的谢世使得这个夏天变得暗淡。这发生在 6 月 10 日。我个人和博依托从不相识，但是我是如此地进入了他的《梅菲斯托费勒斯》，我如此地被它吸引，现在我感到，仿佛我失去了父亲。当我得知，托斯卡尼尼要为纪念自己逝去的好友，在斯卡拉专门上演《梅菲斯托费勒斯》时，我很害怕他会选择另外一个演员唱浮士德一角。当我想到选择不会降临到我的头上时，我害怕极了。当然，原因很多：我想和托斯卡尼尼唱，我还想，十分强烈地想在斯卡拉唱，但更多地是希望允许我参加博依托的纪念演出。在痛苦的等待中度过了几个星期，我对其它工作失去了任何兴趣，拒绝了几个合约，回到雷卡纳迪。在那儿也坐立不安，不知道该作什么。终于收到了由托斯卡尼尼签署的电报，我匆忙收拾好衣箱，告别家人，跳上日间的火车。

　　托斯卡尼尼那时已是神话般的人物，即将到来的和他的见面使我十分激动，也使我害怕：要知道我将和这位天才工作。他以傲慢、严厉和激烈而名声远扬。我这样说不是出于奇谈怪论，而正是因为他是一位严格的、苛求的人，和他一起工作我感到轻松。比起至今我所知道的其他指挥家来，和这种阴沉着脸的人一起工作，我总是得到更多的满足。他总是全神贯注地对待每一场演出，也要求所有其他人如此。在排练时他从不知疲倦，他的智慧掌握着一切，甚至音乐作品中能勉强理解的细微之处。没有他不能解决的问题，也没有他会忽视的最微小的细节。他具有用神奇般的灵感充实没有表现力的总谱的能力，使最复杂的音乐语言变得清晰、明快。他顽强地、不留情面地和懒惰和不熟练进行斗争，但是当他看到某人做出某种真诚努力时，他总会立刻表现出自己的关爱和同情。他鼓励才华，不论在哪里发现他们，他都会精心雕琢。演出时他极其细心地使每位歌唱家都能得到自己的那一份掌声和观众的感激。
　　后来我们分道扬镳了，他的政治思想与我格格不入。我永远也不能理解，他怎么能允许别人主宰他的生活。对我来说，意大利永远是意大利，无论它的制度如何。但我从未停止尊敬他，为他作为音乐家的成就而欢欣鼓舞。我总是愉快地回忆起，他保存有我曾有机会送给他的一个有纪念意义的礼品。那时我们两人都住在伦敦的"萨沃依"酒店。一天早晨，托斯卡尼尼敲我的房门，他要用一下我的梳子——他的梳子不知道塞到哪儿去了。我很乐意地递给了他，后来我决定送给他一个礼物。我出了酒店，走向"Bond 大街"，在那里我为他买了一把我能找得到的最漂亮的梳子。

从《梅菲斯托费勒斯》在斯卡拉第一次失败的演出起已过了半个世纪。现在，在同一舞台上，在托斯卡尼尼的指导下我们打算在作者去世后向他负荆请罪。对 1918 年 12 月 26 日在斯卡拉演出季的这场开幕式演出的记忆终身难忘。演唱主角的是纳扎雷诺·德安杰里斯（De Angelis，Nazzareno 1881－1962，意大利男低音）；玛格丽特：琳达·康内蒂；西贝尔：叶琳娜·拉科夫斯卡（Lacovsca，Elena 1876－1964，波兰女高音，图里奥·赛拉芬的妻子）。我们全身心地投入演出，托斯卡尼尼站在指挥台上，聚光灯照射着他，仿佛某种神奇的光芒。

这是一场永远激动人心的演出。所有参与者：歌唱家、演奏家、观众，都在纪念博依托这位爱国者、加里巴尔蒂的合作者、诗人和作曲家。从博依托如此盼望而却不能参加庆祝的停战和我们胜利的那一天起，已经半个月过去。剧场闪烁着钻石的光彩，听众的眼内闪烁着泪花。

对我个人来说，这个节日有着重要的和意想不到的结果。托斯卡尼尼的名字吸引了全世界的注意，同时也引起了纽约大都会歌剧院领导人朱里奥·加蒂－卡萨扎（Gatti－Casazza，Giulio 1885－1940，意大利戏剧活动家）的注意。而我直到一年半之后才知道此事。

剧目扩展

我的父亲仍然是雷卡纳迪教堂的敲钟人。所有这些年父母亲都忐忑不安地、惊诧地、骄傲地关注着我的演出生涯。我的成功终于使父亲相信，唱歌也可以比"某种好的和诚实的手艺"，比如说鞋匠得到更多。比如说，还能有助于帮助母亲消除"为钱而唱是不道德的"疑惑。自然，这是很对的，习惯成功并不困难，至少在某种程度上父母已习惯于一种想法：歌唱也可以保证一种平静的、富裕的生活。我的成功有助于扩展他们对生活的想象，消除各种恐惧，了解处于亚平宁那一面的广阔世界。

我决定，现在正好应该让他们亲眼看看我在这个大千世界里如何生活。1919年2月我请他们到那不勒斯来看我在圣卡洛剧院《费多拉》的首演。当我在火车站迎接他们，看到他们虽然是一副农村模样，很朴实，但却举止庄重时，我充满了自豪感。父亲穿着深灰色的节日盛装和30年前制作的钉有钉子的皮鞋，妈妈缝制的厚法兰绒衬衣的扣子直扣到领子上，当然他没有领带。母亲和我的小妹妹穿着传统的紧缩腰带的宽大长裙，多层的衬裙把裙子支撑得翘起来，她们的白色头巾系在下颌上。

他们来到那不勒斯的那个晚上，我要在波里吉莫剧院举行音乐会。这是女作家玛蒂尔达·赛拉奥组织的音乐会之一。她把我的双亲安排在厢座最好的包厢里。当我休息时来到他们身边时，我看到，在身着绸缎、举止高贵的那不勒斯观众之间，他们不同寻常的模样引起了人们的注意。观众纳闷，这是谁，他们为什么在这里。

后来所发生的一切使我非常激动，永世难忘。由于我和他们在一起，观众明白了他们是谁。于是突然，整个观众席都站了起来，转向我们这一边，对着我的父母长时间地热情鼓掌欢呼。

乔尔丹诺的《费多拉》于 1898 年首演于米兰的抒情剧院，是在他的另一部歌剧《安德列·谢尼埃》在斯卡拉首演之后。那时演唱劳里斯的是一位黝黑的年轻那不勒斯人，第二天早晨，所有人的嘴边都说着一个名字：恩里科·卡鲁索。

《费多拉》讲的是发生在沙皇俄国的爱情和政治阴谋的故事。像乔尔丹诺所有的音乐一样，这部歌剧的音乐旋律优美，感情深邃，仿佛为我而写。有趣的、复杂的劳里斯这个角色，既为歌唱也为表演提供了可能，我完全有能力再创造我的角色。一位评论家注意到，在第二幕的决斗和第三幕大段的戏剧场景之后，我哭泣得仿佛劳里斯的不幸就发生在我自己身上。

这部歌剧中的咏叹调"爱情不属于你……"是最适合男高音的唱段。这个晚上我稍稍破坏了一下圣卡洛剧院的规矩。这里严格禁止返场，但是在我没同意把这首咏叹调再唱一次之前，观众不让演出继续。掌声是如此强烈，我担心我的父母，我知道这一定使他们非常震惊，甚至被吓坏了。

我在返场时，有时喜欢变化咏叹调的处理。那回我第一次唱咏叹调"爱情不属于你……"时，十分华美、柔和，a mezza voce。而第二次我想唱得热烈、富有激情，放开声音。在圣卡洛这样做带给我特别的满足：它的音响效果太出色了。我的返场受到观众的如此欢迎，在全剧结束后，我谢幕 20 次。

"你记得吗，你最初一次听我唱时，你没有认出我来？"我对父亲说。"那时我穿着绸裙，戴着帽子，手里拿着伞。还记得马切拉迪的大学生吗？还有安杰丽卡？"。

　　"当然，"父亲回答："太记得了。我担心你这样热爱的戏剧不会带给你好处。"后来他挤了挤眼睛，补充说："我想你会很高兴听我承认自己的错误。"

　　我从那不勒斯回到罗马，为的是准备5月末我要在蒙特卡洛唱的两部歌剧：《波西米亚人》中的鲁道夫和《茶花女》中的阿尔弗莱多，这两部歌剧后来成为我最喜爱的剧目。因此这里没有必要纠缠在对蒙特卡洛演出季不愉快的回忆上。保尔·贡斯堡坚持，为表现对将要出席《茶花女》首演的摩纳哥王子的尊敬，我应当在著名的宴会一场中加上《歌女焦孔达》的"天空和海洋"。这种对威尔第荒谬的亵渎令人很不愉快，我永远不会允许再重复这样的事情。另一种情况也破坏了演出季：每天晚上在第三幕中间观众从剧场散去，因此我们每次演出结束时，场内几乎空无一人——所有人都玩轮盘赌去了。

　　和我一起在《波西米亚人》中演唱的是卓越的歌唱家博里·鲁克雷齐亚，她中断5年之后又回到舞台。《茶花女》中演唱亚芒的是男中音马蒂亚·巴蒂斯蒂尼。在我们感到有损尊严的情况下，我们的情绪受到压抑，我们艰难地强迫自己唱。还有一个使歌剧接近戏剧演出的重要境况：不论在哪种情况下，必须使观众帮助演员共同表演，使他们相信在舞台上所发生的一切，参与到这些事件中去，与表演者一起体验，也就是说和演员一起创作戏剧。如果说观众，或者说部分观众无动于衷，那么演出就不会成功。这时，表演者不再是男女主人公、人物，而变成只不过是试图在舞台上表现某种故事的一群人。没有观众的参与和帮助，无论演员如何努力，也无法演好自己的角色。正如我说过的，为自己的表演得到金钱，这远不是一切。

　　1919年5月，我完成了首次越洋出行。我要在布宜诺斯艾利斯的科隆剧院演出（5个月）。在北美和南美的许多大城市，人们对歌剧音乐的兴趣越来越增长。那个时候，美国歌唱家自然不能以自己的力量满足观众的所有要求，这为欧洲的经纪人提供了很多机会，他们带着自己的团队匆忙地越过海洋。有时这些团队中包含整个合唱队，团队的人数达到五百多人。由于意大利团从来得不到赞助，或另外的专项支持，这种做法有很大的财政危险。顺便说说，在成功的时候，经纪人的收入也相当可观。

竞争是残酷的，所有人都准备好把对方吞噬，竞争的经纪人极力采用不论何种手法互相损害对方的威望，超越对方，这种手法只适应一种规则——弱肉强食。

我根据自己的经验了解了这一切，我个人为此付出了代价。赛拉芬大师是"波内迪"公司正式聘请的艺术顾问，正是根据他的建议我和科隆剧院签了合同。但是大师没有想到把事情的所有细节都告诉我，而我也毫未怀疑需要这样做。到西班牙，我想，我已是在国外游历的"老手"了。

穿越海洋的长途旅程是极其愉快的休闲时光。和我们同船的还有另外一个意大利演出团，他们也到布宜诺斯艾利斯，只是另一个剧院——科里赛欧剧院。

在旅途中我们和这个团的演员建立了友谊，度过了愉快的时光。但是当我们来到布宜诺斯艾利斯，我方才明白，与这次历程相比，我在西班牙的巡演，只不过是一次愉快的家庭游玩。即使这里的确是黄金国——我们在这里挣得很多，比在欧洲付给我们的要多得多，但是难道这就能向我说明，为什么别的团的演员在大街上见到我时，扭过头去从旁走过吗？

南　美

　　在布宜诺斯艾利斯我懂得了人们在资本主义世界如何生活。在那里我很快就习惯了，否则简直无法过。但在没习惯之前，正如人们所说，还是遇到不少倒霉事。

　　由此开始的第一件事是和经纪人波内迪的争吵。赛拉芬大师站在他那一边，和他一起对付我。事情是这样的：他们决定以普契尼的三部独幕歌剧开始科隆剧院的演出季。这就是三联独幕剧《外套》、《安杰丽卡修女》和《詹尼·斯基基》。这就是说，我在布宜诺斯艾利斯的首场演出并非如我所想，因而我不得不唱对我的嗓音不太合适的角色。我非常明白，演出的第一印象对演员有多么重要。此外还有一个情况：近几年来在科隆演唱的有许多赫赫有名的男高音：邦奇、斯基帕、朱里奥·克里米（Crimi, Giulio 1885－1939、意大利男高音）、迪乔万尼（DiGiovanni 1878－1959，加拿大男高音）、佩尔蒂莱，更不用说卡鲁索本人。我想，观众不可避免地会做比较，我不愿意对我不利，因此我拒绝唱《詹尼·斯基基》。更准确地说，我提醒波内迪和赛拉芬，我的合同中有一项说明，我在布宜诺斯艾利斯的首场演出必须是《托斯卡》或《歌女焦孔达》。他们认为这不是很有说服力，但是这是白纸黑字写明的条件，我认为自己有权要求他们遵守。

　　正如常言所道，他们彻底地报复了我：两个星期不让我唱。当然关于这次抵制的消息很快流传开来，给另外一个团的经纪人瓦尔特尔·莫基不少惊喜，他们团在科里杰奥剧院演出。对莫基来说这是一个嘲笑自己竞争对手的极好理由。此外还盛传许多关于我的外表的流言。出现在地方报纸上的评论莫基并非不知道，其中暗示了抵制的真正原因，好象是波内迪很晚才醒悟，在科隆舞台上演唱，我太胖，太不漂亮了。也是由莫基授意的另一种评论，说我的嗓子一般，威望——完全是虚张声势，说我只不过是怕见观众和评论。

波内迪终于放弃了自己的否决权，让我在《托斯卡》中演唱。应当承认，这一次我在镜子前坐了许久，从各种不同的角度研究自己的外形。我问自己，莫基的评论是对的吗？我的体形真这么可笑，我在舞台上的样子真是这么可笑吗？他的嘲笑刺痛了我。和我一起演唱的年轻的女高音克劳蒂奥·穆齐奥（Muzio，Claudio 1889－1936，意大利女高音）非常漂亮。我很不安，我担忧起来，但是没有任何东西可以保护我。我只能想起有一次普契尼对我说的话："只要听见你的声音，观众就会忘掉你的外形。"我剩下的只有一件事——出现在舞台上，歌唱——这是我唯一的武器。

第二天早晨评论家一致指出我的首演是一个新发现，是一次难以置信的、无愧于卡鲁索的成功。其中没有一个人提到我的外形，我想，问题解决了。现在我可能有一段时间不再为什么事烦恼了。

我决定去看我的哥哥埃吉迪奥，他在几年前已离开了意大利，现在住在布宜诺斯艾利斯。他在我们家中是唯一忠实于父亲手艺的人：他是一位靴匠。

"应当庆贺一下，我战胜了！"我对他说。

"和谁斗？"他很惊奇。

我笑了："说不准，但不管怎样，我胜利了！"

"太妙了！我把从雷卡纳迪来的伙伴们都找来，你不知道，这里有好几个。在布宜诺斯艾利斯，我们常在'康迪纳·费连茨'一起喝一杯。这是一个意大利小酒店。你能想得到吗，那里甚至有威尔吉克奥酒!"

后来，在长年漫游世界各个城市和国家时，还有许多和侨居国外的同胞相聚的美好夜晚。在这种情况下，我常常为自己和自己的忧愁感到羞愧。与他们所遭遇的困难相比，我的痛苦又算得了什么呢？他们来到异国他乡，没有朋友，没有亲人。他们思念故乡，他们没有专长。他们在这儿最熟悉的一件事，就是穷困。沉重持久的劳动，有时要卑躬屈膝——所有这一切在这儿不胜枚举，但是他们总能保持良好的心态。他们的孩子能受到教育和得到某种权利，但是对他们自己来说只是无止境的自我牺牲，我为能和他们见面而感到高兴和幸福。我明白，他们体现了意大利人最优良的特质：坚定不移、富有耐心、热爱劳动和心地善良。有一次，在六月间，我正在科隆的化妆间换衣服，在我正要出场前的几分钟（我唱《歌女焦孔达》中的恩佐），我收到了从海底电缆发来的电报：科斯坦扎生了个儿子！我在罗维戈首场登台时演唱的正是恩佐一角，恩佐这个名字和我最光辉的回忆联系在一起。我回电报给科斯坦扎，让她以我的角色的名字为儿子命名。琳娜和恩佐——现在，我的小家庭终于有了完整的成员。

我们和莫基团一直处在敌对地位，但布宜诺斯艾利斯的观众和评论不管这些，仍然和从前一样垂青于我。在《托斯卡》、《歌女焦孔达》、《波西米亚人》和《梅菲斯托费勒斯》之后，我在1919年9月的演出季结束时演唱了一个新的角色——多尼采蒂的《卢克雷齐亚·博尔贾》中的杰纳罗。

《卢克雷齐亚·博尔贾》是多尼采蒂最不出色的歌剧之一。它写作于1833年，是Bel canto繁荣时期所特有的最典型、最率真的作品。歌剧的脚本一般，配器平庸，显然大师更多地寄希望于歌唱家，他们会使他的作品富有生气。但是在歌剧中有一首杰出的男高音咏叹调："默默无闻的渔夫……"

在首场演出中一件没有想到的事情带来笑料，缓解了歌剧故事中冗长的放毒药和其它各种罪行的阴暗气氛。第二幕中杰纳罗服了公爵端给他的毒药，当卢克雷齐亚突然得知他就是自己的儿子时，气氛更加紧张。她抱住他的头，开始号淘大哭："儿子！儿子！儿子！"演唱卢克雷齐亚的是女高音艾斯特尔·玛佐雷尼，她如此激情地抱住我的头，把我的头套拽下来了。她惊慌失措地拿着我的头套，开始缓慢地向侧幕退去，继续坚持唱着"儿子！儿子！儿子！"

观众们笑得死去活来。

科隆剧院的演出季以《托斯卡》的隆重演出结束。出席演出的有阿根廷总统、政府官员、外交使节和布宜诺斯艾利斯的社会精英。当我唱了"星光灿烂……"之后，观众报以热烈的掌声，坚持要我再唱一次。科隆剧院对于返场有自己的严格规定，我尽力不破坏它。但是观众继续坚持暴风雨般的掌声。为了不耽搁演出，我决定对观众的要求妥协。我设想，经纪人事后会向我表示祝贺，或者至少会对成功表示满意。但是使我非常惊讶的是，他暴跳如雷。就好像许多年以前罗吉娜·斯托尔吉奥一样，波内迪谴责我收买了观众。听到如此胡言我怒不可遏，以至我失去了自制力。我的哥哥费了好大的劲拉住我，使我没把椅子砸在经纪人的头上。

从此以后已不可能再和波内迪做任何事了，但是我和他在科隆剧院的合同还有一个演出季，我的处境很不愉快。第二天我沮丧地坐在酒店房间的卧室里，突然有人敲门。这不是别人，正是经纪人瓦尔特尔·莫基，波内迪的竞争对手。他刚刚听说波内迪和我的争吵，飞速赶到我这里。莫基建议我立刻撕毁和波内迪的合同，明年到他的团去唱。由于以前莫基关于我的外表的谈论伤害过我，他的建议使我感到有些奇怪。但正如人们常说，君子不念旧恶，我决定就事论事。我让波内迪和莫基自已去安排，我和莫基签订了 1920 年在科里杰奥剧院的演出合同。

我的哥哥埃吉迪奥把我送上船。

"你回到意大利，会对新大陆谈些什么？"

"我很喜欢，我不能说'不'，但在这里骨头要足够硬。"我回答。

《洛 勒 莱》

我完全相信自己成功的时刻终于来到了。虽然坦率地说，我从未停止对此感到惊讶。成功带来非同寻常的快感，但我也开始懂得，这儿也有不好的一面。当然，比起贫穷来，它要好得多，但仍然很不是滋味。一个人在票房决算时越是成为被注目的人物，他越依赖于他没有任何愿望想见到的各种各样的人物，这就是经纪人、广告商、各种食客。对他们没有办法，虽然他们也不可或缺。但所有这一切使我产生一种异样的"身在人群中的孤独感"，不正常的生活节奏，它和我的性格完全格格不入。

正如读者所可能了解到的，我，除了嗓子以外，完全是一个最普通的人。我从来不贪婪权力，我不是哲学家，从本性来说，我和其他人没有任何区别。我是最普通的意大利人，一个平平常常、随和的人。我的愿望也是最平常的。我感到，从一个地方到另一个地方的长期颠簸，和自己的家庭只是偶尔团聚，没有自己的家，对此我已开始厌倦。

1919 年 10 月从南美回来以后，我在雷卡纳迪待了两个星期，我的小儿子带给我极大的快乐。这是一年中最美好的时光——收获葡萄的黄金时节。表面上看，我似乎很平静，事实上我很不安。我的家庭还和我的父母栖身在狭小的普通房子里，我整日颠沛流离，我已疲惫不堪。

但是我决定，暂时还不做任何改变，保持原状。在结束南美的第二轮巡演之后，将在某个地方定居下来，安顿自己的家。

当然我想住在罗马，但是我很想为双亲买一座新房子。

但是所有这些计划都需要钱，因此 10 月初我又踏上了征途：我要在的里雅斯特演唱。在复活节时，我尽量再次赶回雷卡纳迪，这是我最后的短暂歇息。1920 年 1 月，我在慕尼黑演唱，2 月很不情愿地又同意回到蒙特卡洛。这儿的观众没有变化：他们照样在演出中间离开大厅去玩轮盘赌。

在蒙特卡洛演出之后，从 3 月到 5 月，我辗转于其它城市。都灵、那不勒斯、佛罗伦萨和米兰，在那里我和作曲家乌贝尔托·乔尔丹诺建立了很好的友谊。那时我在达尔·维尔美演唱了他的《费多拉》。他的岳父是斯帕茨酒店的老板，我正好住在那个酒店里，可以经常见到乔尔丹诺。我们在钢琴上弹《费多拉》，一起度过了不少时光。这对我极其重要，因为作曲家为我仔细地讲解了他的构思和意图，我尽一切可能把它表现出来。然而不仅如此，我还喜欢他的交往伙伴。乔尔丹诺是一个爱热闹、很快活的人，在听笑话或轶闻时，他会像孩子一样开怀大笑。

一年又一年我们的友谊更加牢固。他的另一部歌剧《安德列·谢尼埃》后来成为我最喜爱的歌剧之一。我的剧目一共有 60 部，这部歌剧最适合我的嗓音。许多年之后我在雷卡纳迪建造了自己的别墅，夏天乔尔丹诺经常到我这儿来，我们一起休憩，驾帆船，或打球。

他那难以满足的食欲给我留下有趣而可爱的回忆。有一次，在午餐时他发现我在节食减肥。

"也许我也应该像你一样，贝尼亚米诺，我也应该减几公斤。"当然，这只不过是一个微妙的暗示，因为他后来又说："我看你吃的东西很好吃，可以尝尝吗？"

我吃的是斯帕盖迪面条，它和普通食品不同的是它含的淀粉比较少。乔尔丹诺胃口极佳地吃了一大盘，后来又看看其他人吃的是什么。他发现,这是拌有蘑菇调味汁和白地菇的米饭。他仔细地看了看,伸长鼻子闻了闻。

他终于又说:"贝尼亚米诺,你的斯帕盖迪很好吃,但是我觉得这个更好。我再尝一点这个,你不反对吧?"

尝一点——这是满满的两大盘!在这之后,他才平静地注视桌旁的所有其他人。从此以后,所有时候,只要他在我这儿吃饭,开始时他和我一起吃节食饭,——一盘斯帕盖迪,然后再吃所有其它的菜。难道还要解释吗,这样的"节食"没能达到显著效果。

1920年7月,我开始了我第二次的南美巡演。这一次是和莫基一起。第一场演出是在里约热内卢的穆尼西帕尔剧院演出《歌女焦孔达》,演唱乔孔达的是巴西人卓拉·阿玛罗。在里约热内卢我待了近一个月,我在那里唱了《托斯卡》、《波西米亚人》、《伊丽斯》(和吉尔达·达拉·丽萨)及两部对我来说的新歌剧:瓦格纳的《罗恩格林》(7月28日)和阿尔弗莱多·卡塔拉尼(Catalani,Alfredo 1854 – 1893 意大利作曲家)的《洛勒莱》(7月6日)。

我想,这大概是我一生中惟——次唱瓦格纳的歌剧。我是因为莫基的坚持而这样做的,我没有特别的信心我能足够准确地表达这种音乐,我感到,为这部歌剧要有另一种嗓音。不论怎样,我竭尽全力表达自己对这个角色的诠释和解读。我努力改变音色,强调作为神秘的圣杯骑士、帕西法尔的儿子的罗恩格林,和爱上艾尔莎的罗恩格林之间的区别。在歌剧的开始和结尾,我要说,我极力赋予自己的嗓音一种"神妙的"天籁音色。相反,在歌剧的中部,当罗恩格林是一个人间的凡人时,我唱得富有戏剧性,很有激情,以此强调他热衷于尘世间的争斗。

《洛勒莱》和《罗恩格林》有很多共同点,这指的是它们都是德国的神话,在创作歌剧时,卡塔拉尼像瓦格纳一样,极力要使题材更戏剧化，更深刻地表现思想，更具有活力。但是卡塔拉尼的音乐没有任何瓦格纳影响的痕迹。他的总谱是他创作于1880年的前一部歌剧《艾尔达》的变体。《洛勒莱》的脚本，就像海涅杰出的诗歌一样，讲的是非人间的神话故事：妖女坐在高悬于平静的莱茵河上的悬崖上，她在梳理自己金色的长发，唱着奇妙的歌，她迷惑过往行人，使他们丧生。

《洛勒莱》于1890年2月16日首演于都灵的雷佐剧院。三年之后卡塔拉尼因肺病在托斯卡尼尼的面前死去。作曲家代替蓬基耶利在音乐学院任教，逝世时仅39岁。托斯卡尼尼非常喜欢卡塔拉尼，他的儿子的名字：瓦尔特和瓦利都取自卡塔拉尼歌剧角色的名字。我完全赞同托斯卡尼尼对作曲家的赞美，他是真正的音乐家，他对未来看得很远，如果他能活得更长一些，他大概会成为音乐中的革新者。他的影响惠及许多作曲家，甚至威尔第和普契尼。他的生活是不幸的，不仅是短暂的。他的歌剧上演得很少，他经受了许多失望。

在里约热内卢，我们的《洛勒莱》受到了极其热烈的欢迎，奥菲丽娅·尼艾托（Nieto, Ofelia 1898－1931，西班牙女高音）演唱女主角，我唱瓦尔特。比起我个人的成功来，我更为演出本身感到骄傲，它是尊敬的卡塔拉尼的最后奉献。

在离开巴西之前，我们在圣保罗的穆尼齐帕尔剧院度过了演出季。8月18日我第一次在柴杜纳（Zandonai, Ricardo1883－1944，意大利作曲家）的《里米尼的弗兰切斯卡》中演唱。歌剧的题材取自但丁不朽的神曲：地狱篇，讲述的是保罗和弗兰切斯卡的悲惨爱情。但是由于整部歌剧缺乏生气，整个来说相当枯燥无味。在圣保罗的演出中演唱主角的是吉尔达·达拉·丽萨，演唱欺骗她的丈夫杰阿切托的是塞古拉－塔里恩。

当我们回到布宜诺斯艾利斯，我再次被卷入波内迪和莫基之间的内讧中。但这一次我一开始就站在得胜者的阵营。两个团都在一年前演出的场地演出，而我现在当然不是在科隆，而是和莫基在科里泽奥演唱。这一变动给听众的计划带来不少麻烦，许多人以为我还在波内迪的团演唱，他们订了科隆剧院的季票。当他们得知我将在科里泽奥演唱后，他们赶紧去退票而买另外的票——我的演出。但是科里泽奥的票已订购一空，掀起了难以置信的风波，甚至发出许多抗议。结果匆忙地达成协议，再加演几场。波内迪完全破产了。第二年我们再次去布宜诺斯艾利斯演出（又是和莫基），已在科隆剧院。

应当说1920年9月26日我在科里泽奥剧院就已首次演唱了普契尼的《蝴蝶夫人》。平克尔顿一角与其他男高音角色相比如此微不足道，因此很多男高音都不喜欢这部歌剧。通常很难找到一流的歌唱家同意演《蝴蝶夫人》。这种状况也引起了布宜诺斯艾利斯评论界的注意，他们赞美了我的表演。我们男高音对此有自己的笑谈：在这部歌剧中我们最喜欢第二幕。为什么？因为在第二幕中，中尉平克尔顿告别妻子时，也完全告别了舞台。

在科里泽奥的演出季已接近尾声。在几个月期间我在自己的剧目中又增加了四部新歌剧。现在我想先在返回那不勒斯的船上稍事休息，然后在雷卡纳迪待几天，这之后去罗马，在那里去建造自己的房子。但是还在布宜诺斯艾利斯时我就收到纽约的来信，他们要我改变计划。给我写信的是世界上最大的音乐剧院——"卡鲁索王国"大都会歌剧院的总经理朱里奥·加蒂-卡萨扎。他建议和我签两个半月的合同。他写道，如果我能安排，能否立刻转道纽约做进一步的谈判？

我在布宜诺斯艾利斯登上船直奔纽约。当船驶入哈得逊河口，我站在甲板上，看到了使我震惊的曼哈顿摩天大楼。这是真正的新大陆，我想，我终于见到了这个新大陆，在我们的莱昂帕尔迪广场我就想象过它。当然，在大都会演唱，这太奇妙了！毫无疑问，能在纽约住些时日也会很有意思。但是我也不是很乐意所有这些新体验，就像我从前着迷于在罗马尽快造一座自己的房子。

　　但是纽约的情况就这样铸就了：这个城市成为我整整 30 年的家。

★ 都 会

在来到纽约之前我对大都会歌剧院几乎一无所知，只听说过剧院非凡的荣耀，并且知道有两个意大利人的名字和它联系在一起：朱里奥·加蒂－卡萨扎和恩利科·卡鲁索。伟大的那不勒斯歌唱家从 1904 年起就成为大都会歌剧院名声最显赫的男高音，而精力充沛的费拉里的工程师加蒂－卡萨扎从 1908 年起就是剧院的总经理。他们一起把大都会变成真正的歌剧圣殿，世界上长时期没有可与它媲美的剧院。

大都会的生存由纽约几个富有家族的开明赞助保障。剧院以前在其他人领导下总是亏本，然而在加蒂－卡萨扎来到之后，剧院开始有了收益，在此条件下甚至没有提高票价。作为十分干练精明诚实的管理者，加蒂－卡萨扎还是一位对歌剧有深刻理解的行家和有自我牺牲精神的歌剧的仆人。他提高了演员团的艺术水平，培养了听众的鉴赏能力。他给予听众他们所需要的东西，但只限于一定范围，然后再使他们做某些努力，认识新的现象。他善于把 18 世纪某些不太知名的、被人遗忘的歌剧，或复杂的现代歌剧变成卖座率高的演出。他很严厉，总是和人们保持一定距离，不能忍受反对意见，看来他认为自己无所不能。虽然他并未真正做到对所有人不妥协，但他这种不妥协精神却受到了所有人的十分尊敬。

在我们第一次见面时，这位不同寻常的人对我很友善，但却很冷淡。他对我的声誉做了某些有分寸的恭维。他说，给他特殊印象的是对我在斯卡拉表演《梅菲斯托费勒斯》的评论，大都会也要纪念博依托。他建议我在纽约首次登台时唱浮士德，而我更想从某个不太难、更适合我的嗓音的角色开始。但我很了解，加蒂－卡萨扎的建议实质上就是命令，我，一个新人，难道还能为此和他争论？因此我只说："谢谢"，我听从他的安排去参加排练。

圣契切利亚、帕尔马、罗维戈、圣卡洛、康斯坦察、斯卡拉、科隆——所有这些对我都是考验。每次我都对自己说，会成功，也就是说，我的确是这样做了。但是现在，当准备在大都会剧院和观众见面时，我感到我完全是一个没有经验的歌者，对我的考验还仅仅是开始。对于卡鲁索已成为他们偶像的观众来说，我的确是这样的人。但更糟糕的是，我想，由于在《梅菲斯托费勒斯》中主要角色是男低音角色，很有可能我在歌剧中完全不被人注意。再加上许多人对这部歌剧不熟悉，不理解，要知道这部歌剧最后一次在大都会演出已过去 30 年，那时唱主角的是夏利亚宾，这是他在美国首次登台。几个星期之后他离开了纽约，并声称，他再也不会踏上百老汇肮脏的马路。我想，评论界会对这人所共知的插曲说更多的废话，拿梅菲斯托费勒斯新的表演者和伟大的俄罗斯先辈作比较。很可能，新的浮士德完全不被人注意。

1920 年 11 月 26 日开始了这一重大考验的痛苦折磨。梅菲斯托费勒斯应由西班牙男低音霍塞·马尔多莱斯（1869－1934，1917 至 1926 为大都会独唱演员）演唱，但在最后一刻他病了，代替他的是阿当·吉杜尔（1874－1946，波兰男低音），演唱玛格丽特的是弗兰西斯·阿尔达（加蒂－卡萨扎的妻子，1883－1952，新西兰女高音）。指挥罗贝尔托·马拉佐尼。

我站在侧幕旁，一杯又一杯地吞咽着浓浓的咖啡。当吉杜尔在上空唱着序曲时，我想起了母亲。随后开始了另一个场景——

集市广场。在合唱和复活节仪式之后，我和安杰洛·达达——我的同伴瓦格纳的扮演者来到舞台上。如果我在这里引用一位纽约评论家对我的评论，请原谅我："吉利充满信心地、沉着地唱了歌颂冬雪在春光明媚温暖的阳光下消融的第一句，这是不困难的段落。这段咏叹调基本上在中声区，歌唱者既不需要勉强唱最高音，也不需要唱最低音。一共只有 16 小节，浮士德的唱就被人群打断了，又回到广场，开始了舞蹈。但这已足够了：纽约明白，一颗新星诞生了。"

演出结束后我被叫上台 34 次。第二天加蒂－卡萨扎和我又延续了三个月的合同。卡鲁索给我发来慷慨的祝贺。后来有人给我送来一大包厚厚的报纸，《快报》的标题是："有一个奇特名字的男高音在卡鲁索近旁升起。"纽约的报纸虽然用的是一种相当有分寸的、稳重的口吻，但比我期待的要热情得多。

我特别喜欢《纽约先驱论坛报》的评论："正直的意大利人，满怀着对博依托的极度忠诚，吉利表明自己是艺术的真正仆人，而不是只为得到个人荣耀的人。"《纽约时报》指责我："总是一个劲地对着观众唱，而不对着玛格丽特。"但是他也承认，我的嗓音"的确漂亮，他很少过分用力，总是那么清新，富有色彩。"《世界报》谨慎小心，没有多余的话："可能吉利永远都不会被赞美为从天而降的明星，但他不枉然来到剧院。"《欧文邮报》指出"有的地方偶然出现颤抖和有些困难的气息。"但是《太阳报》认为，"吉利非常像年轻时的卡鲁索。"

马克斯·斯米特在《美国纽约》上注意到我的歌唱风格特点，这使我特别满意，因为如果抛开任何一种谦虚，那么依我看，这是最准确的：

"吉利的嗓音是抒情男高音，中声区特别柔和，他的音色很美，当他唱 a mezza voce 时，极其灵活，优雅，当他放声唱时，丰满，明亮。吉利的嗓音，是纽约听过卡鲁索之后最优秀的男高音之一。吉利的歌唱所具有的戏剧性张力，感情的真挚和富有表现力，是他最具特性的特点。"

重大的考验结束了，纽约接受了我，我将在大都会唱——即使是时间不长，我也要努力工作。剧院的演出团有近 100 人，一年要演出 230 场。

12 月 3 日我和弗兰西斯·阿尔达、蒂都及伟大的男中音安东尼奥·斯科蒂（Scotti, Antonio 1866－1933，意大利男中音）演唱了《波西米亚人》，那时他已经很老了。斯科蒂仍然是很杰出的演员，但是当他开始唱时，已经很清楚，他的嗓音已经衰退了，甚至他为数不少的崇拜者也为他不愿离开舞台而感到尴尬。

12 月 10 日我唱了《托斯卡》，唱主角的是艾米·德斯金（1878－1930，捷克女高音），斯卡匹亚由斯科蒂演唱。12 月 17 日和朱赛贝·德鲁卡（De Luca, Giuseppe, 1876－1950，意大利男中音）、霍塞·马尔东内斯及美国的女高音梅蓓·加里森演唱了《拉美莫尔的露契亚》。

所有这些演出都为我带来赞赏，但并非都是毫无保留。比如说在《拉美莫尔的露契亚》之后，《先驱报》写道："贝尼亚米诺是一个好的埃德加。对所有演唱拉文斯伍德的儿子的任何一个现代歌唱家应当都可以这样说。曾经有一位真正杰出的埃德加：易塔洛·卡姆帕尼尼。但是现在有谁对历史感兴趣呢?!"

1920 年 12 月 23 日我必需在几乎毫无准备的情况下唱《波西米亚人》。这天晚上起初安排的是恩利科·卡鲁索的《爱的甘醇》。但是在最后时刻演出取消了，因为歌唱家生病了，不能演出。总的来说卡鲁索感觉自己不好；从 9 月排练时沉重的舞台布景砸了他以后，他一直感到疼痛。11 月 11 日在布鲁克林的音乐学院上演了《爱的甘醇》。在演唱时卡鲁索差点喘不过气来。他的喉咙出血，他被急救站抬走了。卡鲁索为自己的健康进行了顽强的斗争，他非常想恢复健康继续演唱。但几天之后情况再次变坏。起初他的病似乎并不重，但后来很快就病倒了。卡鲁索的名字立刻出现在全世界的报刊上。沉默不语的人群聚集在医院旁的大街上，他在大都会的老同事们悄悄擦拭着眼泪。

我在大都会唱了整整一个月。复活节的第二天加蒂－卡萨扎请我到他那里去。

"卡鲁索本该在新年晚上唱《预言家》，但演出不得不取消。我想请你唱《三个国王的爱情》。这个角色你已有准备，是这样吗？好，还有四天，可以卖票了？"

"好，可以卖票。"我同意了。"观众们会失望，对此你也不要感到奇怪。有卡鲁索参加的演出，永远都是一件有特殊意义的事。观众期盼听到卡鲁索，您将很难抚慰他们。"

卡鲁索的影子

卡鲁索！这个名字已开始使我失去平静。在我拥有对他的全部崇敬之时，我不能不期盼，评论家们最终会放弃甜蜜诱人的、虽然是令人得意的比较。我不想成为他的竞争者或是继承者，我只想是我自己，我希望人们接受我的就是我这个样子。

当 1921 年新年的那个晚上我出现在大都会的观众面前时，我早就知道，观众等待着他们的宠儿，而且会失望。我完全没有那种虚荣，奢望在他们的心目中占据卡鲁索的位置。如果观众仍然忠实于他，为他的病而痛心，我认为这是很公平的。

我想，我希望他们是为听吉利而来，我希望观众是为了解我而来，而不是把我看成某个企图占据卡鲁索的位置靠钻营飞黄腾达的人。

正因为如此，比起平常来，我认为我这一次唱得很平静，尽可能更经常地转为 a mezza voce，而不花力气去有意激起掌声，否则我认为太不得体了。很偶然，歌剧《三个国王的爱情》很符合我的内心感受——其中既没有人们熟悉的咏叹调、二重唱，也没有其它可以炫耀嗓音的地方。

对意大利来说，这是一部新歌剧，但纽约的观众已熟悉它，因为 1914 年在美国首演之后，它在那里已上演多次。作曲家伊塔洛·蒙泰梅齐（Montemezzi, Italo 1875－1952，意大利作曲家）是一位极其聪慧的人，对音乐的美和戏剧表现力有深刻的感悟。

歌剧的题材改编自贝纳里（意大利剧作家）的悲剧，它不仅很适合音乐，而且不少地方很有纯文学价值。歌剧的故事发生在蛮夷入侵时代的意大利。这个悲惨的爱情故事以主人公的死结束。歌剧的女主人公费奥拉（演唱她的是弗洛伦斯·伊斯顿，1883－1955，英国女高音）是意大利的化身。费奥拉必须违背自己的意愿嫁给哥特占领者。双目失明的老国王阿契巴尔多（由霍赛·马尔东内斯演唱）抢走了姑娘，要她嫁给自己的儿子阿维托（由我演唱）。但他怀疑她的不忠，自己掐死了她，又在她的嘴唇上涂上毒药。他要看看谁是她的情人，当他来最后一次吻她时，他也会死去。

　　在承认这部歌剧的全部优点时，我也意识到，1921 年 1 月 11 日，在唱另一部对我来说也是新歌剧的《弄臣》时，我感到有信心得多。和我同台演出的有梅芭·哈里松、朱赛贝·丹尼斯、雷昂·洛特（1874－1951，法国男低音）。演出在布鲁克林的音乐学院进行。

《弄臣》

事实是，大都会的一半演员在演出季期间通常每周二都在布鲁克林演出，而另一半在费城。就像很多意大利人一样，我早就对威尔第的这部著名歌剧背得滚瓜烂熟。如果想到这部歌剧总是得到非同寻常的成功，那么现在回忆起的一件事就十分可笑了。1851年3月11日在拉费尼切剧院首次演出之后，巴黎的《音乐报》对歌剧作了这样的评论："Il n'y a pas de melo-die!"（"歌剧中没有旋律"！）

从我来到纽约之后，我是如此忙碌，甚至没有时间想家。但是1月27日，当我演完第一幕回到我的化妆间时，我突然感到特别孤独，思念意大利和受到良心谴责。在化妆盒中我找到了电报，阿布拉莫发自雷卡纳迪："爸爸今日去世，"——我读道。

眼泪窒息了我。"不要现在！只是不要现在！"我想叫喊："爸爸，你不能现在死！"

父亲的一生很苦，我尽全力想保证他过一个平静的晚年。我不是一个不孝顺的儿子，我耽搁得太久了，现在一切都太晚了。我心急如焚，真想坐上第一班轮船回到意大利，投入母亲的怀抱。当我想到现在我父亲的棺木旁正燃着蜡烛，而我却不能去到雷卡纳迪时，我痛苦之极。我愿抛弃我所有的一切，只要此刻站在拉察里尼大师的管风琴旁，唱威尔第安魂曲的《in-gemisco》。我在这儿做什么，在这个陌生的城市里？我为什么在这儿？

但是，我当然不能回去，我已经选择了自己的生活道路，现在必须遵守合同。此刻无论如何我都要再次上台，还要唱三幕。我心怀痛苦回想起《梅菲斯托费勒斯》的另一场演出，几乎是整整五年前在那不勒斯，——那个晚上我的小女儿琳娜出生了。

在我所唱过的所有歌剧中，正是这部讲述人的命运变幻无常的歌剧，总是和我的亲人的生和死，和我个人的生活联系在一起。任何一个商人或服务人员，按惯例都可请一两天假，如果他的家里某人去世了。但是对演员、乐手、歌唱家存在着另一种规矩：演出必须继续。我需要付出极大的努力，迫使自己在得知父亲去世的几分钟之后再次登上舞台。以前我从未想过我会有足够的力量。可能会感到很奇怪，歌唱给了我极大的安慰。在第四幕中浮士德变成一个有着灰白长胡须的白发老人，这里我不能不体现自己的角色。但是当我开始唱"快到生命的尽头……"时，我感到一种非同寻常的平静和柔情笼罩着我，似乎父亲的灵魂附在我的身上，他在用我的声音说话。

卡鲁索继续在和死亡进行斗争。当他意识到他的生命已不久长，2月26日他邀请剧院的同事到他那儿去做最后的告别时，我们非常痛苦。我们站在他的床边，小心翼翼地用鼓励的、愉悦的目光看着他。但是他的许多老朋友——鲁克莱齐亚·波利、罗莎·蓬塞莱（Ponselle, Rosa 1897－1981 意裔美国女高音）、斯科蒂、德鲁卡、迪杜尔、罗蒂埃、帕斯夸莱·阿马托（Amato, Pasquale 1878－1942 意大利男中音）——没有力量克制眼泪。当然，我对他的了解很少，但是在我和他不多的几次见面之后，现在，当我看到他强忍痛苦，我感到了他非凡的个性所富有的崇高情感。他的一切都太不同寻常了，不仅是他的嗓子。

加蒂－卡萨扎期望卡鲁索和朱赛佩·德鲁卡、罗莎·蓬塞莱一起，在演出季结束时唱乔尔丹诺的歌剧《安德列·谢尼埃》。但是已经很清楚，卡鲁索不可能再唱，但剧院的剧目已经公布，而且从来没有更改过，加蒂－卡萨扎建议我准备本应由卡鲁索唱的角色。

从我在米兰的斯帕茨酒店和乔尔丹诺建立友谊起，我早就等待机会演《安德列·谢尼埃》，虽然没有想到，法国革命的角色谢尼埃会成为我最喜爱的角色之一。

我从来没有时间，或者坦率地说，没有特别的兴趣研究历史。法国革命对我来说是真正的惩罚。现在，为了理解谢尼埃的形象，能够再现自己的角色，我热忱地、毫无疑问有些可笑地去啃书本。法国的诗人安德列·谢尼埃虽然崇尚革命，却在恐怖行动结束前三天被斩首。脚本作者罗杰·伊里卡把这个事件和杜撰的与年轻贵族小姐玛德莲的故事结合在一起。她母亲的仆人、后来成为革命领袖的席拉尔暗恋着她。但是玛德莲爱上了诗人谢尼埃，他被逮捕了。玛德莲起初想方设法救他的愿望落了空，她自愿和死囚关在一起，为的是和心爱的人一同去死。在幕落时他们两人手拉着手一起走向断头台。

虽然歌剧的故事是虚构的，乔尔丹诺仍全力以赴极力真实表达那个时代的氛围。为此他甚至在剧中用了《萨依拉》《卡尔曼纽拉》和《马赛曲》（18世纪法国大革命时期的革命歌曲）。富有戏剧性激动人心的音乐很吸引人，述说着相爱的心灵高尚的主题也

《安德莱·谢尼埃》

是如此。从一开始，从第一幕的大即兴曲（"一次，我从天空看着你……"）起，我感到非同寻常的感情冲动。1921 年 3 月 7 日曾和我在首演时同台演唱的克劳迪奥·穆齐奥，在演出结束后回到舞台上感谢观众的掌声时泪流满面。

歌剧的第一次上演受到了如此热烈的欢迎，仿佛《安德列·谢尼埃》是一个新发现。其实歌剧于 1896 年 3 月 28 日在米兰的斯卡拉首演之后，已经过去了 23 年。就是在纽约也曾上演过：1896 年 11 月在大都会，在曼哈顿音乐厅；最后一次，1916 年秋在波士顿的莱克辛顿剧院，但以前没有一次引起特别的兴趣。人们对我说，在纽约是我以自己的角色造就了这部歌剧。

我在自己的角色中的确体现了一个新的形象——安德列·谢尼埃。对我来说，这已不是虚构的人物，我全身心地感受到了这个形象。在第三幕法庭的一场，每次当我重复谢尼埃的话："我歌唱自己的祖国！"时，我想到意大利。我像谢尼埃一样，我用自己的歌声表达我对自己祖国的爱。

无事不能的加蒂-卡萨扎让我经受了考验，而我也没有让他失望。至少，我在大都会的第一个演出季结束时，他立刻和我又签订了一年合同。财政上的优势和专业上的威望，是我同意他的建议的两个毫无疑义的决定性原因。但是还有其它原因：我越来越喜欢大都会剧院。自然，纽约使我震惊，但是只要我迈进大都会大厦，我就开始感到几乎和在意大利一样。在大都会工作的人来自 14 个民族，但是我的同胞在此是如此的多，意大利语几乎成为剧院的官方语言。

从艺术方面来说，大都会是最高水平的剧院。他为歌唱者提供各种巨大可能，同时又要求他们回报以高艺术水平的表演。最后，我最高兴的是，可以在一年期间，在同一个团体，与同一位指挥工作这一非同寻常的前景，在欧洲没有一个剧院能做类似的事。即使在自己的演出中，在这儿我将见不到那么多兴奋的外国人，但因此我将学会更好地唱。我将不再频繁地收拾行装，匆忙地赶往车站，我终于能享受家庭安乐窝的平静。

这就是我为什么决定留在纽约的原因。我已有一年多没有见到我的家人，几乎不了解自己的孩子，但是最终要在纽约安家，还需要做些准备。无论如何困难，无疑要比完全没有家好得多。那时我虽然留在了大都会，但一年合同期满之后我没有任何保障。然而不知为何，我感到很可能我会留下来。不论怎样，不管将来等待我的是什么，我要和我的家人生活在一起。因此我写信给科斯坦扎，让她雇用一个仆人，收拾行装到纽约来。

她不能立刻来，只能在秋天。因为还在离开南美之前，没想到我会在大都会待这样久，我和瓦尔特尔·莫基签订了1921年夏季在南美巡演的合同。在数月不间断的工作和精神紧张之后，我渴望见到母亲，见到雷卡纳迪淡黄色的葡萄园，亚得里亚海宁静的天空下橙色的帆船；我最渴望的是拜谒父亲的陵墓。但是现在一切都太晚了，我不能拒绝合同，6月初我要去里约热内卢。数月紧张的工作起了作用，当我们坐在船上的时候，我情绪压抑，我们刚到里约热内卢，由于急性肺炎，我被急急忙忙送进医院。这种状况引出很多议论，和我们争夺的另一个意大利剧团散布恶劣的谣言，似乎我将永远失去嗓音，好像我聋了，我的艺术生涯已经结束等等。

我正好及时恢复了健康，结束了所有这些流言蜚语。我在里约热内卢、圣保罗和布宜诺斯艾利斯演了25场：《歌女焦孔达》、《罗恩格林》、《梅菲斯托费勒斯》、《托斯卡》和马斯卡尼的新歌剧《小玛拉》，在此之前它仅在罗马的康斯坦察剧院上演过一次。这部歌剧在南美的洗礼是1921年9月20日在布宜诺斯艾利斯的赛尔万德斯剧院。正如《安德列·谢尼埃》一样，这部歌剧讲的也是法国大革命的故事。歌剧的主人公是长裤党

（法国大革命时期对平民的称呼）。

　　歌剧的音乐更具戏剧性，而不是抒情性，不像《安德列·谢尼埃》那样适合我的嗓音。但是我们的演出在布宜诺斯艾利斯仍然取得了很大成功（演唱玛丽艾拉的是吉尔达·达拉·丽萨，我唱主角，指挥吉诺·马利努齐 1882－1945，意大利作曲家、指挥家）。马斯卡尼发来一封激动人心的贺电，希望我把他的"小长裤党"带向全世界。但结果是，我再也没唱《小玛拉》。

　　在极度不安中我回到纽约。这是 1921 年的 10 月 31 日。使我激动的不仅是在长期分离后我终于要见到我的家人的欢乐前景，还有新的思虑——要教会科斯坦扎，她从来没出过国，从来没有用过仆人，从未管理过富有的家，在离卡内基音乐厅不远我们的寓所内（57 街，140 号）要接待朋友。我们再也不用为钱的问题发愁，特别是我已将自己的所有事务交给了我的秘书莱纳托·罗西（不久前刚找到），他是我在罗马学习时的老朋友。

　　使我最为不安和害怕的完全是另一回事——出现在纽约一份报纸上的标题："谁代替卡鲁索的位置？"可怜的卡鲁索 8 月 2 日在索连托去世。在报刊上立即展开的激烈争论，我认为这是不尊重的、多余的。正如我说过的，大都会的确是卡鲁索的王国。然而之所以如此，是由于他的伟大，他个人的才华，而不是某种官方的委任。以这样一种腔调毫无根据地说，仿佛他建立了某个王朝，现在应当挑选并举行加冕典礼，为卡鲁索第二施行涂油仪式。围绕这一切掀起的喧嚣声，迫使加蒂－卡萨扎放弃自己一贯不怕舆论的作法，接受了记者的采访。我完全同意他那时所说的："只有两点可以决定谁代替歌唱家的位置，这就是观众的意见和时间。现代的剧院已经不再是'明星'的剧院，早已成为团体的剧院，集体的剧院。我们只想作到一点：完美的艺术表演。"

　　但是这些聪慧的话，并未减弱卡鲁索地位候选人的崇拜者之间残酷争斗的猖獗和狂暴。所有觊觎王冠的各种男高音的崇拜者和朋友组成了不同的竞争派别。争论的发端者本身，男高音们，应当对他们公平地说，在挑起这整个争端上，他们并没有罪过。当我们的所有优点和缺点详尽地张贴在板报上之后，早晨在剧院的走廊上和自己的同事——马丁内利（Martinelli, Giovanni 1885－1969，意大利男高音）、查姆里（Chamli, Mario 1892－1966，美国男高音）克利米、佩尔蒂莱相遇时，实在是太尴尬了。这样做实在是太无礼，太放肆，至少仿佛把我们展示在麦迪逊公园广场的拳击台上。

　　我的名字如此经常地出现在报刊的争议中（比其他歌唱家的名字要多得多），使我感到有必要公开卸去自己对这件事的责任。我给《纽约时报》写了一封信，虽然以前我从未做过这样的事。我写道："我认为，现在谈论的所有这一切，称某某人是卡鲁索的继承人，这是一种亵渎。这就是说玷污了整个意大利和全世界都纪念的人。要知道在今天，每一个演员应当努力的是保持和保护伟大歌唱家留给我们的艺术遗产，每个人努力做到这一切，不是为了微不足道的虚荣心和获得名声的愿望。我们要用艰苦的劳动得到最纯洁、最美好的东西。卡鲁索曾为此奋斗不息，我们也应当为我们的艺术而追随他的榜样。"

　　但记者们不给我安宁，我不得不不断重复同样的话："我不想成为卡鲁索第二，我只想成为吉利！"

　　在这一奇特的帮派中的预测专家们，从这样的事实中得出结论：加蒂－卡萨扎邀请我为大都会新演出季揭幕，以前卡鲁索总是首选。从1903年他在大都会演唱开始，除了惟一一次例外，都是由他揭幕。但我认为这些预言家们看错了，因为我要唱的是《茶花女》，这部歌剧的主角是女高音，而不是男高音。没有任何根据推断，卡鲁索的王冠就此会戴在我的头上。我只明白，加蒂－卡萨扎英明而有预见性地避开必须迅速做出某种决择。后来表明，剧院演出季揭幕的光荣真的由我来继承了，但这只是在数年之后。

大都会的观众席是相当不成功的，更准确些说，它没有任何建筑上的优点。但是在开幕式的晚上，——这是在大萧条前不久——它却是五光十色的灿烂图景。在 35 个赫赫有名的"马掌形"紫红镀金包厢中，在整个演出季楼座都被富有的亿万富翁包去：范德比、摩根、惠特尼、洛克菲勒。他们像在节日中一样展示最华贵的珍宝和服饰，以及所有一切可能在剧院见到的东西，这是财富惊人的集聚。

1921 年 11 月 14 日晚大幕升起，《茶花女》开始，当观众的注意力从男高音转向女高音时，我突然明白了，加蒂－卡萨扎做得太正确，太得体了。要知道，除了其它所有理由之外，这是卡鲁索去世之后大都会的第一场演出。虽然四周都闪烁着宝石的光彩，仍然能看到，人们沉浸在悲痛之中。加蒂－卡萨扎选择女歌唱家也是经过深思熟虑的。他预计，她的名字会引起兴趣：这是阿梅丽塔·加利－库尔奇（Galli－Curci Amelita 1882－1963，意大利著名女高音），以前她曾在芝加哥唱过，这是她在大都会的首场演出。

我非常愿意女高音放出异彩，比我唱得好，我这样做是因为有一次当我在复活节演出中代替卡鲁索唱时，我经受了一种尴尬。我不想突出自己，不幸的是，加利－库尔奇唱得不好。不论何种理由——薇奥列塔这个角色不适合她的嗓音；她没能很好地准备这个角色；身体不适；或者干脆因为过分紧张。事实是，她的演唱没有表现力，缺乏热情。观众出于礼貌，用稀稀落落的掌声掩饰了自己的失望。这样，虽然加蒂－卡萨扎有战略性的诡计，这个夜晚仍然成为我成功的夜晚——有这样的情况，胜利者得到桂冠，只是因为没有对手。

听众——整个世界

我借口自己要去买什么东西（当然这种借口是很牵强的，因为那时我已有了好几个仆人），偶尔从家里消失，在西区黑暗的街道上踯躅。

在莫比里街——小意大利的主要街道——没有炫目的广告和洁净的超级市场，美国人一次买够一周的食品。我进入的商店店主，大都挤住在又窄又小的陋室里。但是这儿是意大利商店，人们都说意大利语，到处都散发着意大利的气息。我在那里买基昂蒂酒，帕尔马的熏火腿和干酪，香料——马珠草、迷迭香，斯帕盖迪面条，橄榄油，刚刚磨出来的咖啡，甚至还有烧茶的麦秸杆。说到吃，请原谅，我是一个地道的民族主义者。

正如我已说过的，所有这些只不过是一种想到这个区和人们交谈的借口。这是一些顽强的、勇敢的纽约意大利人，他们为生活所迫告别了意大利蔚蓝的天空，在这个阴暗的异国城市里为生存而奋斗。我想，这些没有文化的卡拉布里亚农民，当他们没有钱，没有朋友，不懂一句英语，而来到这个阴暗的城市时该有多么难！当他们企盼在祈祷中得到慰籍而来到阴沉的爱尔兰天主教堂时，他们发现，这里甚至宗教也是陌生的、嘲讽的、难以接受的。他们在这儿怎么生活呢？——我常常这样问自己。他们在如此深沉的绝望中怎样找到力量呢？

我很少有时间参加意美友好协会的活动。此外，我在那里能见到的意大利人，早已不是既贫穷又微不足道的人物，对他们我没有什么兴趣。我的思绪总是牵挂着那些没有任何财富的人，他们只不过是根据西区毫无掩饰的怪胎认识新大陆。在我居住纽约的每一年，我都要为意大利医院和其它慈善机构举办义演音乐会。我尽我所能，但我十分清楚，这是太少了。

在加利－库尔奇的《茶花女》失败后过了四天，我们又一起演唱了《拉美莫尔的露契娅》。这一次她唱得太好了，简直是太辉煌了。她的嗓音特别适合表现多尼采蒂的作品，而她的露契娅比其他角色更成功。

11 月 26 日，我和霍赛·马尔东内斯演唱了《梅菲斯托费勒斯》，在此之后不久又和大都会的一些演员参加了纪念卡鲁索的音乐会。音乐会开始前有一个纪念仪式，费奥莱罗·拉瓜尔迪阿代表卡鲁索的遗孀和女儿送给剧院一尊歌唱家的半身雕像。音乐会的收入，12000 美元，以卡鲁索的名义赠送给米兰的朱赛贝·威尔第老龄音乐家休养院，因为卡鲁索一直对此机构提供帮助。我想起在斯卡拉纪念博依托的活动。几乎所有出席的人——听众和演员都热泪盈眶。正如那次一样，听众席没有一次掌声，这是非常得体的。

参加音乐会的独唱家有：弗兰西斯·阿尔达、阿梅丽达·加利－库尔奇、杰拉尔丁·法勒（Farra, Geraldine 1882－1967，美国女高音）、乔万尼·马尔丁内利、朱赛贝·德鲁卡、霍赛·马尔东内斯和我。节目有《帕西发尔》的序曲，威尔第《安魂曲》中的"Requiem"和"Kyrie"。我记得德鲁卡唱了亨德尔的《让我哭吧》，弗兰西斯·阿尔达唱了弗朗克的《祈祷》，加利－库尔奇唱了古诺－巴赫的《Ave Maria》，而我唱了卡鲁索最喜爱的作品之一、比才的《神的小羊 Agnus Dei》。随后响起了萧邦的送葬进行曲，合唱表演了罗西尼的《圣母悼歌》中的"Inflammatus"，音乐会以威尔第《安魂曲》的"Dies Irae"结束。所有这一切令人十分激动，留下了难以忘怀、难以磨灭的印象。这是音乐能够如此强烈地打动人心、能够如此热忱地表达深藏在我们内心感情的极其鲜明的范例，这种感情往往只有用语言才能表述。

1921 年 12 月，我和弗兰西斯·阿尔达演唱了《波西米亚人》，和罗扎·彭赛尔（她生于纽约，但她的父母是意大利人，歌唱家的真名为彭齐罗）演唱了《乡村骑士》。10 月 21 日我唱了《托斯卡》，那是玛丽娅·艾利莎（Eriza，Maria1887 – 1982，捷克女高音）第一次和我搭挡，这是一位伟大的演员，但却是一个好吵闹、不安静的人。这个演出季补充了两位演员：叶利察和蒂塔·鲁福（Ruffo，Titta 1877 – 1953，意大利男中音）——加蒂 – 卡萨扎找到的难得人才。

1922 年 1 月 5 日我演唱了这个演出季的第一个新角色，法 – 西作曲家艾多阿尔·拉罗的歌剧《伊斯国王》中的米里奥。加蒂 – 卡萨扎在大都会剧院实行了一条不可违反的规定：每部歌剧必须用原文演唱，这一次我必须尽快掌握法语。还用得着说吗，评论界不会放过机会对我的发音做出远非赞赏的评论。

《伊斯国王》的脚本改编自布劳根的悲剧传奇，写的是一个城市被淹没的故事。歌剧的音乐相当优美，以至于该剧从 1888 年首演之后常演不衰，十分受欢迎，但实际上它并不高于一般水平。纽约观众现在是第一次听它，但它在 1890 年 1 月 23 日已在美国著名的新奥尔良歌剧院上演过，这座剧院后来被烧毁了。拉罗在法国虽然作为瓦格纳的先驱者而被人所知，实际上他是一位抒情性的作曲家，而瓦格纳的风格、写法更为“沉重”。他为这部歌剧选择了超出他能力范围的写法。

真正的歌剧音乐应当是很有性格、有独创性的，主题和旋律丰富多彩，最后，它应当符合舞台规律，所有这些拉罗显然都没有达到。如果他遵循意大利歌剧 – 套曲程式化的公式——它要求作曲家只要能把几个动人的旋律组合在一起，他就会好得多。这部歌剧真正优秀的音乐段落是序曲和第三幕的小夜曲。

人们很熟悉这两段音乐，因为在音乐会上经常表演。拉罗为序曲成功地找到了可以做交响性发展的主题。而说到歌剧的故事，它的情节按它的要求自行发展。

《伊斯国王》在纽约演出的表演者，是大都会所能集合起来的最杰出的歌唱家：演唱罗森的是弗兰西斯·阿尔达，玛尔加丽达——罗莎·彭赛，卡尔纳克王子——朱赛贝·达尼斯，国王——莱昂·罗迪埃，桑科连蒂纳——保罗·安纳尼扬。虽然歌剧在巴黎得到成功，却丝毫没有感动纽约的观众，这并非演员的过错。仅有两次喜悦代替了冷漠——序曲之后，阿尔伯特·沃尔夫（Wolff, Albert, 1884－1970，法国指挥家，作曲家）的指挥太精彩了；还有我唱了咏叹调"我亲爱的，无济于事……"之后。我很幸运，整部歌剧中最大型的一首咏叹调是男高音的咏叹调。我虽然为此很高兴，但当暴风雨般的掌声为我而起时，我仍然感到有些不自在，这时我的同事们只是得到出于礼貌的稀少掌声。

歌剧《安德列·谢尼埃》在前一个演出季得到了如此辉煌的成功，加蒂－卡萨扎决定由同一批主要演员在这个季度重演——克劳迪奥·穆齐奥和我。事实上这部歌剧后来许多年都是剧院的演出剧目。随后我又唱了《波西米亚人》，这次是和鲁克莱齐亚·波利，和她一起我在大都会首演了《蝴蝶夫人》和马斯内的《玛侬》。

《玛侬》给我提供了极大的可能来展示自己。德格里埃永远都是我最喜爱的角色之一——这还是从我第一次在热那亚表演这个角色开始，那时我的搭挡是性格任性的罗吉娜·斯托尔吉奥。当然，现在我必须用法语演唱。使我十分惊讶的是，我的勤奋充分显示了一个令人十分愉快的发现，原来用原文唱要容易得多，因为歌词和音乐结合得更好。

对原作非同寻常的尊重——在意大利我还未遇到过类似的

情况——也表现在另一个突出的特点上：为与喜歌剧的风格相适应，在准确的音响中保留了歌剧的对白。

在大多数歌剧院，除了法国，在《玛侬》中，通常都是用宣叙调代替对白，从而把这部歌剧任意地变成"grand opera"风格，——虽然遵循的是法国术语。

《玛侬》中的德格里埃

《玛侬》在大都会有十分光辉的历史。当它 1895 年 1 月 1 日首次在这儿上演时，德格里埃由伟大的法国男高音歌唱家扬·德雷什克（1884－1925）演唱。一年之后，他又和伟大的内里埃·梅尔芭（Melba，Nellie 1861－1931，奥地利女高音歌唱家）再次演唱了这部歌剧。在经过几场质量不高的演出之后，终于在 1900 年迎来一场有卡鲁索和杰拉尔丁·法勒参加的辉煌演出。

显然，不可避免地会和他们相比较，而这种评论方式是我无论如何也不能彻底习惯的。"吉利的外表不适合德格里埃。大都会德格里埃一角望尘莫及的完美表演永远属于德雷什克……"

然而实际上是，当德雷什克演唱的那个时候，这些评论家还只能在自己的摇篮里听摇篮曲，对他们来说没有任何意义

——他们这样写，好像他们自己真的听过他唱。然而评论家仍然承认，我的"梦幻"唱得妙极了。这已经足够了。虽然我为他们如此武断地谴责我，并使我永远失去"完美表演"这一令人鼓舞的修饰语而感到很生气，但我仍然为无可争议、令人激动的事实感到安慰：早已不再鸣响的嗓音可以仍然活着，并且保留在人们的记忆中。

1922年2月我演唱了卡塔拉尼的歌剧《洛勒莱》，这部歌剧是首次在大都会上演。瓦尔特这个角色我当然很熟悉，因为我在第一次南美巡演时已经演唱过。但是这一次演出是由于加蒂－卡萨扎计划重演19世纪的几部小型歌剧，这次要比在布宜诺斯艾利斯的演出好得多。唱洛勒莱的是克劳吉奥·穆齐奥，鲁多尔弗——霍塞·马尔东内斯，安妮——玛丽娅·松德里乌斯和德国男高音——朱赛贝·达尼泽。歌剧获得了如此轰动的成功，正如《伊斯国王》喧嚣的失败一样。我再次感到高兴，卡塔拉尼的创作还有活力。

1922年3月初，我和美国歌唱家法勒演唱了《托斯卡》，这是她的告别演出——她要离开舞台。演出结束时献了很多花，至少它们有助于掩饰她的眼泪。对演员来说，最后告别舞台永远是最痛苦的，对任何歌唱家来说都是最困难的时刻，仿佛预示着死亡。

这一时刻等待着我们每一个人，它来得早一些比来得太晚更好。宁可让观众为你的离开感到遗憾，感到失去了某种珍贵的东西，并且说："他还唱得那么好！"，而不要使他们耸着肩膀说："这个老头儿终于决定告别舞台了！"

1922年3月18日我演唱了新的、那时对我来说不是完全新的角色：普契尼的《玛侬·莱斯科》中的德格里埃。我认为马斯内伤感的《玛侬》更好地表达了普雷沃小说的感情。而普契尼的版本，虽然这不是他最优秀的作品，但仍然有许多优点。这就是他不可逾越地表达了青年人所具有的强烈的激情和热情，我以为只有青年时代才能唱好这部歌剧。

普契尼比马斯内的《玛侬》晚了8年才创作了《玛侬·莱斯科》。法国大师的歌剧于1893年在都灵首次上演，这对普契尼来说具有重大意义。那时他还没有创作《波西米亚人》、《托斯卡》、《蝴蝶夫人》。他的前一部歌剧《埃德加》失败了，普契尼决定做最后一次实验，他甚至预言，如果这次再失败，他将永远不再写歌剧。《玛侬·莱斯科》获得了成功，虽然不是很辉煌，但也足够鼓励作曲家，使他有勇气继续写作音乐。歌剧中有许多很具有表现力的段落。而带有大型终场的第三幕——加甫尔监狱旁的场景——是现代意大利歌剧最富有戏剧性的篇章。

《玛侬·莱斯科》自从在大都会首次上演之后，一直是剧院常演的剧目。那次卡鲁索和漂亮的丽娜·卡瓦利耶里（Cava-lieri, Lina 1874－1944 意大利女高音）参加了演出。这是在1907年1月，普契尼化名出席了这次首演。但在幕间休息时有人认出了他，观众以如此狂热的掌声欢迎作曲家，使他不得不匆匆离去，以免延误演出。

这一次评论家在做比较时对我比较宽厚。他们写道，对那些还纪念着卡鲁索，还为他的离去感到悲伤的人，现在听到我唱这个角色之后，会感到安慰。

大都会的演出季是以剧团在巴尔的摩、亚特兰大和克利夫兰的春季巡演结束的。回到纽约之后我因为关节炎急性发作而躺了几个星期。这一个演出季我演了44场，演了13部不同的歌剧，还不算音乐会。现在我甚至想不起我最后一次休息是什么时候，而这时加蒂－卡萨扎又和我签了三年新的合同。我要犒劳自己，夏天我没有安排任何工作。我如释重负地和家人坐上"康特罗索"轮船回到那不勒斯，我已两年没有回到意大利了。

夏里亚宾

　　1922 年夏天没有什么令人注目的事，而我需要的正是这样。起初我治了三周的病，在安尼亚诺休息，这是离那不勒斯不远的一个温泉疗养地，在那儿我结识了《重归索连托》和许多其它那波里歌曲的作者埃内斯托·库奇兹，他的许多歌曲是我音乐会的曲目。我们的相识很快变成了深厚的友谊。

　　在安尼亚诺的休息和水疗使我恢复了元气，我终于来到了雷卡纳迪。在与母亲见面时，悲伤和柔情盈满胸怀，我们立刻去到父亲墓旁祈祷。夏天我在莱奥巴尔迪广场举行了露天义演音乐会。在随后余下的日子里我在雷卡纳迪的生活如旧。我注意到有些人和我在一起时有些拘谨，甚至有些陌生。我想大概是我现在富有了，移居到纽约了，我变得妄自尊大了。但是我让他们放弃这些念头并不难，我和他们一起重玩木球，在小馆里喝咖啡感到非常幸福。也许在这次休息中最重要的是，我在某个时候完全忘了在亚平宁山脉那边的大千世界。

　　整个夏天我都带着一尊无比沉重的物品——但丁的大理石雕像。这是纽约的侨民区要我以他们的名义带给加布里埃尔·邓南遮（1863 – 1938 意大利作家）的。在离开意大利之前，在 9 月，我不得不到北方的加尔达湖去完成这一使命。邓南遮在加尔达奇异的别墅太有名了，应对它再好好描述一下。但我没有来得及好好看看，因为我在那里只待了 10 分钟。前不久邓南遮从窗户里跳出摔倒，他休克了，现在他躺在病床上，不能接待我。他只送给我一张有他签名的照片——欢迎并感谢"声音悠扬的使者"。不久之后当我在一张意大利报纸上看到对这次会见详细而多彩的描述时，我太惊讶了。似乎我曾和他在九月明媚的阳光下在花园里散步，我们谈音乐，谈诗歌，谈意大利，谈在阜姆（南斯拉夫城名，即今里耶卡）的出游，谈我们对未来的规划！

现在，和大都会三年的新合同使我有信心展望未来，打开了我从未有过的前景。现在我明白，我可以做我已经想了很久的事情了：我说服了我的老教师和朋友恩利科·罗扎蒂和我一起永远搬到纽约来，继续做我的教师和伴奏。我又张罗找第二位秘书，我找到阿梅德奥·格罗西，他直到生命结束时都是我的"螺旋桨"，我所有事务的支柱。在他去世之后由他的遗孀巴尔巴拉替代他，她以同样的真诚和热情继续他的事业。

有了这两位得力助手的支持，我考虑在我迅速增长的伙伴中，还应该有一个职位：健身教练的职位。在布宜诺斯艾利斯和纽约使我病倒的肺炎说明，如果不每天安排一定时间来加强身体锻炼，我将不能长时间地承受沉重的工作压力和社会责任。因此我把自己交给了按摩师和轻型竞技教练 H. D. 雷依里。在我居住在美国的每一天，甚至在巡回演出时，他都让我经受他经过深思熟虑的考验。

这些考验不仅使我始终保持良好状态，而且还达到了另外两个目的：强壮和扩大了我的胸肌，使它更符合我的嗓音的要求，也多少扼制了我的腰围的"扩张"。这一生物事实是无疑的：男高音由于他的腺体的特性，通常总是处于一种丰满状态。而男低音却相反，总是又瘦又高，这也是由他的腺体特性决定的。看来只有男中音处于幸福状态，他们的腺体正常。由于在任何歌剧中，男高音的角色都是悲剧性或富有浪漫气息的，他的丰满显然很不合适。几乎所有的男高音都不得不顽强地和自己的肥胖进行斗争，我也不例外。

严厉的纽约评论家对我的这些困难很少同情。比如《布鲁克林娱乐报》，一次在《安德列·谢尼埃》的演出之后鄙夷地指出，我像一个"吃饱喝足的诗人"。在大都会我将要唱罗密欧。如果我想逃脱不可避免的对我外表的致命评论，我必须事先考虑这一点。我决定在芝加哥和北方其它城市音乐会巡演时带上雷依里。

我们必须住在酒店里，这使雷依里的计划很受限制，他不得不只限于每日必做的安静按摩。只有回到纽约之后，我每日到他的健身房去，才真正领略了他的真实构想和他的艺术。击袋、和影子拳击、和教练拳击、划桨机、机器马、锯木头、劈木材、匍匐而行——这是我每天正规的运动食谱。但是所有这一切都不能和每天的结束课目相提并论：我伏卧在不深的金属摇床上，扣紧救生带，雷依里按下电钮，摩托转动起来，摇床开始疯狂地震动。

为了"该是谁的就归谁"，也就是说绝对公平，我应当承认，雷依里的这种"烈性"方法获得了它的结果。到 1922 年 11 月演出季开始时，我的体重已减轻了 10 公斤。我的新演出季的首场演出是在布鲁克林音乐院，我和鲁克雷齐亚·波利唱了《茶花女》。而 11 月 18 日我参加了欢迎法国总理克列曼索的隆重演出，那时他正对美国进行正式访问，演出了《梅菲斯托费勒斯》。

但是这一天的英雄不是克列曼索，而是夏里亚宾。伟大的俄罗斯歌唱家违背了永远不再来纽约的誓言，仍然回来了，又重演了他在 15 年前——1907 年 11 月 20 日在大都会首次登台的剧目《梅菲斯托费勒斯》。那些当时听过他的人，现在确信，夏里亚宾对角色的演绎更深刻，更宽广了。我是第一次听他唱，我想，要达到某种更完美，看来是不可能了。

那怕从外表讲起。这是一个最真实的恶魔：魁梧、匀称的体态，半裸的胸膛，恐怖的、令人恐惧的面庞，极具表现力的面部表情，急促的动作，仿佛是名副其实的魔鬼。他扮演的梅菲斯托费勒斯在许多方面都和这一角色的传统表演不同，我感到这无疑更真实，在艺术上更鲜明。比如说在天上的序幕，他不是从云雾中出现，而是从下面某个地方升起。他威严、巨人般拖着脚步，仿佛一支庞大的蜘蛛。长长的黑发束在一起竖立在额头上，使他的面孔变成日本的魔鬼面具。在歌剧的结尾，他不是急速地扑向深渊，而是向着跳动的火焰、向着从天空落下的玫瑰花瓣，无力地伸出自己可怕的双爪，随后缓慢地垂下，伸开双臂倒在地上死去——浮士德胜利了！

夏里亚宾的歌唱是如此辉煌，就如同他的吐字和宣叙调一样。他美妙的、训练有素的嗓音非常漂亮，特别是在他放声歌唱时。他的嗓音的强壮和音域的宽广令人震惊，夏里亚宾很好地掌握了它。他的发声法是惊世骇俗的范例，使人懂得应当怎样控制气息，变换声调和构造乐句。演出结束后献给他的欢呼声令人信服地说明，纽约原谅了歌唱家的怪脾气。

这一次我不太引人注目。虽然许多次，当我们被召唤回到舞台时，夏里亚宾总是礼貌地把我让到显著的位置，但他仍然很难拒绝一次又一次的出场。我真诚地钦佩他，我当然不会对他有所不满。

夏里亚宾是伟大的梅菲斯托费勒斯，也是伟大的鲍利斯·戈都诺夫。这不仅是因为他唱得好——这是不言而喻的，而且因为演得好。卡鲁索也因同样原因而成为伟大的卡尼奥、鲁道夫、艾列阿扎尔、约翰·雷登斯基。但在这种条件下——当歌唱家既唱得好又演得好，歌剧的故事通常变得如此不可信和不真实，在其中不可能表演得很自然。每一个歌唱家都会处于这样复杂的境地，这是每个歌唱家都应当自己解决的困难。如果罗密欧在服毒之后，他还要长时间激动地歌唱，他如何真实地死在台上呢？

这里只能妥协。歌剧中最重要的是音乐。虽然很荒谬，为了

与夏里亚宾（中）和陶贝尔（右）在一起

音乐还应当表演，好的脚本对此会有帮助。所有其它一切应当是推测——演员和观众的推测。观众应当由于如此被吸引，使他能相信所有的假定性。

对我来说这个问题要比卡鲁索和夏里亚宾更尖锐，因为虽然我知道这非常重要，但我不具备有助于他们解决这个问题的才能，我天生不是演员。

还在我的歌唱生涯开始，当我迈出最初几步时，我曾试图稍做表演，但总是以错误结束。评论家骂我愚蠢，在台上我的确很笨拙。大概，从我的兄弟阿布拉莫组织的星期日演出，用烧焦的木炭为我画上胡须时起，我的表演样式就再也没有改变过。这个问题一直存在，永远折磨着我。随着时间的推移，我必须找到解决这一问题的方法。

《罗密欧与朱丽叶》

　　无论我演唱什么角色，我总是把人物理解为、至少是努力把他理解为具体的、真实的形象，盲目地、毫无条件地相信他，无论他的性格是多么地不可信、不真实。我努力创造角色，在我演唱这个角色时，找到我的人物的特性。如果不成功，我至少努力成为和他相同的人或是他的朋友。我设想，我的人物在这种或那种情况下会怎样做，努力以他的感觉生活。有时我发觉自己在和自己的角色说话，和他争论。感觉是我在舞台上表演方法的秘诀，——如果可以称之为方法的话。我努力把自己的感觉注入到自己的角色中，使得形象正是因为这种感觉而成为有生命力的，真实的。

　　但这种方法并非总是有效。比如说在《詹尼·斯基基》中，我从来没能成功地利用过它，《伊利斯》也如此。有些角色要求集中全部精力，而其他的角色，比如普契尼歌剧中的安德列·谢尼埃或德格里埃，就完全没有任何困难。而这些通常（远非永远）都是我唱得比较好的角色。

　　排练在表演方面给予我的很少。通常我仅记住了我在舞台上的位置，我应当如何走动，使之不要撞上其他演员。为了唱，我首先需要的是灯光和观众的注意，只有那时才会产生冲动，我才能完全投入到体现自己的角色之中。当然，我能够事先研究角色，选择这种或那种演绎方法，我总是这样做。在前面的章节中我曾谈到我如何准备《托斯卡》的第一次演出，但我从来也不能预见到会有什么结果。顺便说说，结果永远是各式各样的。甚至在几分钟之后，当我在返场时重唱某首咏叹调时，我总会用另一种样式演绎它。这并非刻意，而只是因为第一次的情感爆发已经过去，我的感受已经不一样了。当然这不能称之为真正意义上的戏剧表演，但无论如何它有助于我达到目的和构想，使我在台上哭泣时能真正流泪，真切经受痛苦和感受欢乐。当加蒂－卡萨扎建议我唱古诺的歌剧《罗密欧和朱丽叶》中的罗密欧时，我更多的精力放在准备工作上，而不是读总谱和排练。首先我到话剧院去看他们如何演绎莎士比亚的悲剧，这是歌剧的基础。但是，虽然我非常喜欢他们的演出，歌剧的要求却完全不同，话剧表演对我完全没有帮助。我阅读了歌剧故事所发生的那个时代的各种历史书，在画廊里研究那个时代的服装，长时间地观看维罗

饰演罗密欧

纳的照片。但首先我努力了解罗密欧的心灵。只有当我做了这一切之后，我才请求罗扎蒂大师坐在钢琴旁，研究我的角色。

但是所有这些准备工作都是徒劳的（至少从评论的观点看）。发生在1922年11月24日首演时荒诞的偶然事故破坏了一切。第四幕时我站在通向朱丽叶灵柩的台阶上，突然失去重心，从台阶上滚了下来，显然这完全与歌剧的浪漫气氛不相符。"作为悲剧性的恋人，吉利没有给我们留下深刻印象。"报纸第二天友好地写道，我假装轻松地叹了口气。评论谈到我的歌唱时要宽宏大度得多。"罗密欧这个角色特别适合吉利，因为他完全符合吉利的嗓音特性。"《纽约太阳报》说。但扬·雷什克的影子仍然追随着我，"引起老歌剧崇尚者难以忘怀的、难以磨灭的回忆。"

在《罗密欧与朱丽叶》的音乐中没有真正突出的地方，我以为古诺是把所有在《浮士德》中没有用过的片断集中在这里了。但音乐好听悦耳，富有歌唱性。歌剧中有四段爱情四重唱。此外，为什么要轻视《浮士德》的残余呢？在我们的演出中，演唱朱丽叶的是鲁克莱齐亚·波利，梅居蒂奥——德鲁卡，卡布莱特——迪杜尔，劳伦斯神父——雷恩·洛特，鲁伊斯·拉歇尔曼斯的乐队指挥妙极了。而且这是一场庆典演出，制作了精美的新布景和服装。罗马式的内装修闪烁着金光闪闪的镶嵌饰品，而在第二场——花园的场景，从上面垂下长长的柳树枝，它的影子透过月光映照在花园的墙上。评论指出了一些不足，但观众却十分高兴，对我来说，这是最重要的。

美国的国庆日使我记住了一次非同寻常的音乐会。我和罗扎蒂大师——他为我伴奏——在"猩猩"监狱的小教堂举办了音乐会，那里关着1100个犯人。音乐会的曲目和几天前我在花园大道富豪沙龙演唱的曲目一样。其中有弗洛托《玛尔塔》中的"我的天使"，《托斯卡》中的"星光灿烂"，《丑角》中的"穿上戏装"，《弄臣》中的"女人善变"。犯人们听得很专注，非常满足。

但是最热烈的掌声是在我唱了拿坡里歌曲《有过爱情》、《重归索连托》、《你独自一人》、《你》之后。犯人们请求我寄给他们有这些歌曲的唱片。后来带我参观了监狱，我看到犯人们的劳动，有的人在锯木头，有的人把制作女人手袋的玻璃珠穿起来。当人们让我看一种新的发明——电椅时，我感到恐怖之极，我不得不移开目光。

在纽约我有一个很好的朋友——警官恩莱特。虽然在语言交流上我们有困难，但我们互相却非常理解，他成为我的美国亲戚。当我要乘船去意大利时，他总是把我送到码头，当我回纽约时，他一定来接我。我也总是愿意帮助他，为警察开义演音乐会，或者参加政府为某个要人举办的聚会。大概是为了表示感谢，1922年11月30日，我被授予纽约市警察局荣誉军官称号。这个称号使我有权在挡风玻璃上贴上特殊标记《DP》（警察局），有时还能享受摩托车的护送。

在我这一生中所得到的所有封号和称谓之中，没有一个称号像这个一样给我如此多的满足。除了它们给我很多方便外，还觉得很有趣。比如说在纽约街头流动巡逻的巡警会大声地和我打招呼："哈啰，吉利先生！"而且用夸张的动作让我的车先行，这时长长的车龙正等待着他的放行！

夏里亚宾整个冬天都不在纽约，他在西部各洲巡演。当他回到纽约后，1923年3月13日，我又和他一起唱了《梅菲斯托费勒斯》。想看这场演出的人是如此的多，百老汇和17大道上排起了望不到尽头的长龙。但是对大多数排队的人来说，等待他们的只有失望，剧院不可能容纳所有想进去的人。

这个时候我准备了一个新的角色——迈耶贝尔《非洲女郎》中的葡萄牙航海家伐斯科·德加马。这一次不知何故破坏了大都会的规矩，歌剧没有用法语唱，而是用意大利语。后来当我从一张报纸上看到，说我专门到葡萄牙去了解环境和感受时代精神时，我不禁开怀大笑。即使我有时间到那里去，歌剧未必会允许我表达这种精神。

歌剧是专门为纪念伐斯科·德加马诞辰400周年而作。迈耶贝尔在1838年从斯克里布手中得到了脚本，为这部歌剧的创作用了25年时间。虽然如此，歌剧中堆砌了如此之多的荒谬故事，很难找到和真实历史事件有某种相同的事。伐斯科·德加马真正到达的马拉巴尔海岸（印度），在歌剧中变成马达加斯加岛。岛上的居民不知为何叫做婆罗门。原是马达加斯加女酋长的非洲女奴装出一副样子，仿佛她生长在圣热尔门城郊一个优越的贵族女校，在那里受到良好教育。而伐斯科·德加马，却是个个性乖癖的人，对爱情很不忠诚。他怎么也不能在黑白女人之间做出选择而周旋于她们之间，好像轮船在风浪中漂来漂去。

虽然我下了很大力气来尽量理解这个角色，但我仍然感到很困难。看起来似乎很奇怪，塞丽卡这个角色怎么能够吸引许多杰出悲剧女演员的青睐，从玛丽娅·萨斯（1838－1907，比利时女高音）算起，她在该剧于巴黎首演时唱了这个角色（1865年4月26日在大歌剧院）。歌剧的音乐我早已知道，还在雷卡纳迪少年乐队时我们表演了它的片段。音乐过分华丽、矫揉造作、平庸粗俗，完全没有风格上的统一。其中有许多音乐主题，也许比威尔第的歌剧还多。但它们仅仅为追求效果而写，为了给观众留下印象，而不是以某种内在的需要或内涵为前提。

虽然如此，应当指出的是，伐斯科·德加马仍然成为我的剧目中最受观众欢迎的角色之一！

显然这是因为出色的咏叹调"啊，美丽的地方"，它隐藏在总谱中，就仿佛珍宝埋藏在破布口袋里。当伐斯科·德加马在长久危险的航行之后，终于登上海岸，看到了异常迷人的景色——马达加斯加的庙宇和舞女时，他唱了这首咏叹调。不难理解他在这一刻的感受，在1923年3月21日《非洲女郎》在大都会的首演中，我努力把这种感觉表达出来，这甚至引起评论界的欢呼。自然他们再次回想起扬·雷什克和卡鲁索——我的这一角色在大都会的先行者，但这一次对我赞赏有加。

主角由罗扎·彭赛尔演唱，评论对她平凡的演技深感遗憾，而我却很同情她。正如我已说过的，因为和伐斯科·德加马一样，赛丽卡也同样没有任何表现力。但很可笑的是，评论很赞赏我的表演："贝尼亚米诺·吉利终于……"《纽约环球报》指出："这部歌剧的真正成功是伐斯科·德加马。整部歌剧的成功应归功于他。"这时我正在努力演唱罗密欧，而人们未必会这样表扬我。而现在，当我好像演得很一般时，我却得到了成功！

《罗密欧与
朱丽叶》剧照

　　这个春天在大都会演出季结束时有件很有趣的故事。《非洲女郎》的最后一场演出应当是在 4 月 21 日的白天。这一天的17：05我应当和剧团的其他演员一起到亚特兰大去参加秋季演出季的开幕式。为了能赶上火车，必需早一点开始演出。但由于在咏叹调"可爱的地方"之后观众给了我如此长久的掌声，演出比预定的时间拖延了一些。大都会是严格禁止返场的，但最后我不得不让步：没有任何别的办法使观众平静下来。我用"持续的"一个又一个高音来描绘马达加斯加的热带美丽风光，而在我的想象中是宾夕法尼亚火车站的大钟17：05。

　　如果我们迟到了，我们到亚特兰大就会太晚了。在演出季的开幕式中，我要在那儿唱《罗密欧与朱丽叶》。

　　16：25 我扑向工作人员的出入口，我只剩下 30 分钟了。而这一次恰恰是我的警车标记帮了大忙。巡警不仅没有因为我超速罚款，反而以明朗的微笑迎接我。我脸上化着装，戴着胡子和头套，穿着葡萄牙航海家的背心和潘塔涅，我只余下半分钟了。

加埃塔诺·梅罗拉

　　我的生活规律或多或少已经确立，基本上按习惯的模式进行。大都会剧院的演出季是从11月初到4月末，有时因为在美国其它城市的音乐会巡演而短时间中断。然后总是和大都会的小型"季节"团在亚特兰大和克利夫兰演出，有时也到巴尔的摩和华盛顿。我在纽约的时候也在卡内基音乐厅举办音乐会，参加由贝格比先生组织的在华多夫饭店的音乐会演出，或者在私人宴会上演唱。此外，在卡姆登的"胜利"公司（康涅狄格州）为我灌制了唱片。总的说来，我没有闲暇的时候。

　　夏天我可以在工作和休息之间做出选择，甚至把两者结合在一起。工作，就是在南美巡演，演出是盈利的，但也很疲劳。休息——在雷卡纳迪浴场上才是真正的休息。当我把工作和休息结合在一起时，那就是说，一个月或者一个半月在欧洲的各个城市演歌剧或开音乐会，一个月在雷卡纳迪休息。而这后一种方式常常因为他们为我安排得很多而总是不能实现。

　　9月我又回到美国。在回到大都会前，从大西洋到太平洋，或者沿着其它路线进行巡回演出。有时也有其它方式，但在近十年的过程中大致都是这种规律。

　　1923年夏天我几乎都在休息——起初在安尼亚诺，在那里结识了泰特拉齐尼·露易莎（Tetrazzini, Luisa 1871-1940 意大利女高音），后来又在雷卡纳迪。但是在大都会首次登台之后我曾数次同意为公众演出，像通常那样都是募捐演出。这就是在雷卡纳迪的贝尔西剧院演《托斯卡》，和爱尔兰女高音玛格丽莱特·舍利丹（演玛德莲）在里米尼演《安德列·谢尼埃》，和朱塞佩·德鲁卡在罗马的奥古斯德奥剧院举办音乐会。在首都墨索里尼接见了我，送给我写有热情祝词的他的照片。

　　1923 年 9、10 月我和大都会的其他演员，应邀参加在旧金山由当地力量排演的几部歌剧的首场演出。一位住在那儿精力充沛的意大利人加埃塔诺·梅罗拉先生筹划了这次活动。他以传教士般的热情要培养自己的同胞对歌剧音乐的喜爱，但是那时通常只有一些省级的剧院到太平洋彼岸去。梅罗拉先生找到另一条出路。他邀请一些著名的歌唱家演独唱角色，而自己只需训练合唱。合唱队全部由愿意无偿参加演出的音乐爱好者组成，这些爱好者只需经过 7 个月艰苦的排练，就能够很好地准备 8 部歌剧。在这个城市里没有歌剧院，演出在市府大厅举行。这个创意没有任何支持，没有任何补助金，没有任何财政补贴，只靠票房收入。不用花钱买服装，独唱演员都有自己的服装，而合唱队员都穿自己日常的服装上台。这种大胆的、独一无二的创意得到巨大的、理应受到的成功和好评。梅罗拉先生能够在随后几年里重复演出。

　　来到旧金山使我有些惊讶，原来纽约警察局的荣誉警官称号在这里，在太平洋彼岸也有作用。在火车站迎接我的是旧金山最高官职的警官，摩托车队呼啸着震耳欲聋的警笛声把我送到宾馆。

　　和我一起来到旧金山的同事有乔万尼·马尔丁内里、朱塞贝·德鲁卡、阿当·迪杜尔和女高音克文娜·玛丽奥。开幕式的歌剧是《安德列·谢尼埃》，闭幕式是《弄臣》。此外我还唱了《梅菲斯托费勒斯》和《罗密欧与朱丽叶》，听众非同寻常的热情令我深感激动。

　　在前面我已描述过我的老朋友、过去的厨师乔万尼·杰里在旧金山如何迎接了我，他在那里开了一家意大利小饭馆。当我们在雷卡纳迪的小酒馆和他一起聊天时，他曾赌咒发誓要我相信未来，让我到罗马去，他的预言终于实现了。

这些青年时代的回忆使我联想到我离开旧金山时的一次有意思的会见。我们乘坐轮渡驶向海湾的对岸，到那儿转乘去芝加哥的火车。和我们同行的有一个 16 岁的姑娘，她为我们唱了意大利歌曲。这个姑娘生在旧金山，她的父母是意大利人。泰特拉齐尼姑娘 14 岁时曾听过她唱，那时她就曾夸奖过她，并建议她学唱。现在我也祝愿她获得成功，并问她叫什么名字。至今我还记得她叫丽娜·帕里尤吉（Palughi, Lina 1907－1980 意裔美国女高音）。

从旧金山我越过整个大陆来到那不勒斯，在那里举办音乐会。随后回到纽约准备新角色——弗洛托的歌剧《玛尔塔》的莱昂纳尔。该剧应于 1923 年 12 月 14 日在大都会首演，和我一起出演的应当有弗兰西斯·阿尔达和朱塞贝·德鲁卡。

《玛尔塔》是一部率真的、旧派的、有些嘲讽但很悦耳的歌剧。随着时间的推移，不知为何它退出了舞台。但后来它又出现，并以自己的美妙而赢得人心。在 1847 年于维也纳首演后已过去 30 年，当人们已完全忘记它时，演唱该剧女主角的阿德丽娜·帕蒂（Patti, Adelina 1843－1919 意大利女高音）又向观众再次展示了它。这大致在 1888 年，随后歌剧又再次被遗忘。让它二次复活的是卡鲁索和加蒂－卡萨扎。卡鲁索全新地诠释了莱昂纳尔这个角色；在他的剧目中这个角色保留了 12 年，直到 1920 年。在我准备这个角色时，我好像继承了卡鲁索的遗产。

写《玛尔塔》的是德国作曲家，脚本是法国的，故事发生在安妮女王时代的英国（又名《里斯满市场》），按传统用意大利语演唱。歌剧中有很多各种各样的蠢事，但它仍然受到喜爱。玛尔塔实际上是哈里特夫人，安妮女王的宫廷女侍从官。她换上仆人的服装，受雇于在里斯满市场上遇到的农场主莱昂纳尔。莱昂纳尔爱上了她，但是要结婚还有许多障碍。看来一场悲剧已经铸就，但是十分凑巧地突然发现，原来莱昂纳尔是德比勋爵的继承人，一切圆满结束。

这部歌剧最有特性的细节是托马斯·穆尔的旋律《夏季最后的玫瑰》。弗洛托是如此喜爱它，竟把它用在了自己的歌剧中。

正如卡鲁索所正确理解的那样，对抒情男高音来说，表演莱昂纳尔这个角色会得到极大的满足。从此在我的剧目中，这个角色伴随了我整个演艺生涯。而大型咏叹调"我的天使"以前就已进入我的音乐会曲目。我在大都会的《玛尔塔》首演时，指挥杰拉罗·帕皮不得不破坏规矩，在顽强要求返场的雷鸣般的掌声中让步。评论家对演出一片好评，其中有一篇写道："除了卡鲁索以外，没有任何人能如此成功地演唱这首咏叹调。"

这个演出季复排了《安德列·谢尼埃》，和我同台演出的有罗扎·彭赛尔和迪塔·鲁福。唱弗莱维尔的是大都会的新歌手，美国的男中音劳莱斯·蒂贝特（Tibbet, Lawrece 1896－1960）。1924 年 1 月 9 日隆重上演了《三个国王的爱情》。出席演出的有歌剧作者、作曲家伊塔洛·蒙特梅齐。参加演出的有鲁克莱齐亚·波利、迪杜尔和我。演出之后举行了隆重的仪式，向作曲家献上了银制的桂冠。

稍后，仍然在 1924 年 1 月，我和伊丽莎白·雷特伯格（Rethberg，Elisabeta 1894－1976 德国女高音）、迪杜尔和安杰洛·拉达演唱了普利莫·里齐泰利（Riccitelli 1888－?）的新意大利独幕歌剧《好友》，它在纽约首次上演。歌剧获得 1922 年意大利教育部的一等奖。该剧于 1923 年 4 月 10 日在罗马的康斯坦察剧院首次演出，获得巨大成功。虽然歌剧是新的，但不能说它的音乐是现代的。里齐泰利是马斯卡尼的学生，歌剧富有歌唱性，音乐主题丰富多彩，和马斯卡尼和普契尼很相似。我对这样的音乐不能不喜欢，我总认为，现代歌剧几乎无法唱。

在大都会《好友》是和另一部现代歌剧《哈巴涅拉》（法国作曲家保尔·拉帕拉 1876－1943 的作品，1903 年在巴黎首演）在同一个晚上演出。在难以置信的屠杀之后，观众自然很满意地接受了它。歌剧的故事发生在萨弗那洛拉时代（15 世纪中叶）的佛罗伦萨，那儿的环境应当是黑暗和沉重的。但是相反，歌剧的故事很具有喜剧性：在著名的"火的考验"旁上演的是搞笑的场景，当然，故事不能没有男女私情，一切都在皆大欢喜中结束。

巴尔多一角对我的声音来说没有任何有意义的地方，除了唯一的一首抒情咏叹调及与雷特伯格演唱的二重唱。而评论家们，大概是因为这一次不能用和扬·雷什克的任何比较来敲打我，大大地赞扬了我。他们写道："有意思的是，吉利意外地展示了喜剧才能。"

1924 年 3 月初，我在美国中部和东部的各个城市举行了巡回演出：布法罗、伊萨卡、克利夫兰、底特律、韦恩堡、孟菲斯、纽黑文和帕特森。月末回到纽约，我最终唱了普契尼的独幕歌剧《詹尼·斯基基》中的男高音角色。这是那个最使我难以置信地恐慌不安的角色，那时在布宜诺斯艾利斯我曾拒绝初次登场时演唱它。事实在于，在纽约时我对这个角色的态度已向好的方向改变，我简单地认为：唱比拒绝加蒂·卡萨扎好。

柏 林

在欧洲，如果不算西班牙和意大利，人们至今只知道我的名字，而我的声音在那儿是唱片的俘虏。柏林歌剧院的总经理马克斯·冯什林格在1924年初听过我在大都会的演唱后，说服我夏天到德国首都去。我知道，柏林的观众十分喜爱歌剧，以自己严格而具批判的音乐鉴赏力著称，因此我很愿意和他们会见，并视其为又一次新的考验。

在我到达之前，我在 Unter den Linden 国家歌剧院巡演16场的票已订购一空。为了观众不至捣毁售票处，不得不请来警察。我在柏林的巡演是从《波西米亚人》开始的，咪咪一角由俄国女高音吉娜伊达·尤里叶夫斯卡娅（1896－1925）演唱。有人早就提醒过我，在德国有一个严格的规定——任何时候都不允许中断音乐，只有每一幕结束时可以鼓掌，因此第一首咏叹调"冰凉的小手"之后突发的掌声使我大为震惊。后来人们告诉我，这在柏林的歌剧史上是史无前例的。

观众有些异样地接受了我和玛法尔达·萨里瓦蒂尼演唱的《托斯卡》。前两幕大家都很安静，在卡瓦拉多西的第一首咏叹调之后也没有任何掌声。但是在第三幕，特别是在咏叹调"星光灿烂"之后，观众疯狂地要求返场。随后，当大幕最后一次落下之后，掌声还持续了20分钟。"从强度和持续时间之长来讲，这是真正的暴风雨，甚至超过了当年的巴第斯蒂尼。"《富西舍时报》写道。

在《弄臣》中，咏叹调"女人善变"我不得不返场两次。

每一次我都唱得不一样，换句话说，我在那个晚上用三种方式演唱了这首咏叹调。评论指出，这种壮举在柏林的歌剧史上还从未发生过。

在我的音乐会上发生了难以想象的混乱。有人造了大量的假票，大厅里拥进了一大批听众挤在过道上。持有真票的观众不能坐到自己的位子上，一片喧嚣混乱，警察终于赶到了。在大厅恢复平静前，我不得不等待了15分钟。所有这一切和我想象中矜持、冷漠的柏林听众截然不同。

从中欧的各个城市发来了邀请电报：莱比锡、布拉格、布达佩斯、摩纳哥，但我一概拒绝了。只有一个例外——哥本哈根，在那里我举行了音乐会。我急于回到雷卡纳迪。在那儿等待我的是一件我想了很久的更有意义的事，我打算在这儿造一座自己的房子。我对57街的房子很满意，但我完全了解，真正的家，我的安乐窝，是在雷卡纳迪。因此我选好合适的地点，决定在那儿为自己安顿一块幽静的地方。比如说从雷卡纳迪到山谷的半路上，有一个不大的山丘，我们周围的人称它为卡斯特莱托，我想在那儿建我的家。从山丘可以远眺亚德里亚海的壮观景色和向远方伸展的山谷。整个夏天我都和现在已定居雷卡纳迪的卡杰尔沃商量建造计划。在我离开的时候，他将负责整个建造工程。

1924年9月2日我再次来到旧金山。在市府礼堂将开始由梅罗拉领导的第二届歌剧季。我和穆齐奥演唱《安德列·谢尼埃》、《托斯卡》、《罗密欧与朱丽叶》。和克文娜·马利欧（1896－1951，美国女高音）演唱《波西米亚人》和《弄臣》。演出因肆虐加利福尼亚的飓风而中断，整个团体从旧金山去到南方，在洛杉矶进行了几场演出。

这时我收到了普契尼从维亚雷焦发来的电报。他请我唱他的新歌剧《图兰多》中的卡拉夫，首演定在来年4月的斯卡拉剧院。伟大作曲家的如此关注使我感到很荣幸，我当然同意了。但两个月之后普契尼去世了，所有计划都被打乱了。最后《图兰多》首演时卡拉夫王子是由贾科莫·劳里－沃尔皮（Lauri－volpi, Giacomo 1892－1979 意大利男高音）演唱的。坦率地说，我非常感激他替我完成了这个任务，因为卡拉夫这个角色对我的嗓音完全不合适。

在丹佛和底特律的音乐会之后，冬天我又回到纽约。我在布鲁克林音乐学院的演出季开幕式上唱了《玛尔塔》。在大都会这个演出季的第一个日场演出中唱了《歌女焦孔达》。正如我第一次在纽约观众面前演唱恩佐一样，我脑海中又闪过遥远的、被遗忘的记忆——在雷卡纳迪的首次登台；我借住她们房子的善良的老助产士；在咏叹调"天空和海洋"结束时那个可怕的降 B。

这一次全部困难不在降 B。人们再次想起了卡鲁索。所有人都知道，卡鲁索非常出色地演唱了"天空和海洋"。在 1915 年，在大都会最后一次演出《歌女焦孔达》时，是卡鲁索唱了恩佐。

我认为我们的演出也是很成功的，虽然演出开始之前罗莎·彭赛尔病了，不得不让弗洛莲·伊斯顿代替她。参加演出的还有朱赛贝·达尼瑟和霍赛·马尔东内斯。指挥是图里奥·赛拉芬，他是首次在大都会演出。评论对我很垂青，但是它们补充说，卡鲁索在这个角色中的优势不应受到任何怀疑。

1924 年 12 月 7 日在大都会举行了纪念普契尼的大型音乐会。大厅里聚集了 4000 人，有很多人站着，还有 5000 想参加音乐会的人一无所获。轮流担任指挥的有图里奥·赛拉芬、杰纳罗·帕比、朱赛佩·班波舍克（Bamboschek, Giuseppe 1890－1969，意大利指挥家）。剧团几乎所有主要演员都参加了演出。我和玛丽娅·叶利察演唱了《托斯卡》和《玛侬·莱斯科》中的二重唱。音乐会的部分收入——137000 里拉，加蒂－卡萨扎送给了意大利。其中 100000 指定送给米兰的威尔第老音乐家之家，25000 送给普契尼的出生地鲁卡自治市政府，12000 用来制作普契尼雕像。

1925 年 1 月 2 日我首次演唱了威尔第的《法尔斯塔夫》。我为这个角色花了多少力气，这还用说吗，要知道这个角色是为男中音写的，而男高音角色芬顿不引人注目。法尔斯塔夫一直都是安东尼奥·斯科蒂最拿手的角色之一。事实上，无论是威尔第还是博依托都认为，除了歌剧在斯卡拉第一次演出时唱过这个角色的莫莱尔之外，没有人能超过他。斯科蒂（前面我已谈到过他）已经年迈，对他不愿退出舞台已遭到非议。但是这一次他的朋友都非常满意，评论界没有什么可反对的——甚至斯科蒂最激烈的反对者也证实，他比任何年轻的歌唱者都更好地演唱了法尔斯塔夫。

斯科蒂凯旋般的夜晚因一件不愉快的插曲而蒙上阴影。美国男中音蒂贝特唱了不大的角色福特，依我看，这个角色非常适合他，因为这个角色和 Bel canto 没有任何共同点，要求他的只是扯开嗓子唱。在场景结束，当斯科蒂和蒂贝特被召唤上舞台时，斯科蒂受到了当之无愧的掌声。他十分大度地坚持让蒂贝特和他一起多次上台。但是使人十分惊讶的是，大厅里突然有人提出要求，要蒂贝特一个人上台。斯科蒂本人并不反对，但加蒂－卡萨扎认为这太荒谬了，他不允许蒂贝特独自上台去，在掌声没有消失之前，他要求斯科蒂一人上台。

不完全清楚，这是出自受雇于蒂贝特的训练有素的喝彩者之手呢，还是听众的确出自爱国热情，突然为大洋那边的歌唱家举办一个不大的"猫狗叫音乐会"（意即无理智的）呢？我想，无论如何，在任何情况下，加蒂－卡萨扎在坚持之时犯了一个错误。观众立刻明白了，经理不允许蒂贝特一个人上舞台，这更激怒了他们；终于他们不恰当地表现出对大都会经理的不满。为了使已经拖延的演出继续下去，必须使这种状况结束。加蒂－卡萨扎极不情愿地不得不让蒂贝特应观众的要求独自出场一次。

显然，这个不愉快的插曲成为记者们极好的材料。第二天所有报纸对演出的评论都充斥着引人注目的标题：新的"发现"，伟大的新男中音，年轻的美国人劳伦斯·蒂贝特。广告是强有力的武器。加蒂－卡萨扎在愤怒之中——我甚至不想形容它——也不得不把蒂贝特从拿周工资的 B 角男中音变成获天文数字工资的主要演员。

应当补充的是，加蒂－卡萨扎对蒂贝特的评价并没有错——演员的演出生涯证明了这一点。他没能长久地保持"明星"地位，几年之后，他再次成为次要角色的表演者。

演员的秉性

1924 年 11 月 24 日，我在大都会自己的化妆间，在《梅菲斯托费勒斯》第二、第三幕的幕间休息时——那次我和夏利亚宾同台演唱，我收到一封用意大利文打印的信。信封上有发信人的地址：纽约、皇宫、无形皇帝、三 K 党勋章骑士，1924 年 11 月。

信中要求我在 24 小时之内按指定的地址，往洛杉矶寄去 500 美元。信中写明，这些钱是为了救出关在监狱内的几个三 K 党成员。同时警告我不要报警。信中最后保证，只要我寄出钱，将永远不再打搅我。

起初我是被吓坏了。我想象我的孩子被绑架了，他们被藏起来等着我去赎回他们。几分钟后我再次走上舞台，我感到，夏利亚宾扮演的恶魔的真实面貌比平常更可怕。演出结束后我立刻给我的朋友、警官恩兰特通电话。从此在两个月的过程中，我全家和我个人都受到警察的昼夜保护。说实话，恩兰特和他的同事对这件事出自三 K 党之手有些怀疑，他们更多地倾向于这是美国的意大利"黑手"党暴徒所为。12 年前，他们就是用同样的手法威胁过卡鲁索。侦察表明，信中写明的地址在洛杉矶其实并不存在。由于时间过去，什么也没有发生，于是我想，这大概是一个玩笑。我想，难道真有人如此强烈地憎恨我，能如此卑劣地做这样的事？显然，有。

1925 年 1 月 14 日，我在大都会首次演唱了乔尔丹诺的歌剧《费多拉》中的劳莱斯。这个角色本应由乔万尼·马尔丁内里演唱，但是他生病了，演出前几天决定由我替代他。和我一起唱的是维也纳的女高音玛丽娅·叶利察，大家都知道，费多拉是她最出色的角色之一。

在我和这位女士之间，从我们在大都会合作演出开始，总是有某种隐密的性格上的争斗。有她在场时，我的神经总是特别紧张。实际上我和我的同事从来没有发生过任何冲突，也没有发现对我有什么恶感。但是叶利察女士出名的"性格"对我来说是真正的惩罚。只要她稍加发作，我就感到我也全身沸腾起来，我也会像她一样失去自制。

在《费多拉》首场演出时，第二幕结尾订婚的场景，叶利察女士那样真诚地投入我的怀抱，由于她猛烈的推搡我差点摔倒，只是因我用力背靠侧幕我才站住了脚跟。在下一场演出时，叶利察女士又是这样耍弄地投入我怀抱，仿佛热恋中的恋人，我又摇晃着，困难地站住了脚。观众哄堂大笑起来，这大概深深地刺激了她。又一次，同样在第二幕，我出现了，按照脚本规定，我正式拜访女主角。我意外地把高筒礼帽落在了地上，叶利察女士准确地用脚一踢，立刻把它踢到舞台的另一头。

1月26日晚终于来临。演出即将结束，我最后一次拥抱费多拉的场景。我知道她是一个奸细，我必须预防她。

但实际上所发生的事，我至今也没有弄明白。她总是置我于窘迫的境地，也许，我长期克制的愤怒，意外地找到了出路；也许，我没有很好地算计好自己的力量，过分用力地推了她；也许是她自己滑倒了……我那时唯一清楚的是，叶利察女士在舞台上翻滚着奇迹般地抓住了舞台的栏杆，差点没掉进乐池。我看到她碰疼了，当然，我很快跑过去帮助她，但她生气地把我推开了。她坚持把戏演完，随后流着泪冲向后台。

叶利察女士右手的大姆指在抓栏杆时脱臼了，脚也被擦伤。
"这是他故意的！"她指着我大叫。
造成这样的结局我很不愉快，我长时间地向她道歉，让她相信这一切纯属偶然，但都徒劳无益。

"这是他有意做的！他想杀死我！刽子手！刽子手！"叶利察女士大声疾呼。

这太过分了，我愤怒了。

"不！你们听听他说什么？"她又发怒说："起初他想杀了我，现在又侮辱我。"她又冲着自己的丈夫莱昂波尔达·冯波佩拉伯爵："你在想什么？你像个木头一样站着。"这是一位有军人风度高挑的奥地利人，他热爱自己的妻子，处处平和地跟随着她，总是在后台等待她。"你要维护我的荣誉，你要和这个人决斗！"叶利察女士命令他。

我暗自高兴，我最终也没有收到伯爵的决斗邀请。但第二天，无论是在剧院的走廊上，还是在报刊上，到处都是这样的传言：这是意外还是我有意为之。

事情一直发展到加蒂－卡萨扎也不得不做出正式声明：我不是有意为之。通常他对剧院的传言和争斗是从不干预的，但人们并不特别愿意听他的，因为他们更感兴趣的是这种争吵越久越好。富于幽默感的艺术家特别起劲，欧洲的报界也有强烈反响，但是对叶利察女士骨折或是受伤的手指已被遗忘，因为在叶利察和我的歌迷之间发生了激烈的冲突。争论在于，我们之间谁是真正绝对的"明星"，谁是大都会最杰出的演员。

对这一切我害怕极了，但我没有能力停止报刊的狷獗行为，他们对我的谩骂如雪片般飞来。但更坏的事还在后面。在《费多拉》发生的不愉快事件之后，叶利察女士声明，永远不再和"这个家伙"一起演唱。但加蒂－卡萨扎只是平静地说了自己喜爱的口头禅："愚蠢"，提醒她，按照合同，两周后，她必须和我唱《托斯卡》。我不知道他还用什么理由说服了她，他终于达到了自己的目的。

还用说吗？在那个必须进行的演出中，我事先采取了一切措施防止得罪这位敏感的搭档。一切都很顺利，至少到演出结束前没有发生严重的不愉快。

当演出结束，大幕落下时，我留在台上，等着第一次掌声之后大幕再次升起。叶利察女士这时正在侧幕旁，我对她做了一个手势，请她走过来，我们一起向观众谢幕，但是她摇了摇头。大幕升起，我独自谢幕，对第一次掌声我已回报了观众，再已没有任何意义，我回到后台自己的化妆间。我想，她现在可以一个人回报观众的召唤了。要知道在第一和第二幕休息时，叶利察女士都是独自谢的幕。因此在第三幕，这里主要的咏叹调是男高音的"星光灿烂"，我以为她拒绝和我一起谢幕，只是想说明，现在轮到我一个人出去了。

天哪，我错了！她不愿意和我一起谢幕完全是另有原因，她确信，在她没有谢幕前，我不应当再出去。当我离开舞台时，响起了呼喊声："叶利察！叶利察！"但她透过眼泪，仿佛受了侮辱，她拒绝出场。大多数观众开始散去，但在观众席的各个不同的地方聚集了一小拨人——她收买的捧场者，后来弄清楚了。他们协调一致地、有节奏地坚持呼喊："叶利察！请叶利察上台！"

过了15分钟，无论是她还是观众都不肯让步。最后，当晚担任指挥的巴姆波什克温和地、但却是坚定地拉着她的手，把她拉到幕前。叶利察的崇拜者已失去控制，疯狂地为她鼓掌。她用手势制止了他们，暗示她要说话。她斩丁截铁地说了这样的话："吉利对我很野蛮！"然后痛哭起来，倒在巴姆波什克大师的手臂上。

在后台她的号淘大哭变成歇斯底里。巴姆波什克看到形势变得复杂起来，他给加蒂－卡萨扎打电话，后者已在家里睡下了。他立刻乘出租车来到剧院。只是过了数小时，他才使受了委屈的女主人公安静下来，在她的脸上露出了微笑。冯波佩拉伯爵一直站在一旁，无奈地看着一切，不知所措。

第二天当加蒂－卡萨扎看到报纸的标题时，他不得不妥协地说："好吧，我再也不让他们一起唱了。"

而我想，这太好了，他的确再也没有这样做。

这里，那里，不论何方

　　显然，我所讲的故事会使人们对演员生活的另一面有所了解。对观众来说，它通常是被掩盖的，他们看到的完全是另一回事。首先是长期的精神紧张，随后是由此而产生的一切：羡慕，嫉妒，为化妆间，为奖章，为站在舞台中间的权利而争吵。所有这一切都潜藏在晶莹纯净的声音和爱情二重唱的后面。我们之中的很多人都能控制自己，但是当一个人失去自制力，他的反应就会特别强烈。因为在此之前，他遏制自己的愤怒或激愤的时间太长久了。

　　大都会的老人们都能讲很多这一类的轶事。比如说他们回忆起卡鲁索有一次在演出《卡门》时，当着所有老实人的面，打了杰拉尔丁·法勒一拳，她也随手还了他一个响亮的耳光。当然，她后来坐下哭了。当发生这种事情时，我们只能解释说，我们的生活长期精神紧张，我们希望观众对我们宽容一些。

　　在前一节我提到叶利察女士雇佣喝彩人。在当时的情况下，他们超越了自己的职权范围，害了歌唱家。应当承认，我也认为自己在大都会必须有自己雇佣的喝彩人，一个简单的原因就是：因为所有其他的演员都有。对于已经确立了威望的演员来说他没有什么可怕的，雇佣喝彩人只不过是为了预防，使他们应得到的自然合法的掌声不被其他演员雇佣的掌声所淹没。在正确评论这件事时，不得不承认，雇佣的喝彩人通常都轮流行动，这要看当时是谁在台上唱。喝彩人大都由名人和音乐爱好者雇佣，他们的掌声不能被认为是有损于尊严的。一般地说，好的喝彩者有助于年轻的歌唱家增强自己的威望，或是迫使自己的对手的嗓音开始衰弱而离开舞台。

1925年1月15日我曾在华盛顿白宫，在柯立芝总统和夫人为他当选而举行的宴会上演唱。这座建筑的庄严质朴给我留下了深刻印象，在我看见白宫之后，我以为我更好地了解了美国人。

2月23日我首次唱了威尔第的安魂曲。我可以说是在宗教音乐中成长起来的，永远都喜爱它。当我在大都会舞台上唱"Ingemisco"时，我仿佛又站在雷卡纳迪教堂的管风琴旁歌唱。

威尔第是在他的创作旺盛时期写的这部作品，那时他创作了《阿伊达》。他写安魂曲是为了纪念伟大的意大利作家亚历山德罗·曼佐尼（1872－1933），他被称作"圣者"。神职人员批评安魂曲不符合传统宗教音乐的规则。当然，很难期待威尔第把自己的才能塞到宗教祭祀的普洛克洛斯忒斯的床上。他天生就不是一个宗教音乐作曲家。只能说，虽然如此，我总能在安魂曲中感受到深邃的宗教精神，恭谦、富有灵感，我认为它的某些篇章甚至是完美的。

4月我去到欧洲。在德国和斯堪的纳维亚我有两个月的巡演：在柏林、汉堡、汉诺威，我要演歌剧，而在布列斯拉夫尔、哥本哈根和斯德哥尔摩，我要举办音乐会。我再次被曾经说成是"冷漠的北方人"的热情所震惊。我已习惯于成功，听众的热情我并不感到惊讶。但我不得不首次作出让步，在半个小时不间断的呼喊之后重新唱，这是在汉堡。而在柏林，他们用手托着把我送到酒店，这一切对我是太新奇了。

这次在意大利我只能待三周。7月1日上午我受到教皇的接见，下午是墨索里尼，这是我们的第二次会见。他向我问到大都会，意大利歌剧在美国的流行，纽约的意大利医院。和他谈论这些问题我不困难，但是如果他和我谈政治，我就无以答对了。

7月13日我去到布宜诺斯艾利斯，大都会的独唱组——克劳迪奥·穆齐奥、弗朗塞斯·阿尔达、德鲁卡、迪杜尔和指挥塞拉芬，参加科隆剧院的秋季演出季。8月20日我和穆齐奥在欢迎威尔士王子的隆重演出中演唱了《洛勒莱》。这是非常壮观和色彩斑斓的景观。王子身着红色的礼服，阿根廷总统马赛洛·德阿莱瓦尔陪着他。高贵的客人表示要亲自感谢几位表演者，在第一幕的幕间休息时，他接见了我、穆齐奥和塞拉芬。他非常亲切地和我们谈了几分钟，当我和他告别时，他送给我一个金质烟盒，并对我说，我一定要到伦敦去演出。

在科隆剧院巡演期间，我演唱了一个新角色，乔尔丹诺根据贝内利的悲剧改写的《开玩笑者的晚餐》中的贾南托。在此之前该剧只上演过两次，一次在罗马，一次在阿根廷的罗扎利奥。该剧在科隆剧院的首演在8月31日举行。演唱我的朋友的歌剧总是使我得到极大的满足。但是在《开玩笑者的晚餐》中，完全没有我对他的另一部歌剧《安德列·谢尼埃》的那种热情。对我的嗓音来说，贾南托太戏剧性了。

我有自己的理由尽可能始终只唱抒情性角色，这不仅仅是因为我唱这些角色比其他的更好，虽然这已是很充足的理由。问题还在于，抒情角色对我的声带的压力较小，或者更准确些说，由于嗓音本身的条件，这样的压力更容易驾驭。

只是因为我总是十分谨慎小心地挑选剧目（比如说从未同意唱《奥赛罗》），我才能在舞台上唱了41年。这在声乐史上，在时间的长度上是史无前例的。在我将近50岁的时候，一位比我年轻很多的男高音问我，这是怎么回事，为什么我的声音能保持得这样清新，而他的嗓子已失去了灵活性。

我回答说："我想，声音能保持这样，仅仅因为我总是十分小心地对待自己的声乐资源，可能是因为我出身于农民家庭。而你却正相反，你总是在挥霍自己的声乐资本。"

在巴西里约热内卢和圣保罗时间不长的巡演之后，我在10月初回到了纽约，立刻又投入到另一次巡演——在中西部。有些城市我是第一次来到，比如说托莱多、密尔沃基。在纽约州的罗马的演出我特别满意。

11月2日在大都会开始了1925-1926演出季，演出了《歌女焦孔达》，和我同台演唱的是罗莎·彭赛尔。我是第一次得到在这个剧院揭幕歌剧季的权利。是的，四年前我在开幕式上唱了《茶花女》，但那是女高音的歌剧，而《歌女焦孔达》是为男高音而写。如果不算《阿伊达》，这是最好的选择。

这一次我成功地做到了一切，评论家界在赞美我的咏叹调"天空和海洋"时，不再想起卡鲁索。总之，演出成为工作协调统一的光辉典范，正因为如此，大都会才成为世界最优秀的剧院之一。彭赛尔是理想的焦孔达，而指挥家塞拉芬出色地揭示了歌剧的所有美妙和光彩。不能不提到所发生的事。演出开始前两小时，突然得知演唱第二个女高音角色的简·格尔顿生病了。院方立刻打电话给玛尔加丽塔·梅金瑙威尔，祈求上帝能找到她。幸运的是她正好在家，演出准时开始。

但是即使是玛尔加丽塔也不能来，找到替身也并非难事，因为剧团总有不少于50人的候补。正如合同中已约定好的，不用事先打招呼，就能代替《歌女焦孔达》12个角色中的任何一个。自然，大都会剧目中的其它歌剧，都有同样的制度。

加蒂-卡萨扎特别热衷于筹办周年和纪念日。11月29日，我和大都会的其他著名表演艺术家参加了为纪念意大利歌剧在纽约上演100周年的庆祝音乐会。从曼努艾尔·加尔西亚（Garcia, Manuel 1775-1832 著名的歌剧"王朝"奠基人，子女均为歌唱家）剧团在纽约老公园剧院上演罗西尼的《塞维利亚理发师》算起，整整过去了一个世纪。

　　我总是顽固地拒绝到广播电台去演唱的邀请，这总使我害怕。歌唱时见不到听众，对我来说简直是痛苦。看不见他们，甚至没有把握，我的声音会不受歪曲地传到他们的耳中，在我看来，这太冒险了。至于录音，这完全是另一回事。在同意它们发行之前，我能够听唱片。如果有什么地方我不满意，我可以重录。但是广播，我必须即刻对着空中唱，可能在我的声音还没达到我的听众之前，它已成为某种看不见的势力的玩物。

　　终于我相信，所有我的恐惧和疑惑都是毫无根据的。1925年12月27日，我首次在电台的话筒前演唱。我唱了歌剧《拉美莫尔的露琪亚》和《弄臣》。当然，当我想到一下子就有成千上万的人在听我唱时，我太惊讶了。无论如何，我还必须花很多时间在心理上做好准备，最终习惯于通过广播演唱。显然对此还要做好技术上的准备，下面的故事证实了这一点。

　　这发生在几个月之后。我在 NBC 电台演唱。唱完之后我乘电梯下楼，突然年轻的电梯工问我："刚才是您在唱吗？"我的秘书翻译了他的问题，我肯定了孩子的提问。

　　"如果我给您一个建议，您不会见怪吧？"

　　我点头表示同意。

　　"我听了您的唱，我发现，您的声音太响了，下一次离话筒不要太近，明白吗？"他说。

　　我用我最美好的微笑向他表示感谢。

　　他补充说："这样会好些，我已经给许多第一次试唱的人扭转过脑筋！"

歌剧演出和音乐会

　　舞台，脚灯，观众，现在这三者组成了我的全部生活。我以此为生，我为它而生，我伴随它而生，为其它一切所剩时间无几。的确我几乎其它什么事也不干，我甚至始终也没有真正了解美国和美国人。我就是没有时间去做这些事情。

　　如果我想得到成功，我必须把全部精力集中在一件事情上。在 57 街我的寓所内，我生活在完全意大利的氛围中，意大利仆人，意大利膳食。当我不忙于演出，不忙于排练，不准备新的角色，不休息或不在雷依里教练处上课时，我会很高兴地做最普通的消遣。看电影，打扑克，带孩子到康尼岛去打灰鸭，或者是整理我收集的邮票。一位意大利的老者、大都会剧院的合唱队员使我懂得了集邮的快乐。翻看自己的集邮册时，我得到了巨大的满足，虽然遗憾的是它没能引起我妻子的兴趣，她认为这完全是浪费金钱。

　　大都会的意大利人一年年越来越多。不久前又补充了托蒂·达尔·蒙特（Dal Monte，Toti 1893－1975 意大利女高音）和蒂达·鲁福（Ruffo，Titta 1877－1953 意大利男中音）。而下一个演出季，正如已通报的，应当还有埃齐奥·平扎（Pinza，Ezio 1892－1957 意大利男低音）和贾科莫·劳里－沃尔皮。

　　1926 年 1 月 2 日我和蒂达·鲁福首演了《开玩笑人的晚餐》，这部歌剧更适合于他而不是我。他是一位出色的戏剧性男中音，同时也是一位杰出的演员。他的聂里仿佛真的是一个疯子（这是对精神病学惊人研究的成果）。我深信，正是因为他，这部歌剧才会在纽约得到这样巨大的成功。

1月11日我在圣帕特里齐奥教堂，为不久前去世的意大利女王玛尔加丽塔举行的教皇弥撒唱了安魂曲。1月27日是威尔第逝世25周年，我们在大都会为这个日子举行了特殊的仪式，演唱了他的安魂曲。

2月1日我离开纽约，沿着太平洋海岸的各城市：波特兰、旧金山、洛杉矶、安杰莱斯、帕萨迪纳演出。返程时我要在底特律举行音乐会，但是当我23日抵达那儿时，一队警察在火车站迎接我，把我送到宾馆。原来警察局收到了这样一个字条："如果吉利不想知道太平间的味道，那就别在底特律唱。我们要掐断这个'金丝雀'的喉咙。"落款是：意大利真挚的朋友。

很难猜测，这种威胁里面潜藏着什么原因，谁也没有注意到这个送字条的人。底特律警察局也和纽约警察局一样，认为这更可能是"黑手党"干的事。但是为什么呢？有人推测，这和舞台上的某个竞争者众所周知的嫉妒有关。另一种解释是——说实话，并不令人信服，这可能是叶利察女士的某些崇拜者所为。正如大家所知道的，这种人在底特律很多。

我不愿意在威胁面前让步，但是它大大地影响了我的神经。我想，在这种情况下，我未必能以良好的状态出现在舞台上。虽然我总是十分高兴为底特律听众演唱，但我也不得不非常不情愿地推掉了我的音乐会。就和早晨来时一样，在警察的保护下，我在当晚立刻去到布法罗。

也许哪位侦探小说的作者能从这个神秘的故事中得到什么益处，但我永远也弄不明白，这到底是怎么回事。

1926年5月底我第一次在哈瓦那演唱，它是卡鲁索未攻克的堡垒。我知道，在那里我将遇到最挑剔的观众。但是一切都很顺利，我演出的成功甚至在某种程度上得到了官方的肯定，古巴总统马恰托邀请我参加他的女儿安杰拉于7月1日举行的婚礼。

那一晚我差点失掉了自己的威望，因为我不得不在患感冒的情况下演出。我竭尽全力才把《弄臣》唱完，我很高兴终于顺利地结束了，我没有丢脸。但是使我非常绝望的是，观众是如此地满意，在我没有再唱一遍《非洲女郎》中的咏叹调"啊，美妙的地方"时，他们不让我下台。我试图用生涩的西班牙语向听众解释，我感冒了，但是他们装着听不懂我说什么，最后我让步了。早晨我将完全失声，那也只能听天由命了。我终于脱身，赶快回到旅店，服了阿斯匹林，喝了一点格洛格酒，缠上毛围巾，躺到床上。过了一段时间我听见大街上有一种奇怪的喧闹声，好像有一群人在吹喇叭。的确，在窗下集合了一群人，他们固执地呼唤我："给我们再唱一次'啊，美妙的地方'！"

呼喊声越来越大。"吉利先生，再唱一次吧。"

我拿定主意，如果他们想听我第二天的《玛尔塔》，我再也不能唱了。一切都有自己的极限。

我用床单蒙上头，闭上眼睛。

当人们让我返场时，如果我的感觉良好，我不喜欢拒绝。在我的脑海中保留着一段美好的记忆。那一年8月夏末，威尼斯一个美妙的夜晚，我在建造于18世纪绝妙的拉芬切剧院举办音乐会。这是一场慈善音乐会，票价相当高，因为对上流社会来说这是最好的季节。音乐会结束得很晚，将近半夜，但是在大街上有一大群威尼斯人在等着我。

这是一群劳动人民，朴素的旅游者，普通的男女青年，显然他们怀着希望等待我为他们唱。我被他们的热情深深地打动了，我说："我到圣马可广场去为你们唱！"

　　幸运的是，在广场上有一个正在演奏的小乐队，指挥立刻同意为我伴奏。与此同时，我将要唱的消息立即传遍了全城，人们开始从威尼斯的四面八方汇集到广场。

　　我站在广场的中央，在夜晚的星空下，在被月光照耀的闪烁着金光的教堂旁唱了一首又一首咏叹调："啊，美妙的地方！"，"我站在疆界旁"，"星光灿烂"，"我的天使"……广场上的音响效果好极了，威尼斯在这个晚上是迷人的，而我的观众是令人震惊的，我感到自己也非同寻常，虽然最后当我和我的观众告别时，我已有些疲惫了。

　　1926年的秋冬季，大都会给我很多工作，但是在记忆中并未留下任何特殊的事件。"三K党"，"黑手党"，"意大利真挚的朋友"都没有给我找麻烦。但是警官恩拉依特像从前一样，为了预防仍然提供保卫。为了向他表示感谢，我在圣诞节时，邀请前一年在执行公务时牺牲的纽约警察的孤儿们一起过节，我扮作圣诞老人。我想，参加这个晚会的孩子玩得很尽兴，因为他们三点半来到这里，回家时已是半夜。

　　10月，还在大都会演出季开始之前，我开始了通常的秋季音乐会巡演。我有时感到巡演很累人，这不是因为演出和从一个城市到另一个城市的奔波，这另有原因。到处都是绝对殷勤的接待，和意大利侨胞的见面，每天等待我的都是人的海洋，有时这一切耗尽了我最后残余的一点精力。我看不到任何别的出路，也许拒绝很不礼貌，因为这已成为我的巡演不可分割的一部分。但是有时候我会得到意外的收获，比如说在巴尔的摩，我遇到一位意大利木匠，我在雷卡纳迪的同学。

　　聪明的评论家很乐意谴责我的音乐会节目：他们谴责我不为提高听众的趣味而做些什么，说什么我尽唱一些过时的咏叹调等等。但是这种批评从未使我不安，我不理睬它，我只想听众喜爱什么。

　　有时我也能唤起那些对音乐从来不感兴趣的人对它的兴趣。比如达拉斯（德克萨斯州）的一家报纸在评论我在这个城市的音乐会时对我做了如此的赞美："听众从座位上跳起来，晃动着节目单和头巾，呼喊着，掌声像真正的暴风雨……完全可能，吉利已习惯于这样的接待，但是在达拉斯，这样表达喜悦，任何人也从未见过，观众对待音乐会通常都很冷漠。吉利先生的音乐会表明，近年来大多数音乐会听众所具有的这种冷漠、怀疑和不满结束了。"

　　我永远坚信，那些来到音乐会的听众，应该得到他想得到的东西。如果说"女人心"被指责为过时的咏叹调，那么只能说明，下一代人懂得，这是最杰出，最难以忘怀的旋律，不论它是在何时创作，他们也在其中看到了它的全部美妙。我不同意这样的看法，仿佛越是流行的咏叹调越不值得唱。

　　可以说，通常包括在我的音乐会曲目中的所有其它"过时的"咏叹调也是如此。"这里，还是那里"，"亲爱的阿伊达"，"冰凉的小手"，"啊，美妙的地方"，"我的天使"，"我站在疆界旁"，"笑吧，小丑"，《卡门》中的"花之歌"，"眼泪"，"星光灿烂"，《安德列·谢尼埃》中的"即兴曲"，《玛侬·莱斯科》中的"我再也见不到你"，《歌女焦孔达》中的"天空与海洋"，《宠姬》中的"上天的创造"，格鲁克的"我的柔情"，当然还有那坡里歌曲。代替这些咏叹调评论家想听什么呢？当音乐会变成一种家庭节日，当听众忘记世上的一切，激动地对我大声呼叫，要我唱他们喜爱的咏叹调时，我成为最幸福的人。

《迷　娘》

　　已经好久没有真正适合我的嗓音的好的新角色了。因此当加蒂－卡萨扎建议我准备《迷娘》中的威廉·麦斯特时，我非常高兴。这是法国作曲家阿姆布阿兹·托玛旋律优美、富有浪漫气息的歌剧，它在歌德的作品中找到了灵感。这部歌剧的清新，它的芳香，随着它于 1866 年在巴黎喜歌剧院首演之后已渐渐消散。现代排演者试图把这部歌剧作为第二帝国时期的作品上演，要严肃地对待它。但所有这些对我都没有意义。温馨热情的旋律，抒情柔和，这一切太适合我的嗓子了，只有这个对我是重要的。

　　大都会于 1927 年 3 月 10 日首演这部歌剧的票全部售罄。从1908 年起，《迷娘》未曾在这个剧院上演。有一个有趣的细节：威廉·麦斯特这个角色的先驱不是别人，正是亚历山德罗·邦奇，就是我的老朋友乔万尼·杰里厨师曾经在他那儿工作过的主人。

　　我认为我们成功地创造了一个优秀的、高雅的、富有激情的演出。当然观众也很热情，特别是在第三幕结尾，观众为我的壮举给了我很多掌声，应当承认，我为此感到骄傲。为了从火中救出吉普赛女郎迷娘，我举起了她。我没有停止歌唱，举着她走过整个舞台。不能说女主角鲁克莱齐亚·波利轻如羽毛，这时我懂得了，雷依里教练的健身课不是白浪费时间。

　　我习惯于很多工作，我简直无法在休假时无所事事。比如说1927 年夏天，我在意大利举行了16 场慈善音乐会，在罗马和圣契切利亚的学生一起参加了该校成立50 周年音乐会，公主玛法尔达和她的丈夫阿西斯基公爵出席了音乐会。后来我在科隆广场组织了一个月光下的即兴晚会，5 万人来听我唱。音乐会从半夜开始，深夜两点结束。随后我在奥古斯特大型音乐会上演唱，马斯卡尼亲自担任指挥，我唱了他的《海之歌》。

在雷卡纳迪的别尔西阿尼剧院，我组织了6 场《波西米亚人》的演出，我自己参加了演唱。这同样是慈善演出，为雷卡纳迪医院筹集购买X 光机的款子。8 月21 日我还在雷卡纳迪附近的奥西摩组织了一场慈善音乐会，为修复中世纪的一座城堡筹集经费。这是一个身着剧装的音乐会，我们装扮成庆贺某个保罗·吉利从雷潘托战斗后幸运归来。

保罗·吉利是出身于雷卡纳迪的渔夫，在16 世纪，他和600 个同伴挤在一艘不大的船上，出发去和土耳其人战斗。几年之后，他仅仅和6 个幸存的同伴回到家乡，从此他成为雷卡纳迪历史上的神话人物。自然，没有任何文件确认这位勇敢的渔夫是我的祖先，但我宁愿承认，大概就是如此。

这个季节最大的事件就是我在雷卡纳迪的别墅完工了，已经可以搬去住了！说实话，我甚至被我的计划已实现而有些吓坏了。在我不在的时候，卡特尔沃和其他建筑师们有些太异想天开了。别墅内一共有60 间住房，23 间卫生间，游泳池，罗马浴池和水管。厨房内的冰箱如此之大，可以储存20 人一年用的食品。我很惊讶，难道必需这样吗？

但是，想到我是这些土地、田园、草地、葡萄园的所有者，仍然给我带来无穷的快乐。我多么希望我的父亲能住在这里看到这一切啊。我那时拥有近3500 公顷土地（后来又扩大了）和7 个大型农场，有80 公里专修的马路把它们连接在一起。从这一年开始，我有了自己的猪、自己的鸡、水果、蔬菜，各种家庭产品，各种等级的葡萄酒，当然，还用说吗，还有著名的维尔吉克奥酒。

我在莱昂帕尔迪广场为母亲买了一座漂亮的小房子，我以为她会高兴的，但是她被我的公馆的规模简直吓坏了。

"你怎么付得起么多钱呢，我的儿子，你从哪儿弄来这么多钱呢？"她惊讶地问我。

我记得那时我和她一起坐在不大的瞭望台上，在晴朗的天空下能看到亚德里亚海，甚至达尔马提亚对岸的海岸。

"别担心，妈妈。你看到的这座房子的每一块砖，每一片土地，都是我在某个时候、某个地方，用我唱的某个音换来的……"

这年9月返回纽约的归程特别愉快，因为和我一起站在甲板上的有伟大的西西里喜剧演员安杰洛·穆斯科和他的剧团，他也是到美国去巡回演出。在中途，海洋上掀起飓风，那时所有的人都被我的一支鹦鹉弄得高兴起来，它完全出于自我创意，突然叫起来："别害怕！别害怕！"

我很高兴，我带着秋季的巡演曲目又来到了底特律，我请底特律观众原谅我上次没能为他们演唱。我也在恩－阿尔波尔和匹兹堡演唱，然后又穿越加拿大国界，去到温尼伯和蒙特利尔。

圣诞节我又为警察的遗孤组织了节日活动。考虑到上一次我的小客人直到半夜才散去，而我感到我已不似当年，我不可能长时间和他们玩耍，于是我把这次活动安排在"阿瑙里阿"号船上进行，这样我就可以随时和他们告别，把客人自己留在那里。但是纽约市长吉米·沃克尔突然来作客，邀请我和他一起去乘坐电气火车，我已忘了我提前从船上消失的打算。

随着岁月的流逝，曾经炽热的话题：谁将成为卡鲁索的继承人，渐渐消失，他的名字珍藏在人们的记忆中。那些如今在唱的人，有自己的面貌，自己的特性，和自己的优点。而我是吉利，我的名字得以出名和知名，是由于我个人的优点，这正是我永远所需要的。

但是经纪人喜欢各种头衔，特别是它们有助于做广告。因此当有一次在同一天、在同一张纽约的报纸上读到两则简讯时，我只能苦笑。

其中一篇宣称："吉利，世界上最伟大的男高音，将于2月19日星期日，为意大利医院举行慈善音乐会……"而另一篇说："马蒂内利（Martinelli, Giovanni），世界上最伟大的男高音，将为援助农民协会举行慈善音乐会。音乐会将于2月26日在沃多尔弗·阿斯多里亚饭店举行。"

1928年2月24日，我和鲁克莱齐亚·波利、朱赛佩·德鲁卡首次通过广播演唱了全部《茶花女》。现在回想起来都感到奇怪，那个时候，我们仿佛完成了音乐中的某种转折。

3月16日我参加了普契尼的歌剧《燕子》在大都会的首演。最后一次演唱这部歌剧已是很久以前，还是在康斯坦察剧院。这次和我同台演出的有鲁克莱齐亚·波利、艾迪达·弗莱舍尔和阿拉姆·托卡江（1894－1960 阿尔美尼亚男高音）。再次使我惊讶的是，在欧洲，这部歌剧只受到宽宏大度的对待，而在这里，在美国，却受到极大的欢迎（自然，也有完全相反的时候）。我经常为这种鉴赏力的差异绞尽脑汁，这种差异也许是偶然，但却是显然的。那时罗马报界曾暗示，对《燕子》最好什么也别说。纽约他们的同行却宣称，《燕子》比其它在百老汇上演的大部分戏要好得多。如果任何一个别的剧团在百老汇上演这样的戏，它的剧名将长年不会从海报上消失。我现在想，美国人如此喜欢《燕子》，可能是因为普契尼用了音乐剧——Musicals 的样式写了这部歌剧，而这是他们所习惯的。

华尔街的危机

1928年我四次穿越大西洋，7、8月，我在南美举行音乐会巡回演出。没有别的办法，我只能在6月和9月在意大利休假了。6月我将在雷卡纳迪的土地上获得我的第一次丰收，9月我要把我的葡萄榨成酒。在我们那里是用这样的方法：用脚踩葡萄。如果我错过了这些事，我不会原谅自己，但是我已答应6月参加在科隆举行的卡尔杜齐（Carducci 1835－1907 意大利杰出的诗人）雕像揭幕纪念音乐会，意大利国王和王后将参加这次音乐会。在和陛下的交往中能如此轻松自如实在令我惊讶，我想，大概是由于和《伊斯国王》（拉罗的歌剧）频繁演出有关，使我有了这样的信心和从容。

这一年在科隆的演出季是我最有成果的演出季，因为我能够唱两个我十分喜爱的新角色：威尔第《假面舞会》中的理查和多尼采蒂《爱的甘醇》中的聂莫里诺。

《假面舞会》的首演于7月在布宜诺斯艾利斯举行。德阿努齐奥有一次称这部歌剧是"传奇剧中最具传奇色彩的剧"。显然他是对的。歌剧脚本几乎是真正大歌剧所有荒诞离奇的诙谐模仿，但是所有荒唐之事都和强大的音乐流交织在一起，脚本因威尔第的天才而变得高尚起来。

这部歌剧起初名叫《古斯塔夫三世》，但是当该剧已经在那不勒斯开始排练时，1858年暗杀拿破仑三世未遂，警方要求改写脚本和歌剧名称。大师拒绝遵命，于是爆发了激烈的争吵，所有那不勒斯的居民都参加进来。最后威尔第同意改变歌剧的名称，而脚本没有改动。为了使警方不至挑剔，只做了小小的修改，这些改动使歌剧的整个故事变得极其荒唐。

《假面舞会》的故事同样既可发生在那不勒斯，也可发生在波士顿。而里卡尔多，瓦尔维斯基伯爵，既可以是那不勒斯的，也可以是波士顿的总督。阿美利亚可以叫阿德利亚、雷纳托也可以叫雷纳尔。除了这些地理上的错位外，歌剧的故事情节，正如所设想的，却发生在瑞典！但是音乐妙极了，那么其它一切还有什么意义呢？

从《假面舞会》的英雄故事我又转向多尼采蒂喜剧杰作《爱的甘醇》的诙谐淳朴。我与阿根廷女高音歌唱家伊萨贝尔·玛莲戈（Marengo，Isabel 1894－1977）于1928年8月11日在科隆剧院首演了这部歌剧，指挥是赛拉芬。

以一部法国闹剧《毒药》为基础的歌剧，是关于一个胆小如鼠、滑稽可笑的农村青年聂莫里诺的故事。他把自己所有的钱给了一个骗人的巫医，买来爱的甘醇，以求赢得性格怪癖，反复无常的爱人的心。歌剧的风格是19世纪前半叶意大利喜歌剧的典型风格。欢快活泼的合唱与富有歌唱性的音乐及各种有趣的段落交织在一起。音乐如清风般轻巧，由此造成所发生的一切十分生动、自然的印象。

有一次曾发生这样的事，当我唱另一个农村恋人——《马尔塔》中的莱昂内尔时，对他和聂莫里诺运用了同样的喜剧性，我听到了不少赞美。当然，对我最有利的时机是在唱《爱的甘醇》的时候，这就是咏叹调"亲爱的阿蒂娜那温柔的目光"。虽然观众十分清楚，剧院规定禁止返场，但他们不能克制自己，坚决要求再唱一遍，演出中断了15分钟。第二天报界如此热情地描述了这场演出，使得在重演时，不得不用强力驱散在科隆售票处希望得到演出票的数千群众。

大都会剧院1928－1929年演出季对我来说又是一个没有什

么重大成就的演出季。我没有唱任何新角色，但我的剧目已相当广泛，看来，观众对我的这些角色也很满意。随后我完成了在北美各城市的冬季巡演，和剧院的同事进行了春季巡演。但我不想详细地描述我的漫游使我的读者感到厌倦。当我试图回想我所有的歌剧演出、巡演和音乐会演出时，我自己也开始晕头转向了。

我不打算在这些篇页中一一列举所有我十分珍贵的时刻：在里约热内卢演出《玛依·莱斯科》曾谢幕40次，在布达佩斯演唱了《弄臣》的"女人心"之后，或是在伦敦唱了《托斯卡》的"星光灿烂"之后返场3次（史无前例的例子）。现在，当我已步入老年，独自坐在花园中，我喜欢在自己的记忆中搜寻组成我的生活的所有这些往事。其中的每一件都是鲜明的、不可忘怀的记忆，而对其他任何人来说，当然，这都是些枯燥乏味的、重复的日记。

1929年的夏天是在中欧开始和结束的。5、6月是在苏黎士、布达佩斯、慕尼黑、柏林、汉堡和斯德哥尔摩的音乐会，9月在布拉格和维也纳。其间我在雷卡纳迪举办了几场慈善音乐会。最后等待我的是崭新的、不可忘怀的事件：我在维罗纳的古罗马半圆形露天剧场演唱了《玛尔塔》，观看演出的有40000人。

人们从意大利的各个地方乘专列火车来听我唱，有的甚至来自西西里和其它最偏远的角落，每一位听众在进入剧场时得到一支小蜡烛。当我来到2500年前曾是舞台的中央时，我看到了40000支蜡烛燃起的火光，摇曳在8月夜晚的黑暗中。

1929年是华尔街的危机年，大萧条最初的不良现象已开始显现在大都会。我从未试图用某种债券和股票来做保险，因为我遵循的是对金钱十分谨慎小心的原则，这是马尔克省农民的特性。我也没有把钱藏在褥子里，但我把自己的所有收入都转到了意大利，大部分变成雷卡纳迪的不动产，而其余部分存在一个可靠的、有信誉的银行里。

我大都会的许多同事在大萧条时期失去了所有的一切。我最惋惜的是安托尼奥·斯科蒂，他的演出生涯已接近尾声，他已很少有希望再为生活积聚钱财。

与此同时，那些在1929年10月28日挤满了大都会的阔绰观众，对已笼罩在华尔街的一切，没有表现出任何慌乱的征兆。那天在演出季的开幕式上我唱了《玛侬·莱斯科》。

鲁克莱齐亚·波利1912年在纽约的首次登台，是和卡鲁索一起在演出季开幕式上演唱了普契尼的《玛侬》。从那时起，她再也没有唱过这部歌剧。这种演出对歌唱者来说总是很激动人心的，从各方面看也是非同寻常的。我们不知道，这一次我们是在为大都会歌剧院的黄金时代唱送终的祈祷。

1929年11月29日我第一次演唱了莫扎特的歌剧《唐璜》中的奥塔维欧，它是在中断21年之后在大都会复演。评论界早已请求加蒂-卡萨扎复排这部歌剧，但我想他决定对他们的请求让步，是违背他个人对这部歌剧的独到见解的。《唐璜》不是为大都会这样的大舞台创作的，最理想的是在如像威尼斯的拉芬切这样不大的剧院舞台上演出。要知道莫扎特是为布拉格歌剧院写作的这部歌剧，其中只有7个歌唱者，没有固定的合唱。

我们所有的人都尽力想把自己的角色演好。担任指挥的是赛拉芬，恩佐·平扎演唱唐璜，伊丽莎白·莱特贝格唱唐艾里维尔，艾吉塔·弗雷舍尔唱采琳娜，巴维尔·鲁吉卡尔（1882－1970捷克男低音）唱列波莱洛，我唱奥塔维欧。但是我以为，我们所有人都非常了解，我们这一次未能成功地揭示歌剧的所有优点。这完全可以理解。我个人没有任何表演莫扎特歌剧作品的经验，我对他独特的歌唱风格不熟悉，而这是演唱他的作品所必须的。更糟的是，我无论如何也引不起对角色的喜爱，无论如何也塑造不好奥塔维欧。我认为这个人太愚蠢，这个热恋中的未婚夫竟能忍受唐璜的所有阴谋和狂妄行为。

歌剧中的两首男高音咏叹调："为了她的安宁"和"我的宝贝"，有时因为太难而删除了。但是在大都会演出时，我两首咏叹调都唱了，我以为第一首得到了成功，在谈到奥塔维欧这个角色的表演时，这是我真正期望得到的一切。

1929 年 12 月 26 日，我和弗兰西斯·阿尔达一起唱了《玛侬·莱斯科》，这是她在大都会 22 年演艺活动之后的告别演出。阿尔达出生在新西兰，在那里她认识了加蒂 - 卡萨扎并嫁给了他，那时他是斯卡拉剧院的总经理，后来她和他一起来到纽约。1908 年她在大都会首次登台演唱了《弄臣》中的吉尔达，卡鲁索那时唱了曼图亚公爵。她的告别演出是十分凄凉的。在这之前的前一年她和加蒂 - 卡萨扎离婚了，现在她和剧院的告别是真正的永别。我想，她选择玛侬作为她最后一场演出的角色，是因为在歌剧的结尾使她有可能在歌唱中宣泄自己的全部痛苦和悲伤。

在加拿大和加利福尼亚持续两个月的巡演之后，我回到了纽约，为的是在 1930 年 3 月 21 日演出《爱的甘醇》。聂莫里诺是卡鲁索最喜爱、最成功的角色之一，在这之前，在大都会只有他一人演唱过这个角色。在布鲁克林那个悲伤的晚上，他的喉咙出血了，演出不得不取消。从此以后的 10 年期间，加蒂 - 卡萨扎没有让任何人唱过聂莫里诺，《爱的甘醇》完全从剧目中取消了。现在委托我来复排这部歌剧，无疑是大都会所能给予我的最大的荣幸。

巴黎和伦敦

我已经41岁了，我一生的大部分时间都是在奔波于各国之间度过的。我甚至到过那些以我浅薄的地理知识来说，只是从经纪人那里才听说它的存在的地方。比如说温尼伯、阿根廷的罗扎里奥、亚利桑那州的凤凰城。但还有两个我还从来没有到过的大城市，这就是巴黎和伦敦，我只是从许多意大利的旅游者那里对它有所了解。

直到1930年夏天我才弥补了我的空白，我在巴黎的"普莱艾尔"厅举办了两场音乐会，在伦敦的科文特花园剧院演了4场歌剧。

比起后来我们有可能互相更加了解来说，我初次和巴黎观众及巴黎报界的相会不是很幸运的。我没能和巴黎"普莱艾尔"厅的观众第一次就取得通常在我所有的音乐会中都能很容易产生的交流。显然，这里谈的是苛求的观众，而我才刚刚开始和他们接触。当我看到报纸上为我的"舞台上的不足"而谴责我时，当我因在自己的曲目中包含有托赛蒂的小夜曲和《我的太阳》，他们像雨点般谴责我"缺乏风格"、说我趣味低下时，我很生气。好吧，我叹口气取道伦敦。只有一点是清楚的，这次对巴黎的访问很好地说明了我的性格：我丝毫没有害怕，反而更增强了决心，下一次还这样做，要让法国人认清我的价值。

巴黎的冷漠接待提醒了我，使我谨慎小心地等待着在伦敦的第一次演出，在和"冷漠的英国人"会见时，命运等待我的是什么呢？使我十分轻松地是，我发现，他们完全不冷漠，只是有些迟钝罢了。

在科文特花园剧院我和玛加丽特·谢里登（Sheridan，Margaret 1889－1958 伊朗女高音）首演了《安德列·谢尼埃》。当我唱咏叹调"蔚蓝的天空"时，掌声中断了演出，我不得不重唱一次。演出后我走出剧场，看到观众抢占了一辆汽车，他们错误地以为我会乘坐这辆车。后来我唱了《托斯卡》，我唱了咏叹调"星光灿烂"的最后一个音，我想会听到掌声，但是却没有。我如此惊讶，如此痛心，困难地把这一幕唱完。发生了什么事呢？

在其它歌剧院，只要我同意返场，这首咏叹调从来都会再唱一次，即使不返场，演出也会因为掌声而至少中断 10 分钟。突然这里没有任何掌声！对我来说这简直是灾难，我从来还没有遇到过，我有什么使英国听众不满意呢？

当演出结束，大幕最后一次降落时，狂热的掌声向我猛烈扑来，它们越来越大，像暴风雨，像潮水冲破障碍涌来，他们不知疲倦地一次又一次地呼唤我。但在演出时为什么没有掌声呢？难道说"星光灿烂"不使他们感动？

直到第二天早晨，当我打开报纸时，才揭开了这个秘密。评论赞扬了观众的"良好风度"，在大幕升起时，他们克制自己没有鼓掌，没有打断演出！

现在，一切我都明白了。咏叹调"星光灿烂"之后，音乐又继续了一段时间，我以为这是一个很适宜鼓掌的空隙，就好像《安德列·谢尼埃》中的"即兴曲"之后一样。我对观众的文明和敏锐的见解十分赞赏，他们知道什么时候，什么地方应该鼓掌。但是，唉！所有这一切太不适合歌唱者所特有的最司空见惯的脆弱神经了。

对我来说，幸好科文特花园剧院的观众有时仍然忘记了评论所称的"良好风度"。几年之后，当我在该剧院再次演出《托斯卡》时，我不得不一连唱了三次"星光灿烂"。

顺便说说，我很喜欢读英国评论家的文章，从中我总是能够了解一些新颖的和惊人的东西。

　　"他的每一个音都是崭新的、刚刚铸就的硬币，吉利把它们一个又一个扔到桌子上，就好像这是金镑。"一位英国评论家这样赞美我在科文特花园剧院的首场演出。

　　另一位评论家在同样的情况下找到了我更喜欢的比喻："吉利全身心地唱着，但却并不费力，就好像一个优秀的网球手在击球一样。"

　　在这些发现之后，我开始从完全不同的另一个角度看自己。

　　我在科文特花园剧院的第一个演出季除了《安德列·谢尼埃》和《托斯卡》外，还唱了《玛尔塔》和《茶花女》。罗莎·彭赛尔的维奥莱塔出色极了，但是从整体上说，这些戏排的不太好，太仓促，和大都会的做法无法相比。当我后来不止一次去到伦敦时，我发现戏好多了。

　　对我在英国首都的第一次访问演出及它的市民的殷勤好客，我留有许多美好的回忆。尤其是市长刘易斯官邸及斯特里林格女士在圣乔斯·伍德的周末晚会，在那里聚集了许多著名

《茶花女》中的阿尔弗莱德

演员和社会名流。我记得，我和琼·布林考特尔在那里找到了共同的兴趣——集邮。

这一年的夏天，我举行了多场慈善音乐会，新发现了在数世纪前建造于意大利的绝妙的露天舞台。威尼斯的圣马可广场和维罗纳的古罗马竞技场对我来说是惊人的发现。这次我又在圣马可广场演唱，这儿汇集了20000人。那时我还不知道佛罗伦萨的波波利花园，在夜莺般的合唱伴唱下演唱，这对我来说也是新鲜事。我得知，波波利花园的节日是古老传统，它起源于美第奇家族统治佛罗伦萨的中世纪。1652年，那时在波波利花园为安娜·美第奇与奥地利的费尔迪南的婚礼，为柯西莫三世和奥尔良的玛加丽特的婚礼举行了盛大的音乐会。当弗朗切斯科·迪罗雷纳大公和那不勒斯国王费尔南德四世正式访问佛罗伦萨时，在波波利花园集合了所有最著名的阉人歌唱家。听着这些扑朔迷离的故事，我倘佯在林荫道上，仿佛看到月光照耀下昔日的幻影，它在柏树之间闪烁，从黄杨木拱廊下飘逝。

我离开纽约前的最后一场音乐会于8月底在那不勒斯的"马斯克奥·安佐伊诺"城堡举行，这座中世纪的城堡由安茹国王建造。音乐会是慈善性的，为救济不久前在地震中的遇难者的家庭。为了使这次活动显得隆重，城堡巨大的建筑上挂满了红色的丝绒和金色的锦缎。入口处穿着文艺复兴时期服饰的仪式主持人吹着号角，通报也来听我演唱的国王的亲属——奥斯特公爵及公爵夫人驾到。

我急切地等待着再次访问旧金山，那里梅罗拉大师要创建爱乐者歌剧院的意图有了很好的基础，已变成每年的传统，这种性质的演出已成为城市生活的重大事件。我休息得很好，夏天过得很满意，没有预感到不幸正等待着我。

大概命运对我太厚爱了，因此不幸总是毫无预兆就降临了。显然这正是命运的慈爱，它总是让我逃脱等待我的亲人离去，逃脱丧事的痛苦。然而在1930年9月24日，当我在旧金山的

"齐维科厅"就要上台演唱《迷娘》的前几分钟，送来通知母亲去世的电报，这时什么也不能给我安慰。

　　还在几周前，当我和她在雷卡纳迪告别时，她拥抱了我，吻了我，我十分有信心地对她说，"明年再见，妈妈！"我毫不怀疑，一定会这样。那时我没有看到丝毫使我感到她的健康有问题的征兆。她走的很快，很安详，围绕在她身旁的有她的儿孙。她的一生有时相当艰难，但死却是宽厚的。

　　母亲活了83岁。我不能抱怨命运，虽然她的去世是我生命中最沉重的损失，任何其他亲情关系也不能填补后来所形成的空虚。生活中还等待着我的任何欢乐，也不能驱散旧金山那晚笼罩在我心中的乌云，母亲去世后留给我的只是生活中的孤独。

　　我在我的化妆间停留了片刻，我坐着，将头埋在手里，不知所措地看着电报。我不能允许自己哭，因为我很了解：如果这样，我就不可能平静下来。

　　于是我走上台，开始唱。

告别大都会

　　在 1930－1931 年整个演出季，大都会感到了大萧条的迫近。许多长期票没有卖出，售票处的队伍越来越短，现在只有少数纽约人能够到歌剧院来奢侈一番。谣言和传闻纷至沓来，芝加哥歌剧院破产了，大都会能渡过这场风暴吗？剧院里的大多数人由于加蒂－卡萨扎的信心，对能渡过这场危机也毫不怀疑。

　　这时剧院一切都在正常进行。大都会增添了新的力量，这个演出季我将要和两个年轻的、给人印象深刻的女高音演唱：莉莉·庞斯（Pons，Lily 1808－1976 美国女高音）和格莱斯·穆尔（Moore，Grace 1898－1947 美国女高音），这是她们在纽约的首次登台。把青年歌唱家带上舞台，成为他们成功的见证人，总是使我感到特别满足。我永远都不会忘记自己初次登台时的忐忑不安和痛苦煎熬。

　　莉莉·庞斯是第一次在美国演唱，实际上还没有任何人了解她。她出生在加拿大，一半法国血统，一半意大利血统。男高音乔万尼·泽纳泰诺（Zenatello，Giovanni 1876－1947 意大利男高音）发现了她，那时他正在蒙彼利埃的小歌剧院演出，他把她介绍给了加蒂－卡萨扎。1931 年 1 月 3 日首演了《拉美莫尔的露琪亚》之后，她立刻一举成名。莉莉·庞斯具有浪漫气息的美，和美国著名电影明星莉莉安·格什（1893－1993）的风格相似。她的嗓子音域极其宽广，她能果敢地从最高音转向低音 F。在她的露琪亚的表演中，最有表现力的是发疯的场景。

诗人保尔·克洛德尔、法国大使来到华盛顿出席了这场演出。第二天评论界用他们的字典中最热情的语言赞美了莉莉·庞斯，但是有一句多余的话——她不是帕蒂。

1931年3月11日我和格莱斯·穆尔唱了《玛侬》。她不具有莉莉·庞斯那样宽广的音域，但她的嗓音也非常漂亮，特别重要地是，她的形象非常典雅柔美，几年之后她的悲惨结局（空难）对我是沉重的打击。

3月6日，我唱了马斯卡尼的日本歌剧《伊丽斯》中的小坂，这部歌剧是60年之后在大都会的复演。至今为止我只演过一次这个角色——14年前在都灵。当这部歌剧1902年10月16日在大都会首演时，马斯卡尼本人担任指挥，获得极大成功。当卡鲁索于1908年演唱这部歌剧，1915年托斯卡尼尼指挥这部歌剧时，它已很出名。

但是趣味是会变的，不能不承认这一点。我们的演出完全失败了，无论是评论界还是观众，甚至没有试图掩饰自己的失望。"虽然歌唱家尽力而为了，但歌剧乏味而平庸。"这就是简洁的判决。但是另一位评论家从另一面提出了问题，在某种程度上他可能是对的，但我仍然不能表示赞同。他说："我同意，有些新歌剧应当保留在剧目内，但是甚至最转瞬即逝的、最有争议的现代歌剧的演出，也比另外某种显然不能激励生活、不会引起现代观众兴趣的歌剧演出更好，难道不是这样吗?"

生活往往充满了偶然性，在通常的冬季巡演中我再次坚信这一点。我要在华盛顿"五月花"饭店的一次招待会上演唱，因为我偶然也住在这个饭店，于是我决定穿过厨房走最近的路去音乐厅。我自己也没有觉察到，我不由自主地试了试嗓子，我一面走，一面唱了两段歌。突然我听到一声吼叫："别开你的猫狗叫的音乐会了!"我吓坏了，立刻闭上嘴。吼叫的是厨师长麦弗劳艾尔，他以为是他的某个厨师违反工作时不许唱歌的制度唱起来了。

5月6日我乘"阿克威塔里"号去欧洲，未曾想到一位十分重要的人物也乘这艘船——富兰克林的总督 D·鲁斯费尔特。我和罗莎·彭赛尔曾为他举办过音乐会。

1931 年 5、6 月在科文特花园剧院的演出季因一些出色的演出，特别是夏利亚宾的参加而特别出众。我和英国女高音诺艾尔·伊迪（1901－1950）唱了《弄臣》，和奥德特·德福拉斯及马里安诺·斯达比莱唱了《波西米亚人》。

我从伦敦转道巴黎，比起前一次在"普莱艾尔"厅的演唱来，这一次我获得巨大成功。从巴黎我又去到柏林，在国家歌剧院我唱了《茶花女》。然后我回到意大利，在那里我不得不面对现实——在雷卡纳迪已没有母亲了。

1931 年 10 月回到纽约时，我陷入等待和不安的沉重境地。奥托·X·坎刚从大都会协会主席岗位卸任，他从 1918 年起就担任这个职位。代替他当选的是保尔·德·克拉瓦特。加蒂－卡萨扎和克拉瓦特不得不对已经充斥报刊、声称大都会已到破产边缘的谣言做公开正式辟谣。

我也和我的同事一样，对这些对我们来说都是极其重要的事也感到害怕和不安。但是那时我不曾怀疑，我很快就不得不做出一个很严肃的决定。因为我没有料到，我在大都会面临的第 12 个演出季，将是我在这个剧院的最后一个演出季。

我像以前一样完成自己的任务，也就是说大致和平常所做的一样，我和鲁克莱齐亚·波利于 11 月 4 日一起在费城的歌剧院以《玛侬》开始了演出季，在此之后立刻在大都会的演出季上演了《爱的甘醇》。加蒂－卡萨扎早已在剧院实行了将剧目带到纽约城郊去演出的传统，因此我在 11 月 13 日演唱了《蝴蝶夫人》，然后又在大都会唱了《唐璜》，在布鲁克林唱了《歌女焦孔达》，在哈特福德（康涅狄格州）唱了《茶花女》。为纽约的意大利医院募集资金我唱了《非洲女郎》，在拉布拉多为支持医疗事业我唱了《玛侬》。

12月13日在波士顿的音乐会之后，观众真正把我包围起来了：有12000人聚集在那里。后来我又参加了大都会的传统圣诞节。按照惯例，独唱演员要给119名合唱队员、93名乐手和40名舞台工作人员、存衣员和勤务员赠送某种金质礼品——袖扣、项链或其它类似的东西。

1932年1月1日我和鲁克莱齐亚·波利在大都会参加了日场演出，演唱了《波西米亚人》，电台转播了这场演出。那时这种经验才刚刚开始，转播的成功超越了人们的期待，有成百万听众收听了广播。祝贺和感谢信立刻向我们飞来，这使院方很高兴，于是决定每周六定期通过电台转播歌剧。1932年前三个月它带给剧院150000美元的收获。除此之外，广播还起了很好的宣传作用，吸引了很多新观众。在这方面这个例子是很有特性的。

1月1日日场演出《波西米亚人》，剧院售票处匆匆来了一位妇女，她要立刻买一张票。售票员告诉她，戏已开演很久了，歌剧已演了一半。

"我知道，我知道！"她大声说："我从广播里听了前两幕，这简直是太妙了，现在我要在这里听另外的一半！"

1932年1月至2月我像通常那样，沿着大西洋和太平洋进行音乐会的巡演。令我十分惊讶的是，在处于经济危机的条件下，我没有发现来听歌剧的人减少了。在所有城市，从多伦多到芝加哥，从旧金山到新奥尔良，从德克萨斯州的埃尔帕索到密执安州的卡拉马祖，票全部售光。

1932年3月16日，我以新的角色来到舞台上：贝里尼《梦游女》中的埃尔维诺。这个角色命中注定成为我在大都会的最后一次工作。虽然在这部歌剧中有着几乎是所有歌剧剧目中最令人激动的篇章，比如说这样一些咏叹调"没想到会看见你……"，"我心充满快乐"或者第二幕中绝妙的二重唱。《梦游女》演得很少只是由于主要女高音声部太难了，很难遇到这样的女高音能应付它的复杂性。说实话，要突出表现莉莉·庞斯非凡的才能，这是非常合适的歌剧。

同时加蒂-卡萨扎找到了很好的借口来举行庆祝活动，因为这部歌剧是在 101 年前初次上演的。在大都会它曾在 1883 年的第一个演出季上演，那时参加演出的有马尔切拉·森布里赫（Sembrich Marcella 1858－1935 波兰女高音）和伊塔洛·卡姆帕尼尼（Campanini，Italo 1845－1896 意大利男高音）。他们在 1906 年又演过这部歌剧，后来又复演过两次，1916 年有玛丽亚·巴里恩托斯（Barrientos，Maria 1883－1946 西班牙花腔女高音），1919 年有埃尔维拉·德伊达尔戈（1888－1980 西班牙女高音，卡拉斯的老师）。

《梦游女》有一点和《唐璜》很相似：在像大都会这样大型的剧场里，不可能表现它的全部优点。歌剧的美妙在于它的柔美、清澈，它最理想的要求是不太开阔的空间和较隐秘的环境。但不论怎样，莉莉·庞斯仍然出色地表演了阿米娜这个角色。她表演的这个温柔青春女性如此纤细和纯洁，她美妙的声音如此绚丽多彩和技压群芳。

虽然有这样一些困难和不便之处，歌剧的演出仍然获得了成功。我个人非常喜欢这个热恋中的、为梦游女而痛苦的角色。我把自己的全部嗓音都奉献给了贝里尼和谐、抑扬、婉转的旋律。我特别高兴地感觉到，我达到了目的。但我也很明白，这次桂冠不属于我。

演出季一般都在四月结束。在最后一场演出中，我和伊丽莎白·莱特贝格唱了《非洲女郎》，赛拉芬充满活力地指挥了这部歌剧。我像往常一样，在咏叹调"啊，美丽的故乡"之后得到了掌声。虽然我还不相信，但毕竟这是我和大都会的告别演出。

危机终于降临了。1932 年 4 月初，大都会的院长保尔·德克拉瓦特散发了正式通知。"由于国家经济萧条而使收入减少，实际上已吞噬了剧院 550000 美元的全部资金，以及大部分储备，因此已没有办法保证下一个演出季。"文件中指出：必须用"强力"来做出减少开支的计划，虽然存在很多困难，仍然要采取"其它办法"使纽约的下一个戏剧季能够进行。

这时已经得知，所有大都会的人员，从独唱演员到群众演员，如果决定参加 1932－1933 年的演出季，那么毫无例外地都必须自愿同意减薪 25％，这是为了避免剧院关门所采取的主要措施。为此，在 12 月已经进行了 10％ 的"自愿"减薪。

这些决定成为剪断我和剧院连接在一起的所有纽带的刀子。那时人们都谴责我的行为，这使我很恼怒，但现在我能比较客观地分析所发生的一切。应当承认，在某种程度上，这些批评是正确的。我处理得不理智，但主要是不道德。人们不可能知道，在我的行为的表面现象下隐藏的是什么，这对我很不利。结果变成好像是在延续了 12 年幸福而有成果的合作之后，在最困难的时刻，我却仅仅因为金钱而决定离开大都会。

当然事情完全不是这样。但是现在再谈这些不很恰当，而且没有必要唠叨这些已经过去的事。我很遗憾我和大都会断绝了来往，应当承认，我那时那样做是诚实的，蒙受了仇恨和耻辱。但是现在我要承认，这是不正确的。

我要强调说明，对于下一个演出季是否能进行，我也完全和大家一样感到不安。如果那时求助于我，我也许会自己决定如何帮助剧院，我会积极地向剧院建议，不是减薪四分之一，而是一半，正如我会热心地参加额外的义务音乐会和戏剧演出一样。但是要是有人干预我的事情，要得到我的薪金，不让我事先知道而早早做出决定，这是我完全不能容许的。我不能同意，我花了那么多劳动，签了整整三年的合同，现在却变成一张废纸，这样肆无忌惮地对待我的权利使我不能容忍。突然产生了另一种前所未有的感觉，突然不可抑制地想起来反抗加蒂－卡萨扎的无限权力。

这种感觉又引发埋藏在心灵深处的另一种感情——对意大利的思念。我从来没有产生过永远留在国外的愿望，而现在突然十分痛苦地想看到雷卡纳迪的四季如何变化，那里有我的果园和土地。我还一次也没有见到过我的扁桃长得怎么样，只要我住在美国，我就永远也见不到。在此之前，这只是幻想，而现在我突然发现，这可能成为现实。

虽然处于这样一种心灵状况，但要做出最终决定，我还需要几周。不管从旁怎样看，也就是说不管我和加蒂－卡萨扎的争吵，我对给予了我如此之多的剧院的态度是真诚的。我魂牵雷卡纳迪，但从另一方面说，回到欧洲，我必须接受严重的经济损失。我度过了无眠的夜晚，辗转反侧，无法做出选择。

终于在一个夜晚，当我躺在床上犹豫不决时，在半眠状态中（或者是我以为，实际是在梦中）我看到了母亲。

"回意大利吧，我的儿子！"好像她在说："你在他乡待得太久了。"

随后她突然消失。或许这不过是一个梦？无论如何，在这一刻我明白了，决定已经做出。

第二天早晨，我以3000美元中止了和大都会的合同，和我公寓的主人告别，买了船票回意大利。这是1932年4月30日。从此我再也没有见到过加蒂－卡萨扎。

在 欧 洲

现在当命运已经决定，我却不能忍受和过去一刀两断而只想未来。但在我离开美国之前，我还有一些事情必需处理，比如说我已答应唱弗朗切斯科·马尔卡齐的歌剧《艾万杰林娜》，它将于 5 月在费城的坦普尔大学为纪念朗费罗（Longfellow 1807 – 1882，美国诗人）逝世 50 周年演出。

歌剧最后一幕的故事发生在费城，而歌剧脚本的基础是朗费罗的同名诗歌。马尔卡齐本人将出席演出，他邀请我演唱加布利埃里这个角色。我明白，我不能拒绝参加对美国诗人的纪念，他如此热爱意大利，他把但丁译成了英文。

1932 年 6 月 1 日，我终于离开纽约去到欧洲。离别没有特别高兴，也没有悲伤。我十分明白，有如此多的方面应当感谢美国，其中包括我的财产，它保障我现在离开美国。但是正如人们所说，过去就是过去，正如曼哈顿和它的摩天大楼，现在它已远远落在后面，我开始考虑如何度过下一个夏天。

在意大利至少没有任何歌剧危机的征兆。我从祖国的四面八方收到了演唱的邀请，几乎常常因为没有时间而不得不拒绝他们。我接受的第一份邀请是马斯卡尼邀请我唱我已熟悉的《燕子》中的弗拉门。马斯卡尼本人将在里窝那的夏季音乐节上担任指挥，如果我愿意，他邀请我在他的歌剧中演唱。

虽然已过去 15 年，但我对里窝那《洛托莱塔》的演出仍留有记忆。我问自己，我还能再次感受和渔夫夜钓的乐趣吗？我知道，无论如何这已不可能。当我和渔夫垂钓时，我还年轻，谁也不认识我。现在我由不得自己，一定要住最好的饭店；现在我有秘书，所有一切都已今非昔比；现在我只能够在岸边的小舢板旁散步，沉缅于随着年龄增长而带来的忧愁之中。现在我出名了，而那时我只不过是一个幸运的人。

从里窝那我去到托雷德尔格雷达科，普契尼安葬在那里，参加了两场纪念他的音乐会。从那里我又到帕尔玛，在那里参加威尔第作品音乐会。9 月我在贝加莫，多尼采蒂的故乡参加《爱的甘醇》首演 100 周年的纪念演出。

在维罗纳，我见证了发生在纽约和意大利的深刻对比。在纽约，所有剧院被危机笼罩；在维罗纳，正在组织的演出，从政府获得了 150000 里拉的资金，明显想超越所有以前花费巨大的先例。这些演出尽管有人对它在艺术上的优越性有所怀疑，但仍然受到广大观众的喜爱。这是些什么样的观众啊！铁道部不得不从四个最大的城市派出专列到维罗纳，并且降低了 50% 的票价。每个晚上在维罗纳的"竞技场"上都集合了 30000 到 40000 名观众。

从 7 月末延续到 8 月中的整个演出季，轮换演出了两部歌剧：我和玛加丽塔·卡罗西奥（Carosio, Margherita 生于 1908 年，意大利女高音）演唱的《非洲女郎》，阿乌列里安诺·佩尔蒂莱演唱男高音角色的《假面舞会》。有 2000 名演员和独唱演员参加了《非洲女郎》的演出，15 位助理导演在后台忙于调度处在巨大露天竞技场上的群众演员，这是极其复杂的任务。

演出要关注的事是如此的多，我感到，歌唱者只不过是它的附属品。在这次演出中，完全不可能使观众造成任何幻觉。目的只有一个：在舞台上一切都要极其逼真，拉扎要骑在已驯服的真正的大象上，真实的阵雨随着轰隆的鼓声落在热带树林上，当然最主要的是船和它的遇难。看来，仅这一个场景就要花去 50000 里拉——三分之一的资金。

罗马歌剧院的舞台监督试图用复制品重现 15 世纪带有所有船帆的大桡战船。平台变成了战船的甲板，而船尾设计成能够摇动的，能上能下。在这个能活动的部分可以容纳 40 多人。在船尾后面，是能听到涛声的"大海"，海浪是由某种机械操纵的。船好像被劈成了两半，但它仍然疯狂地航行在大海上和风浪搏斗，发出巨大喧嚣声，这里已谈不上什么乐队了。所有的划船手不得不挤在最可靠的地方——在主台上（这有些像船台），而主要人物和合唱队员出现和消失在被波浪拍打的舱口。

我怀疑，难道真的需要用这样的花招来吸引观众的注意吗？我深信，永远要尽一切可能使演出得到公众的承认。但也应清醒地认识到，像《非洲女郎》这样的演出，会遭到"过分像杂技表演"的非议的危险。除了其它一切以外，不要忘记，其中还有咏叹调"啊，美丽的故乡!"

1932 年秋天，我在德国、荷兰、丹麦、瑞典进行了长时间的巡回演出。在德国边境，我突然发现我忘了带护照，我向海关解释我是谁，我唱了几句"女人心"来证明，他放我入境了。

在纽伦堡，我如果不同意把整个音乐会的节目从头到尾再唱一遍，观众就不放过我。在柏林，到体育馆来听我的音乐会的有 12000 人。在哥本哈根，丹麦王室全家来听了有我参加的《波西米亚人》，后来国王还单独接见了我。

这次巡演中留下最深刻记忆的是在法兰克福。我收到一个意大利男孩的信，他请求我去探望他躺在病床上的父亲。这是一位年老的意大利人，他在法兰克福生活了一辈子，以卖柑桔和柠檬为生。两天前他被截了肢，现在他要死了。我去了医院，坐在他的床旁，他求我只为他唱一个音。最后，我为他唱了《宠姬》中的咏叹调"温柔的样子"。

"谢谢！现在我可以幸福地死去了。"他对我说。

在罗马，圣诞节前两天，我终于有可能向伟大的宗教音乐作曲家堂罗伦磋·贝罗吉表达我的敬意，我从童年时起就深深地崇敬他。很难造访他，因为他完全生活在封闭之中，和外界几乎没有任何联系，像一位隐居者。我站在他的门旁，轻声唱着他的作品"Dies Iste"。突然门打开了，堂罗伦磋·贝罗吉出现在我面前，他的面颊上流着泪水，这是激动人心的一刻。我对堂·贝罗吉谈到拉察利尼大师，雷卡纳迪教堂的童声合唱，谈到我们多么喜爱他的音乐，也谈到当我来到罗马，想到他所领导的合唱队、西斯廷合唱队唱歌，却因超龄失望而归。

堂·贝罗吉让我再唱点什么，我唱了比才的"Agnus Dei"，后来他在钢琴上为我弹奏了他的新作品《乡村节日》。几个小时飞快过去，当离别时刻到来时，我明白，我得到了非同寻常的恩惠：堂·贝罗吉已经很多很多年拒绝接见所有渴望见到他的人。

在那个晚上，维克多－埃曼努尔国王和叶莲娜王后邀请我在他们的"萨沃依"别墅为他们演唱。那里还有他们的两个女儿：玛法尔达公主（后来她在布痕瓦尔德悲惨地谢世）和玛丽亚公主。我唱了格鲁克的"啊，我温馨的情感"，库尔蒂的《亲切的目光》，《我的天使》和《威尼斯的第一夜》。后来王后又请我唱《玛侬》中的"梦幻"，《伊斯国王》中的咏叹调，托赛蒂的《遗憾》和佩尔戈莱吉的《像妮娜一样的三天……》。王后问了我在德国的音乐会，她很随和、亲切。国王问到美国，问到萧条，显然他比我知道的多得多。我再次感受到前一次在博洛尼亚与他见面时的那种局促不安。虽然他个子不高，无疑他仍然使人感到惧怕。

又是巡回演出

我和意大利政府签订了合同，它在某种程度上填补了因和大都会决裂而形成的空缺。在一年期间，我大致要在意大利的所有剧院演出 80 场歌剧，不和其中的任何剧院签订个别合同。

就这样，在 1932 年的一个雪夜，在 14 年之后，我再次在斯卡拉剧院演唱了《安德列·谢尼埃》，指挥：维克多·德萨巴塔（De Sabata，Victor 1892－1967 意大利指挥家、作曲家），女高音：吉娜·奇纳（Cina，Gina 生于 1900 年，意大利女高音），男中音：朱赛佩·达尼泽，我在大都会的老同事。我的老朋友、作曲家乌贝尔托·乔尔丹诺坐在场内。他的歌剧《安德列·谢尼埃》是我最喜爱的歌剧之一，但是命运还没有给他一次机会亲自听我唱这部歌剧。

在演出开始之前我有些紧张，因为各地的观众是不一样的，而我只了解大都会的观众。从我初次会见善于批评的意大利观众起，已过去了很长时间，那时我还是一个年轻的歌唱者，而不是世界知名的歌唱家（如果说到露天演出，那儿的观众总是很宽容的）。我十分不安地发现，这种紧张已影响到我的嗓子。

第一幕的"即兴曲"没有引起任何哪怕是稀疏的掌声。在第三幕之前，在整个演出过程中，观众对我都很冷淡。我陷入绝望之中，现在我在斯卡拉完蛋了?! 这太可怕了! 在第四幕中我竭尽最后的努力唱得更好，只是到咏叹调"多么美好的五月……"之后才终于征服了观众，但这是我直到最后一刻才得到的胜利。

在随后的日子里，一切都很顺利。这个演出季我在斯卡拉演了15场，有《弄臣》、《托斯卡》、《玛侬》、《安德列·谢尼埃》几部歌剧。这个时期是剧院近十年来票房收入最好的时期。后来我在罗马和吉娜·奇纳、在帕尔马和扎纳·佩代尔齐尼（Pederzini Zana 1906－1988 意大利女中音）演唱了《歌女焦孔达》，在热那亚唱了《非洲女郎》，在都灵和罗赛达·潘帕尼尼（Pampanini，Rosetta 1898－1973 意大利女高音）唱了《玛侬·莱斯科》。都灵的评论和他们的巴黎同行一样对我几乎同样严厉，但观众仍然来看我的演出。

3月20日——我的43岁生日是在赴伦敦的火车上度过的，我要在那里的阿尔伯特音乐厅举行音乐会。那一晚我的情绪特别好，我对自己十分满意。在10个晚上，观众兴奋之极，那些想让我再唱一遍公爵叙事曲的观众，竭尽全力大声叫喊，要超过那些想让我唱拉达梅斯咏叹调的观众。我满足了所有人的要求，不愿委屈任何人。

回到意大利后我和克劳吉奥·穆齐奥在罗马演唱了《托斯卡》，在巴勒莫唱了《弄臣》，在威尼斯唱了《玛侬·莱斯科》。在佛罗伦萨五月音乐节参加了纪念《卢克雷齐亚·博尔贾》歌剧100周年的演出。

在5月25日去布宜诺斯艾利斯之前，我在哥本哈根开了三场音乐会。我已五年没到南美了，经济萧条也在相当程度上影响到那里的歌剧演出，几乎所有歌剧团都破产了，科隆剧院的演出季只是由于市政府拨了经费才得以举行。罗马歌剧院的经理建议组织剧团到布宜诺斯艾利斯演出，这个团的独唱演员有我和克劳吉奥·穆齐奥。和我们同时演出的还有埃贝·斯蒂尼亚尼（Stignani，Abe 1903－1974 意大利女中音），卡洛·加莱芬（Galeffi，Carlo 1882－1961 意大利女中音）和吉尔塔·达拉·丽萨。

为庆祝科隆剧院成立25周年，上演了《安德列·谢尼埃》，阿根廷共和国总统优斯托将军（他的父亲出生于意大利，叫朱斯托）听了我的演唱。后来为纪念瓦格纳逝世50周年在里约热内卢我演唱了《罗恩格林》。最激动人心的事，是7月5日在科隆剧院我的新角色——威尔第的《命运之力》的唐阿尔瓦洛的首演。

在这之前我听到过各种各样关于这部歌剧的故事。迷信的同行不止一次地提醒我，永远不要碰这部歌剧，因为他们说，歌剧里隐藏着某种咒语，它有一个"毒眼"。现在我很感兴趣的是，这到底是什么，可能会发生什么。

的确，在演出时不是没发生什么事，但是没有达到流血的程度。所发生的事甚至使这部残酷命运葬送了纯洁爱情和无辜的这个古老的西班牙悲剧带有了一些喜剧色彩。

在第一幕结尾，唐阿尔瓦洛扔掉了手枪，向莱昂诺拉的父亲表明，他已手无寸铁。但是手枪突然荒诞地响了，莱昂诺拉的父亲失去知觉倒下。通常都由专门的人藏在桌子底下射击，这一次我也把枪扔在地上，叫喊"我放下武器了！"但枪声没有随后跟上，藏在桌子下面的人睡着了。

但是莱昂诺拉的父亲依然倒下了，虽然不明白他为什么受了致命伤。乐队在继续演奏，莱昂诺拉的父亲最终死去。我已经表达了我的绝望，恐惧地俯向他的身体，我大概已经唱了半分钟，突然后台响起可怕的砰砰声，原来不知是什么人过分热心地补上了迟到的枪声。台下发出一片难以置信的轰笑声。

不久前饶有兴趣地得知，卡鲁索有一次也发生过同样的故事。当然，我要遗憾地承认，他在这种情况下表现了更多的自制力和机智。这是他在1920年6月，在哈瓦那演出《命运之力》之后，用英文写给他的美国妻子的一封信的片断："当第一幕结尾我把枪扔到地上时，台后没有射击声，于是我大声疾呼，大致是这样：'嘣！'——我把莱昂诺拉的父亲打死了。你能想象观众笑得多么厉害！但因此我保证了演出的成功，因为观众保持了良好的情绪：他们看到，我也要笑了。"

我们再回到倒霉的歌剧。在幕间休息时我撞在铁栏杆上摔倒了，但一切还算顺利。在第三幕时，唐阿尔瓦洛在战斗中受了重伤，被人用担架抬到台中央。这是紧张的时刻，满怀激情。但是就在这重要的时刻，一位抬担架的演员突然绊了一下，担架倒了，我倒霉地摔在地上。没有别的办法，我只能站起来再坐到担架上，但是激情已无影无踪。我唱了咏叹调"临死前我向你请求……"唱了另一首"现在我将平静地死去"，我竭尽全力想更好地表达唐阿尔瓦洛的痛苦，但是这一切都徒劳无益——观众继续在笑。

我想，今天的"毒眼"大概已经够了吧，然而最可怕的还在后面。在第四幕，唐阿尔瓦洛这时已成了僧侣，他要和莱昂诺拉的兄弟唐卡洛斯决斗。被他的侮辱语言所激怒，我低下头准备拔长剑，突然听到可怕的撕裂声——我穿的瘦小的裤子，后面的缝裂开了。但幸运的是它被僧侣的肥袖长袍遮盖住了。

在所有这些不幸之后，我开始相信，同事的迷信预言真的有某种真理成分。但是《命运之力》的音乐创作于威尔第天才的繁荣时期。我拿定主意，由于对咏叹调"啊，莱昂诺拉，我的天使！"的热爱，我可以向"毒眼"的某种任性妥协。

1933年10月我和斯卡拉剧院的演出团到柏林演出。在沙尔洛腾堡歌剧院演出了两周。希特勒、格斯和戈培尔出席了10月13日《托斯卡》的庆祝演出，我和罗莎·拉伊扎（Raisa, Rosa 1893–1963 波兰女高音）参加了演出。我从柏林到斯堪的纳维亚去举办音乐会，第一次到了奥斯陆。从奥斯陆回到伦敦，又在阿尔伯特厅举办了音乐会，票订购一空。虽然那时我已疲惫不堪，神经衰弱之极，英国的评论赞许地接纳了我，而不像以前那样。"吉利以他奇妙的音乐处理把阿尔伯特厅变成室内乐的沙龙。"曼彻斯特卫报写道。"吉利的嗓音是为这样的月夜而创造的，他最好到伊里亚特去唱。"它又补充说。这些非同寻常的褒奖话语是对我的过去的奖赏。

与我到伦敦相关的有一段有趣的插曲。主要由意大利人组成的人群到维克多利亚车站欢迎我，当我从车厢走出，响起喧闹声，人们喊叫着要我唱。我开始唱，但是车站一位严肃的服务人员立刻来干预打断我：

"发生了什么事？"他问。

"这是吉利在唱歌。"有人试图向他解释。

"谁唱对我都不重要，这里绝对不许唱。"他回答，随后又斩钉截铁地说："这是维克多利亚车站。"

我为这些来迎接我的人感到难过，在出租车开动时，我唱了几句表示感谢。正在这时有一对年轻人走过，姑娘没看见我，只是听到我的声音。

"我告诉过你，亲爱的，这是泰特拉齐尼（Tetrazzini Luisa 1871－1940 意大利女高音）。"姑娘对她的同伴说。

滑稽可笑的是，女孩子知道泰特拉齐尼这个名字，但她不曾怀疑这是位女歌唱家。

没有休息

　　荣誉和国际卧车的轮子把我带到各个城市、剧场和音乐厅，一个又一个，一个又一个。其间我能挤出几天时间在雷卡纳迪稍事休息，但我总不能完全交给宁静的乡村生活，这是我从离开纽约之后所向往的。欧洲的音乐会组织者也是铁面无情的，丝毫不亚于他们的美国同行，在制定毫不留情的演出计划时也很有办法。我无论如何也停不下来，我越挣得多，也越花得多；我开的音乐会越多，和我有关联的人越多；钱花的越快，越要毫无休止地工作。

　　在阿尔伯特厅举行了三周音乐会之后我回到了中欧：德国和匈牙利。1933 年 11 月 23 日，戈培尔出席了我在柏林的音乐会。四天之后，在我的音乐会上，我看见了坐在第一排的希特勒、戈培尔和他的妻子，还有法国大使弗兰索瓦·庞斯。后来希特勒和我握手，并且说，他很喜欢意大利音乐。

　　12 月 26 日圣诞节，我和詹尼娜·阿兰吉 - 龙巴尔蒂（Arangi – Lombardi, Giannina 1891 – 1951 意大利女高音）在罗马参加了演出季揭幕，上演了多尼采蒂的《卢克雷齐亚·博尔贾》。这是歌剧的百年。12 月 23 日墨索里尼出席了彩排。开幕式时，皮耶蒙特的国王、公爵和夫人、公主玛丽亚坐在王室包厢。一个月之后，我又在克维林那的宴会上为国王和王后演唱。1934 年从 1 月到 5 月我不得不按照和政府签订的合同工作。我在罗马、那不勒斯、热那亚、圣雷莫、都灵、佛罗伦萨、斯佩齐亚和米兰的歌剧院演唱。在斯卡拉我和伊娃·帕凯蒂（Pac-

chetti，Eva 1898－1981 意大利女高音）演唱了《命运之力》，和玛法尔达·法韦罗（Favero，Mafalda 1903－1981 意大利女高音）演唱了《罗密欧与朱丽叶》，后者在米兰已 23 年没有上演了。

6 月和 7 月我再次来到哥本哈根、巴黎和伦敦举办音乐会，在维也纳和布达佩斯演了歌剧。在巴黎我曾在冬季自行车赛车场演出，来听我的有 10000 人。担任乐队指挥的是夏尔·明希（Munch Charles 1891－1968 法国指挥家、小提琴家）。我以为，我终于征服了法国人的心，以前我在普莱艾尔厅所受到的那种冷漠和无动于衷已没有了踪迹。这一次可以这样想，从他们的热情程度看，法国人就像对待自行车比赛冠军一样接受了我。

在我从美国回来的最初几年，我曾以为休息的时刻来到了，至少在理论上是如此。现在在我的日历上甚至没有任何对此的暗示，我感到，没有任何一个我可能停顿的地方，几乎整年我都不得不唱。我在罗马的露天剧场、在帕多瓦的拉吉奥音乐厅、在克雷莫纳的共和广场演出，为纪念彭齐埃利诞辰 100 周年，我在那里参加了 6 场《歌女焦孔达》的演出，后来又和玛丽亚·卡尼利亚（Caniglia Maria 1905－1979 意大利女高音）一起总共唱了三周《安德列·谢尼埃》。

9 月在威尼斯举行了第三届国际音乐节。赛拉芬在圣马可广场指挥了威尔第的《安魂曲》，听众有 10000 人。随后在 10 月初，我又在贝加莫的多尼采蒂音乐节唱了《宠姬》。在这些音乐会和歌剧演出的空隙，我在米兰做了短暂的停留，录制了《丑角》整部歌剧的唱片（又是为弗莱达·盖斯贝格的"大师之声"公司），这是第一张完整歌剧唱片。

10 月和 11 月，我沿着不列颠群岛做了相当漫长的巡游。起初在伦敦的"皇后"音乐厅举行了音乐会，后来去到北方：伯明翰、谢菲尔德、曼彻斯特、米德尔斯伯勒、诺丁汉、纽卡斯尔，随后去到苏格兰的爱丁堡、格拉斯哥、邓迪、阿伯丁，爱尔兰的贝尔法斯特、都柏林。最后在布里斯托尔短暂停留之后又回到伦敦。有人称我为"永远在运动的男高音"。

以前在英国巡演时我只在伦敦演出过，我很震惊也很感谢观众对我的热情和亲切接待，在其它城市也是如此。在曼彻斯特，观众的热情使我如此感动，以至在演出结束之后，我在大街上继续为他们唱！

在苏格兰我想见到拉美莫尔山丘，因为它们和多尼采蒂的《拉美莫尔的露琪亚》有某种关系。但我运气不好，我们是夜晚路过这个地方，火车窗外什么也看不见。

我们到达苏格兰的第一天，我犯了一个愚蠢的错误，有人问我：

"您知道《恩尼·劳利》吗？"

我回答："不知道，这是谁？"

当人们向我解释之后，我抓紧时间很快学会了这首苏格兰歌曲，使观众得到极大的满足。到爱尔兰时我已经有了准备，在美国我有些爱尔兰朋友，他们在很早以前就教我唱过一首歌曲《梅克利母亲》。

返回意大利的路程拖得很长，我在好几个城市耽搁了时间，巴黎、汉堡、哥本哈根、柏林、布拉格，又到巴黎，首次在大歌剧院参加了两部相当一般的演出：《茶花女》和《弄臣》。

1935 年是纪念贝里尼的年份。当年轻的西西里作曲家于 1835 年 9 月 24 日在巴黎近郊的彪托悲惨而孤独地逝世之后，已过去了 100 年。罗马歌剧院决定在这个日子上演《海盗》。这不是贝里尼的重要作品，但其中已有了四年之后完成的《诺尔玛》的因素。我唱了戈蒂埃洛一角，伊娃·帕凯蒂唱伊莫金，1935年 12 月 31 日除夕之夜举行了首演。

这部歌剧复杂传奇的故事发生在 14 世纪的西西里，戈蒂埃洛是蒙塔尔多的伯爵，他受自己仆从的挑唆和安瑞国王发生了一次又一次的争斗。他最后自杀了，而女主角疯了。如果说到音乐，伊莫金发疯的场景是歌剧中最激动人心的一场。在意大利复兴运动时期，《海盗》受到意大利爱国者的极大欢迎。他们在戈蒂埃洛反抗安瑞王朝的起义中，看到了自己反抗奥地利统治者的象征。

当歌剧 1827 年 10 月 27 日在斯卡拉第一次上演时，《海盗》的成功很短暂，但它对贝里尼后来的命运却有着决定意义。歌剧现在演得很少，因为表演太困难了。贝里尼的戈蒂埃洛是为乔万尼·鲁比尼（Rubini Giovanni – Battista 1794 – 1854 意大利男高音）写的，他拥有惊人宽广的音域。在没有得到贝里尼的同意而把个别咏叹调降低调子之前，这一角色的继承者多梅尼科·雷纳（Reina，Domenico1797 – 1943 意大利男高音）无法唱这个角色。

对任何一个男高音来说，现在唱《海盗》都是一件复杂和冒险的任务。总谱提供的是从低声区向高声区令人晕旋的跳动，有时甚至让人感到，声带就要断裂了。当然，对于我的嗓音来说，这不是一个理想的角色，但我知道、同时也明白，出于对贝里尼的尊敬，我必须尽力做好一切。

首次拍电影

可以说，那个时候在意大利，大概找不到一个我不熟悉的剧院。1935 年，新的意大利歌剧季从 1 月延续到 4 月，对我来说这是特别紧张的演出季。从的里雅斯特到巴里，从巴勒莫到热那亚，我哪儿没有去唱呢？墨索里尼和皮埃尔·拉瓦尔听了我在罗马歌剧院演唱的《迷娘》。而在巴勒莫演《海盗》时，市长和自己的客人出席了演出，这是 80 位英国的童子军。在这个演出季我和克劳迪奥·穆齐奥唱了《茶花女》，和巴西女高音比杜·萨扬（1902－1999）唱了《命运之力》和《玛侬》，和皮亚·塔西纳里（Tassinari，Pia 1903－1995 意大利女高音）唱了《波西米亚人》，和朱赛平纳·科贝利（Cobelli，Giuseppina 1898－1946 意大利女高音）唱了《玛尔塔》、《安德列·谢尼埃》和《宠姬》。在热那亚，《宠姬》已 24 年没有上演了，这次演出非常成功。

1935 年 5 月，我到柏林去拍我的第一部电影。电影由意大利和德国合拍，导演是奥古斯托·珍妮娜。像所有第一次拍电影的人一样，起初我很慌乱，主要是因为我担心像第一次在电台录音一样，技术会使我的嗓音变形，但最后我完全放心了。

我必须要花很多功夫，因为要做两个电影版本：德语和意大利语。由于我不懂德语，我不得不把那些我不知道意思无穷无尽的音节背下来。用某个短篇小说编的电影故事，自然只是一个借口，目的是要使我在故事进展的过程中，能尽可能多唱。

著名的男高音遇见了一位年轻朴实的姑娘（由玛格达·什纳格尔扮演），并且爱上了她，很快他们结婚了。但是有一天她突然遇见了她的初恋情人。和男高音丈夫不同，他既年轻又漂亮。丈夫以为他们像从前一样相爱，准备牺牲自己的幸福——走出他们的生活。但是在电影的结尾，妻子明白了，事实上她爱的还是自己的丈夫，她决定要不顾一切留在他的身边。

电影中用了很多歌剧的场景：《玛尔塔》、《阿伊达》、《爱的甘醇》、《弄臣》、《罗恩格林》、《命运之力》。还有恩内斯托·德库尔吉斯专为这部片子写的一首新歌《勿忘我》，这首歌很快广为流传。片子是在汉堡拍的，在大西洋轮船"布雷门"号上。电影的两个版本——德语和意大利语的名字都叫《勿忘我》。

这部电影获得了令人震惊的成功，在随后几年我又拍了15部电影。坦率地说，所有这些片子，都好像是从一个模子里刻出来的。电影评论家对这些片子感到很惊讶，我也明白，从艺术上看，它们绝对没有任何用处。但这对我没有什么影响，因为我从未想过要当电影明星。这些电影不仅使我有相当可观的

在电影《出租车司机》中饰司机

收入，而且使我获得了我从来不可能有的众多的观众。在大地上的所有角落，甚至在最偏远、最小的城市和乡村，许多我大概不会去演出的地方，人们都看到了有我参加的电影。而在大城市里，影片把我的歌声送到了由于各种各样的原因——或是没有钱、或是对音乐缺乏了解、没有兴趣，而从未在歌剧院或音乐厅听过我唱的人们的耳中。

从成千上万我到的信中我清楚了这一点，他们有的是极度兴奋，有的已不再是对我的奉承，而是开始感动。比如有一位妇女从柏林给我来信，她说，一个月之内，她看了67次《勿忘我》！

当我在柏林拍电影的时候，在一次慈善音乐会之后的宴会上，我再次见到了希特勒，那次我还结识了理查·施特劳斯和弗兰茨·莱哈尔。

1935年7月我在布宜诺斯艾利斯待了三个月。与我在科隆剧院同台演出的剧团人员很庞杂，其中基本上是巴黎喜歌剧院的法国演员和其他民族的演员。德国的女高音维纳·波维－费舍尔、巴西的比杜·萨扬，还有几个意大利人。领导剧团的——如果可以称为剧团的话，是艾内斯特·昂塞尔梅（Anser-met, Ernest 1883－1969 瑞士指挥家）。演出的结果不是很好，我们很少排练，演出要比以前差得多。我唱了许多我所熟悉的歌剧，但也演了一个新角色：9月10日我和聂林娜·费拉里演唱了古诺的《浮士德》。

我不能不遗憾我以前没有机会熟悉这部最具有歌唱性的歌剧。它的旋律非常优美，主要声部是男高音声部，演唱它对我只是一种享受。但我深深地被另一个"浮士德"所吸引——博依托的《梅菲斯托费勒斯》中的浮士德，这使我不能按所需要的那样进入这个新的角色。虽然在外表上这一个和那一个似乎很相像，但实际上有细致的、显著的区别，至少这是我个人的感觉。然而我还是要尽力把他唱好，使观众觉察不到这两个角色的区别，古诺的音乐非常适合我的嗓子，看来我能做到这一点。

　　与《浮士德》在科隆剧院首场演出相关的有一段不愉快的回忆。被关在监狱里的玛格丽特因痛苦折磨而精神失常了。她疯狂地痛哭着，从自己的床上拽出干草撒在她周围的地上。我走近玛格丽特，想去安慰她，突然扑通一声我倒在地上。我穿的是一双新皮鞋，在她抛撒的稻草上滑倒了，摔得很疼。但是，正如每一次在观众面前发生类似的情况时一样，我尽力设法掩饰这种不轻松的摔跤，仿佛本该就是如此。我伸开胳膊躺在地上，表现出十分屈辱、谦恭，我开始向玛格丽特爬去，这时我想的只有一件事：我的脊椎是否还完整。

　　1935 年 10 月末，我回到柏林参加我的电影的首映，并在那里举行了几场音乐会和歌剧演出。戈培尔及其夫人听了我的音乐会，而希特勒出席了我于 11 月 29 日为"冬季救助"举办的慈善音乐会，并送给我一张带有签名的照片。那时我结识了伟大的德国钢琴家瓦尔特·吉塞金（Gieseking，Walter 1895 – 1956）。

在 故 乡

　　我的孩子长大了。为了在我不出国时能有更多时间和他们在一起，我在罗马买了房子。在这里我仍然有秘书、管理人员、律师和医生。比起30年前到罗马来时身无分文、饥肠辘辘，但却充满希望和向往的那个我来，现在我已是有声望、受人尊敬的罗马公民。我不想给我少年时的回忆涂抹上过分浪漫的光环，我清楚的记得，那时腹内空空很少快乐。但现在我毕竟丧失了某些东西，或者说这些年也许我变得无动于衷了。问题不仅在于我现在已没有时间、没有愿望以惊奇的目光、鼻子贴着玻璃看科尔索大街上的橱窗，着迷地看平桥大街上的木偶戏，或是在特利尼塔·德蒙迪教堂旁观察日落。现在使我更悲伤的是另一方面——已没有任何东西使我惊诧。我的成功是如此地喧嚣，对某种东西感到惊奇的本能已变得迟钝和减弱。太多的人为我鼓掌，为我举办了太多的宴会，我参加了太多各种开幕典礼的剪彩。当然，我很喜欢这一切，应该说，我也向往、需要这一切，最后，我也习惯了这一切。有时我也感到我拥有的太多了——这其实是什么也没有，甚至于比没有还少。

　　1935年是占领阿比西尼亚、西班牙内战、制裁的一年。我不懂政治，很难担负起与政治相关的责任来。但事实就是事实——我是意大利人。虽然很遗憾，我仍然决定，在这一时刻拒绝去英国也许是合时宜的。

　　我的确已厌烦成年在外奔波，因此当我终于有可能整个冬天哪儿也不去，所有时间都待在罗马时，我感到如释重负。
1935年12月26日，以重排马斯卡尼的《伊丽斯》开始了歌剧
季，作曲家本人担任指挥，这是为他举办的庆祝演出。剧场布
满了白色和红色的鲜花，配上绿叶，它们组成了意大利国旗的
颜色。全体成员和独唱演员一起合唱了《太阳颂》。

　　演出获得极大成功，成为马斯卡尼的辉煌胜利。而在不久
前，我见证了在大都会纽约观众对这部歌剧如何冷漠。我再一
次感到惊奇的是，这部歌剧的流行这样快就过去了，时髦的变
幻莫测是如此地新奇古怪。罗马歌剧院在这个演出季又庆贺了
另一位意大利现代作曲家：弗朗切斯科·契莱亚，上演了他的
歌剧《阿德丽安娜·莱科芙勒尔》。赛拉芬的指挥十分出色。契
莱亚出席了1936年1月14日的首演。经过长时间的劝说，当他
终于同意在第二幕结束时走上舞台时，所有观众都站立起来，
长时间向他欢呼。至于我，我一向都很喜欢萨松伯爵马里齐奥
这个角色，我以为我演得不错，因为这个晚上，我被呼唤上台
25次。

　　2月7日我十分高兴出席了我的女儿琳娜的首次登台。这是
一次很小规模的活动——罗马的慈善音乐会。因为琳娜已经订
婚，很快将举行婚礼，我以为，这场音乐会将既是她的声乐生
涯的开始，同时也是结束。我远远没有料到，她在舞台上和我
争鸣的一天已经来到，而且她会以歌剧成为她的演艺生涯。现
在我为她而骄傲，但应该说，在这一方面，我对她的帮助甚少。
我是一个典型的意大利父亲，我期望，追随我的足迹的是儿子，
而不是女儿。我认为，与歌剧舞台相关的严格规范、同时又是
杂乱无章、要求过多的激情，这些都不适合女性。但是，上天
却又完全做了另外的安排。我的儿子成功地杜绝了我培养他的
音乐兴趣的所有企图，而琳娜在3岁时就无法让她离开钢琴。

　　4月我再次奉献给了德国的音乐会，访问了许多我以前没有

吉利的女儿琳娜，女高音歌唱家

到过的地方，特别是鲁尔。整个 5 月我都待在柏林，在那儿拍摄了电影《Ave Maria》。6 月到慕尼黑去拍另一部片子：《你是我的生命》。在柏林我曾在我们的大使阿托里在意大利大使馆举行的宴会上演唱，出席宴会的有戈林、里宾特洛甫、冯布洛贝格元帅和恺撒之子——皇太子及夫人。

当拍片结束时，夏天已经来临，我到雷卡纳迪做了短暂休息，但是在那里我的生活也不能没有歌唱。星期日早晨我常常到教堂去唱，我站在管风琴旁，与合唱队一起唱。白天人们请我在广场上唱："就唱一首，贝尼亚米内洛！"

9 月 25 日我参加了佩戈莱西十分动人心弦的喜歌剧《女佣当主妇》在邻城耶吉的演出。

10 月我又到柏林举办音乐会，而在 11 月——我几乎不好意思承认——我又拍了一部影片。

在斯卡拉剧院的慈善音乐会之后，我在柏林又一次见到了希特勒。不用说，和他的见面完全是官方性质的，时间也很短促。我完全不了解他的政治活动，我和他只能交换几句客套话。

我写和他及其他纳粹首脑的会见，是因为现在这一切都已属于历史。如今，当他们的名字已成为不祥之兆时，把他们作为《托斯卡》的普通观众来回忆，未免使人感到奇怪。但是我见到过他们，认识他们，我不能否认这一点。

1937 年冬季我基本上在意大利的三个大歌剧院演唱：罗马歌剧院、那不勒斯圣卡洛歌剧院和米兰的斯卡拉歌剧院。12 月 26 日罗马演出季开幕时我和弗兰卡·索米里、艾贝·斯吉尼阿尼、阿尔曼多·博尔焦尼（Borgioli, Armando 1898－1945 意大利男中音）演唱了《罗恩格林》。这个演出季的另一件大事是在 1 月末上演了《弄臣》，我和迪托·达蒙特、马里欧·巴吉奥拉同时参加了演出。当我参加斯卡拉《玛侬》的演出时，我遇见了我在大都会的老伙伴朱赛佩·德鲁卡，他演唱列斯科。他和我、克劳迪奥·穆齐奥、赛拉芬、朱赛佩·达尼泽一样，也回到了意大利。

1937 年 1 月戈林偕妻子正式访问了罗马。1 月 15 日我在罗马市政厅欢迎他的宴会上演唱。宴会装扮得十分豪华，意大利政府本来就喜欢利用各种机会进行盛大的表演。悬挂着天鹅绒和织锦锻的挂毯，穿着文艺复兴时期的服装，并且不失时机地说明，它们是按照米凯朗基罗的画和素描做成的。侍从官和礼仪官手持银质号角站在两旁，为的是要激起客人的想象力。这种做法有些滑稽可笑，但我仍然喜欢它。顺便说说，为什么不可以回忆一下这种情景呢？要知道我们的生活实在太乏味、太缺乏色彩了。

《阿 伊 达》

任何时候都不要使嗓子负担过重，任何时候都不要接受超越自己能力极限的角色，这是我最重要的原则之一。但我现在感到自己更有把握，我明白我开始更强有力，创作上成熟了，我可以接受某些复杂的角色，唱某些以前没把握唱的角色，这其中包括威尔第《阿伊达》中的拉达梅斯。这是一个复杂的、要花大力气的角色，我尽心尽力地准备了这个角色，最后决定演唱他。在罗马歌剧院的首演定在 1937 年 3 月 28 日，和我同台演出的应当有玛丽亚·卡尼里亚、马里奥·巴吉奥拉（Bazziola, Mario 1892－1965 意大利男中音），指挥赛拉芬。

正如许多意大利人一样，在有关死亡的事上，我很迷信。每当毫无缘由地提起它时，我就会感到一种与生俱来的恐惧，至少我知道这不是什么好事。因此，当有一天早晨彩排时，我在信箱中发现一封通知自己逝世的消息，我一点也没有高兴。讣告的黑框中写道：贝尼亚米诺·吉利今日去世。

我非常了解，当歌唱者饱受嫉妒煎熬时，他们会做些什么，我以为是某个同事想出这个主意和我开玩笑。这种想法比讣告本身更使我生气，我失魂落魄，认定这一切是即将到来的排练的不详预兆。

整个早晨我心神不宁，几个小时之后我决定再去看看那个带黑框的字条。我一看，才发现我第一次没有看到的东西，在字条的下面有一行小字："小天使只有三个月"。这就是说，这是一个真的讣告，而不是某个人愚蠢的玩笑。我放心了，甚至有些不好意思，我把同事想得太坏了。但是谁是我的三个月的同名人呢，这永远是个谜。

　　我放下心来正是时候，出色地经受住了《阿伊达》的彩排。首演获得如此辉煌的成功，我甚至都没敢想过。

　　几周之后在去米兰的路上，我和卧铺车厢的乘务员聊天。经常周游，我和一些乘务员已经熟悉，而这一位我甚至知道他的名字，好像他也姓吉利。

　　他叹了口气，好像在继续已开始的谈话："失去小贝尼亚米诺，对我们是沉重的打击。我们为他取了您的名字，是指望会给他带来幸福。您收到我们给您寄去的讣告吗？"

　　在首演埃及军事首领拉达梅斯之后不久，我又以另一个异域人物出现在罗马歌剧院的舞台上——巴西作曲家卡洛斯·戈

《瓜拉尼人》中的佩里

麦斯（1836 – 1896）的歌剧《瓜拉尼人》的主角，南美部落印地安领袖培雷。

歌剧第一次在米兰上演是在 1870 年 3 月 19 日，巨大成功在舞台上一直延续了 20 年，意大利各省的乐队都演奏过歌剧的片断。几乎每一个过路人都会用口哨吹戈麦斯的旋律——歌剧受到如此热情的欢迎，但是突然它很意外地失宠了。现在，半个世纪之后，为纪念作曲家百年诞辰，再次上演《瓜拉尼人》。看来，卡洛斯·戈麦斯可以视为威尔第的继承人——他的歌剧音乐是引人人胜的范例。他出生在巴西，但是他的父母是葡萄牙人。童年时他就显露出如此突出的天赋，使得皇帝唐佩德罗·布拉冈察派他到米兰音乐学院去学音乐。借助一种用米兰方言出版的音乐杂志，他很快出了名。戈麦斯写作《瓜拉尼人》时只有 21 岁，作曲家一生都献给了其它几部歌剧，但要写出和《瓜拉尼人》一样成功的歌剧，却是徒劳无功。

这部歌剧的脚本改编自巴西作家霍塞·德阿连卡的同名小说。故事发生在巴西，在里约热内卢的郊外，大约在 1560 年。故事的中心是年轻的印地安领袖培雷对葡萄牙总督的女儿西西莉亚的爱情。森林匪徒决定绑架西西莉亚以换取赎金，但是培雷机智地战胜了他们，并把他们交给了法庭。

歌剧的音乐轻巧、富有旋律性，大概对它没有更多可说的了。但总的说来，歌剧证明，戈麦斯对音乐戏剧性的感受无疑有一种真正的与生俱来的天赋。培雷一角不无困难，因为他几乎都在高声区。参加演出的有阿吉莉亚·阿尔卡、马里奥·巴吉奥拉、贾科莫·瓦吉（Vaghi, Giacomo 1901 – 1978 意大利男低音）和我，赛拉芬的指挥十分出色。1937 年 4 月 15 日首演。

5 月我在布达佩斯、维也纳和伦敦作短时间的巡演。回到米兰后（我要和斯卡拉剧院的演出团汇合，7 月到柏林和慕尼黑去），我举办了三场音乐会：纪念歌德访问米兰 150 周年，曲目有《浮士德》、《梅菲斯托费勒斯》和《迷娘》的选曲；随后是首次在"萨沃依－马尔凯迪"工厂的音乐会；最后是在斯卡拉纪念戈麦斯百年的音乐会。那时和我同台演唱的有丽娜·帕里尤吉，也就是1923年我在旧金山海湾渡船上听过的那个女孩。

"成功"、"史无前例"这些字眼显然已用得太多了，然而当我回忆起在斯卡拉、在柏林和慕尼黑1937年的歌剧季时，我却找不到另外的字眼。我唱了威尔第的《阿伊达》和《安魂曲》，担任两场指挥的是维克多·德萨巴塔，在慕尼黑为听众他献上了桂冠。

希特勒和戈培尔出席了《阿伊达》在德国歌剧院的最后一场演出，演唱阿伊达和阿姆内里斯的是吉娜·契尼亚和艾博·斯吉尼亚尼。在德国我以前曾见证过观众如何欣喜若狂，但还从来没有见到过如此神魂颠倒。在每一幕结束时，观众都从座位上跳起来，呼叫、喧闹，摇晃着头巾。希特勒也不知疲倦地拍手，演出结束之后，他向每一位独唱演员送上一大束鲜花，锻带是德国和意大利国旗的颜色。在戈培尔的休息室里举行了斯卡拉全体演职员的宴会，为剧院的成功，为它的演员，为意大利音乐的辉煌而频频举杯。剧院的全体成员签名捐赠了300000马克造一艘新汽艇"金登堡"代替在纽约焚毁了的那一艘。

1937年8月1日，我和托迪·达尔·蒙蒂荣幸地奠定了后来全世界都知名的传统——在古罗马卡拉卡拉露天剧场开始第一个夏季演出季，我们演出了《拉美莫尔的露琪亚》。

对于广大观众来说，在古老的废墟上，在清澈的意大利天空下，在夏季的夜晚，当现在我们已习以为常的时候，音乐在这种背景下好像完全是很自然的现象。但那时，看起来还没有任何人有过这样的念头，至少是在伯纳尔迪诺·莫里纳里（Molinari, Bernardino 1880－1952 意大利指挥）没在福罗－罗马诺的迪马森齐奥长方形剧场举办交响乐音乐会之前。这种做法迅速席卷整个意大利，可以说，在意大利，没有一个古希腊或古

罗马的废墟，或是任何一个中世纪的广场，至今没有举办过
"音乐之夏"。

卡拉卡拉露天剧场的演出季看来是所有类似的首创废墟露
天音乐会中最成功的。可以接受的票价和表演的高艺术水平是
成功的保证。在 7 月到 8 月的每一个夜晚，都有 20000 人聚集在
这个壮观的古罗马废墟上——这个公元前 3 世纪由卡拉卡拉皇
帝为罗马居民建造的、曾经十分豪华的公共浴场。

曾经作为"热水浴室"的大厅，现在已变成一个宽敞的露
天舞台，它的两边升起宏伟的塔，阻碍观众视线的光柱是幕布，
它安置在台下，在变换布景时用。实际上这里通常几乎不用布
景，因为废墟本身完全能够变换——光线和几件道具的某些切
换可以造成任何环境。

卡拉卡拉露天剧场的音响离完善甚远——对此完全没有办
法。当你站在舞台左边唱时，一阵轻风也会把声音吹向另一方。
在任何一个真正的歌剧剧场里，这样的缺陷会使我不安，但是
在卡拉卡拉露天剧场，这已不那么重要。这里的观众既宽容又
善良，男高音已不必为能否唱好降 B 而那么受煎熬了。观众们
只不过是喜欢坐在夹竹桃中间欣赏音乐，在 8 月温馨的夜晚，
在香气袭人清新的空气中，音乐轻轻向他们飘来。

在 家 里

　　我现在比以前工作得多的多，以至体重很快减轻——一年20公斤。为我拍电影的导演轻松地叹了叹气，他们说，我现在更上镜了。

　　1937年8月，我终于实现了我心怀许久的梦想：在我的故乡雷卡纳迪组织"音乐之夏"。新体育场"贝尼亚米诺·吉利"完全适合露天演出。依靠乌贝尔托·乔尔丹诺的帮助，我为那里定了几场《安德列·谢尼埃》，参加演出的有拉斯卡拉的独唱演员、合唱队和乐队，乔尔丹诺担任指挥。演出获得如此重大成功，我决定每年举办一次。

　　为拍电影，10月我是在罗马的齐内齐达度过的。算起来，这已经是第15部电影了！11月、12月，我在英国、爱尔兰和苏格兰举办了18场音乐会。为准备我将在皇家歌剧院演唱的两个新角色，只剩下两周时间了。这是马斯卡尼的《友人弗里茨》中的弗利茨·科布斯和契莱亚的《格洛丽亚》中的里昂内托。

　　1937年12月23日首演的马斯卡尼的歌剧《友人弗里茨》，是我最喜爱的歌剧之一。演唱苏珊儿的是丽齐亚·阿尔巴内西（Albanese，Licia 1917年生，美国女高音），担任指挥的是温琴佐·贝雷扎（Bellezza，Vincenzo1884－1964，意大利指挥）。马斯卡尼的这部歌剧创作于1891年，是为回答对他的第一部歌剧《乡村骑士》的批评而写。他们肯定地说，该剧的成功，在于作为歌剧基础的费尔加出色的戏剧题材。

马斯卡尼决定为自己的第二部歌剧选用最普通的题材，它应当仅仅是次要的、几乎不被人觉察的音乐的背景。一次在从那不勒斯到切林奥尔的火车上，他和音乐出版商松佐尼奥谈到他的想法。

"好吧，"松佐尼奥同意地说。他从口袋里掏出一个小本子，"您看看这个。"

这是一个名叫《友人弗里茨》的多愁善感的讽刺剧，马斯卡尼立即读了它。他兴高采烈地说，这正是他所需要的东西。

在《友人弗里茨》
中饰弗里茨

极其简单的形象及不费解的题材，与《乡村骑士》强烈的戏剧性形成鲜明的对比。《友人弗里茨》更像那种音乐上如田园诗般的喜歌剧，《爱的甘醇》和《唐帕斯夸莱》都属于这种类型。歌剧的音乐是旋律的不断流动，我以为，它特别适合我的嗓子。

1937 年圣诞节，我第一次通过梵蒂冈广播电台举办了音乐会，欧洲及美国的所有广播网进行了转播。音乐会全部是罗伦佐·佩洛西（Perosi Lorenzo 1872－1956 意大利宗教作曲家）的作品。我演唱了作曲家的最后一部作品——为合唱、男高音及乐队而作的大合唱《纳塔里齐亚》。

在这个演出季，罗马歌剧院上演了两部新的重要作品：《费多拉》——我和朱赛平娜·科贝莉参加演唱，《梅菲斯托费勒斯》——其中演唱主角的是伟大的男低音拉扎叶诺·德·安杰里斯（De Angelis Nazaeno1881－1962）。自从 10 年前他的妻子悲惨地遇难之后，他第一次同意在公众面前演唱。

1938 年 1 月 15 日，我首演了契莱亚的《格罗利》，该剧从1907 年第一次演出之后再没有在罗马上演，为这次演出契莱亚完全改写了音乐。歌剧题材是一个相当悲惨的故事，它发生在15 世纪的锡耶纳。

契莱亚出席了首场演出。他很拘谨，听觉不好，很害怕舞台的灯光。掌声如暴风雨一般，我被 31 次召唤上舞台。我虽然因首演的如此成功而为契莱亚高兴，但内心里却不能不对此感到惊讶。当然，歌剧演得不错，独唱演员中有玛丽亚·卡尼莉亚、蒂托·戈比（Gobbi, Titto 1915 年生，意大利男中音）和阿尔曼多·波尔焦里（Borgioli, Armando 1891－1960 意大利男高音）。第二幕中有旋律，有激动人心的地方，但是总体上说，我认为要比他的其它作品差，比如《阿莱城姑娘》和《阿德丽安娜·莱科芙勒尔》。

1938 年的演出季，无论是在罗马，还是在斯卡拉，依我看，都很辉煌。我可以举出几部戏，甚至最严厉的评论家，除了赞美之外，他们也不能再说什么。

在罗马，我和吉娜·齐尼亚、阿曼多·波尔焦里演唱了《假面舞会》；和丽齐亚·阿尔巴内西演唱了《波西米亚人》；和玛丽亚·卡尼里亚、艾贝·斯吉尼亚尼、纳扎雷诺·德安杰利斯及其他独唱演员演唱了威尔第的《安魂曲》；和无与伦比地演唱了自己的角色的吉娜·齐尼亚演唱了《歌女焦孔达》。在米兰，我和玛法尔达·法维罗唱了《玛尔塔》；和丽娜·帕里尤格唱了《拉美莫尔的露琪亚》；和吉娜·齐尼亚唱了《阿伊达》，评论指出，她是在斯卡拉所听到过的最优秀的阿伊达。

《假面舞会》中的里卡尔

我对希特勒的最后一次记忆是1938年在意大利和他的一次官方接见。5月6日，罗马总督、科隆纳公爵在卡匹托里举行欢迎他的宴会。过分的富丽堂皇，华丽的服饰及礼服，号角声，欢迎仪式，都大大超过了史无前例的欢迎格林的规格。卡匹托里整个广场撒满红白杜鹃花。希特勒和国王、王后一同乘坐四轮马车，他从马车上下来，向王后伸出手，沿着闪烁着烛光、布满玫瑰和百合的皇宫大厅，向欢迎的行列走去，直达尤利亚·采扎里亚饭店。我和玛丽亚·卡尼莉亚举行了小型音乐会。我唱了"星光灿烂"和迪卡普阿的"那坡里咏叹调"，卡尼莉亚唱了《阿伊达》和《波西米亚人》中的咏叹调。

在不久前出版的希特勒侍从的回忆录中也提到了这次会见。从全部情况看，希特勒遇到的是一出荒诞的、毫无品味的盛大演出，在整个宴会进行的过程中，他感到极其无聊。他还十分不满的是，音乐会时，意大利皇室的家人都和他坐在第一排，而里宾特洛甫和其他纳粹首脑却坐在第二排。最终，元首对意大利人感到的只是轻蔑，而意大利人却与此相反，他们对元首的感觉虽然是矛盾的，但也对他表示了敬意。

1938年6月我在伦敦待了一个月，在科文特花园参加演出，指挥是维托里奥·古伊（Gui，Vittorio 1885－1975 意大利指挥），我在这儿最后一次演唱还是7年前。我和丽娜·帕里尤吉唱了《弄臣》，那是她第一次在伦敦演唱。和我演唱《托斯卡》的是伊娃·帕切齐，唱《波西米亚人》的是丽莎·佩尔里（Perli，Lisa 1898－1984 英国女高音）。我也曾在意大利大使迪诺·格兰蒂举办的欢迎格洛切斯特公爵和公爵夫人的宴会上演唱。

7月13日的演出中，我获得了一个"不错的消防员"的称号。鲁道夫和马塞尔在自己的阁楼上冻得发抖，于是他们决定生火炉。我往炉子里塞进了旧杂志，点燃了它，关上炉门，然后开始唱。咪咪上场，我握住她的手。咏叹调"冰凉的小手"已唱了一半，突然听见炉子里发出劈拍声。我向几乎通往舞台顶部的烟筒看了一眼，烟筒里窜出火苗和烟雾，漂向观众席。我继续唱着，拿起放在桌上原本预备在咪咪晕倒时泼在她脸上的水瓶，向炉中燃烧的火苗泼去。然而水太少了，火没熄灭。

情况已十分严重，但我想尽一切努力使演出不要中断。我继续唱着我的咏叹调，一面向侧台走去，准确地按照旋律和乐队，我大声地唱："火！火！火！"有人从后台递给我一罐水，但是仍然不够。这时观众出奇地安静，观众席里有人对我微笑，我也报之以微笑，没有一个人从座位上站起来。咪咪已开始唱她的回答："是的，人们叫我咪咪……"但我丝毫没注意她。我再次走向侧幕，唱道："水！水！"这时给我送来一大桶水，我终于把火扑灭了。一切都很顺利，音乐始终没有中断。第二天《先驱论坛》报的大标题是："吉利燃烧了《波西米亚人》……"

1938 年春天，我和丽齐亚·阿尔班内泽在米兰为"大师之声"公司录制了全部《波西米亚人》。7 月，我晚上在卡拉卡拉露天剧场演唱，白天录制《托斯卡》的唱片。唱片不是在录音棚而是在歌剧院的舞台上录制的。指挥奥里维耶罗·迪法布里吉斯是普契尼专家，他深信，在这个录音中，这部歌剧的音响更具戏剧性。

比起演戏来，录制歌剧需要多得多的时间。为了挑选最佳表演，每一个段落要录四、五遍，如有必要，甚至更多。我们录了歌剧的将近三分之一，突然，女高音伊娃·帕切齐晕倒了，医生让她休息三天。这种情况打乱了我们的所有计划和协议，因为剧院只给我们四天假期，已经过去了一天半。于是我们和"大师之声"的弗莱德·盖斯贝格去找玛丽亚·卡尼莉亚。天气酷热，我们在家里找到了她，她正在午睡。当她还未完全清醒过来时，已经站在歌剧院舞台的话筒面前，我们不得不从头再来，我们正好按时完成了任务。

重返美国

在已过去的 6 年半中，曼哈顿重叠起伏的轮廓已有了某些变化。无疑，我也有些变化。"加蒂走了，吉利回来了，瘦了 20 公斤。"《纽约前哨》用这样的标题欢迎我。这是在 1938 年 10 月初，我走出"雷克斯"号轮船，踏上海岸。这是我和大都会告别之后，第一次回到美国。

我很高兴收到市长拉·瓜尔迪亚的电报，邀请我访问纽约。但在纽约举办音乐会之前，我已签订了近 35 份在美国其它城市举行音乐会的合同。

首先我要参加加艾丹诺·梅罗拉大师在旧金山和洛杉矶的歌剧季。途中我要在底特律停留，举行"福特汽车公司"的广播音乐会，由交响乐队协奏，尤金·奥曼迪（Ormandy, Eugene 生于 1899 年，匈牙利裔美国指挥家）指挥。

这件事对我有特殊意义：这是我长期中断后第一次和美国听众见面，老朋友们还记得我吗？而那些从未听过我唱的人会怎样对待我呢？对音乐会的反响鼓励了我，我收到数千封热情洋溢的来信。萨缪艾尔·肖特齐诺夫在《纽约先驱论坛报》写道："吉利无疑属于歌剧。我们期望，为了威尔第、多尼采蒂和马斯内，大都会应当利用歌唱家的归来，忘掉过去。我以为，当今没有一个男高音有这样与生俱来的天赋，把这些作曲家所特有的音乐表现得如此清新和美妙。"

我很高兴在旧金山发现了新的歌剧院，见到了老朋友。新歌剧院规模不大，但音响效果极好。我认为，这座歌剧院是加艾丹诺·梅罗拉的勇敢和创造性探索的纪念碑。他是旧金山新歌剧传统不知疲倦的鼓舞者和奠基人，现在这一传统已有了坚实的基础。和他会见使我十分高兴，和我的老朋友、过去的厨师、现在的饭店老板乔万尼·杰里再次相逢也使我十分快活。

在歌剧院的揭幕式上我和伊丽莎白·雷特贝格演唱了《安德列·谢尼埃》，这是1923年梅罗拉大师组织的演出季开幕式上我所演的同一个角色。评论对我相当客气，这次对我的评价更高。我和马法尔搭·法维罗还唱了《玛尔塔》，还有《波西米亚人》、《命运之力》。为筹集交响乐团演奏员的养老基金，在"齐维科"厅举办了慈善音乐会，在洛杉矶的"什拉伊"厅也演出了《安德列·谢尼埃》。

在好莱坞，由一位老声乐教师、卡鲁索的老朋友、卡鲁索珍贵纪念品的收集者马拉费奥蒂组织的一次节日聚会上，我见到了许多大都会的同事，他们现在已在首都电影界安顿下来，并在那里找到了工作。我也收到了几份拍影片的邀请，但我已没有任何可能接受它们，我从哪儿去找时间呢？

随后的两个半月里，我马不停蹄地走遍了整个大陆举行音乐会，会见了老朋友，结识了新朋友。然后再次沿着太平洋海岸——从北部的帕萨迪纳穿过波特兰到斯波坎、西雅图和温哥华，经过加拿大——多伦多和蒙特利尔，从那里去纽约、新泽西、匹斯堡、华盛顿、新奥尔良和哈瓦那。随后我必须去德克萨斯州、科罗拉多州和密执安州。此外我在芝加哥待了一周，在歌剧院唱了《玛尔塔》和《阿伊达》。

但是变化了的不仅仅是曼哈顿的轮廓，在这长时间的奔波中我更了解到，美国观众对音乐的理解和趣味已经改变和发展了，无疑这是受了广播的影响。无论由于何种原因，这种现象都是令人高兴的。

与此同时我和大都会的总经理、加蒂－卡萨扎的继任爱德华·乔森约定，1938 年 1 月和 2 月举行 5 场演出。

我本人没有料到，回纽约会是如此激动人心。在大街上我见到完全不认识的人，他们认出了我，和我友好地打招呼："你好，吉利先生！"我很高兴见到了我的老教练雷依里，很高兴我的新"形象"得到他的恭维，我再次强调，这完全是我独立锻炼所得，没有他强加于我的魔鬼式的磨练，而他却认为那是必不可少的。

当我得知，我大都会的老同事安东尼奥·斯科蒂和帕斯夸勒·阿马多已离开舞台时，我很难过，在那个时候他们曾经是最伟大的名字。在 1929 年经济萧条时，他们二人都失去了最后一枚铜板，阿马多稍好些，在美国的学校里教唱歌，斯科蒂完全靠朋友们的资助，命运好象对他们二人都特别残酷。在一生紧张的劳作之后，命运又回到了被称为"辉煌艺术生涯"的反面。

1939 年 1 月 23 日我又回到大都会，演出了《阿伊达》，以前我从未在纽约演唱过这部歌剧。和我同台演唱的有：伊丽莎白·雷特贝格、布鲁纳·卡斯坦尼亚（Castagna，Bruna 1908－1985 意大利女低音）和卡尔洛·塔里阿布埃（Taliabue，Carlo1898－1978 意大利男中音），乐队指挥艾托里·帕尼察。观众大厅座无虚席，许多人站在走廊上，靠着墙边。这就意味着，在神经和感情经受太多的磨难之后，我又一次见到了大都会的观众。

当我开始唱咏叹调"可爱的阿伊达"时，我非常激动，但音乐抓住了我，使我逐渐回到了自我。在咏叹调结束时我的降 B 所得到的热烈掌声使我热泪盈眶，这就是说纽约仍然相信我！这是永远不能忘怀的一刻！

当第四幕结束，我和阿伊达一起从被埋葬的墓中爬出来，见到阳光——当然是灯光时，我受到了令我震惊的接待。不停止地呼唤我，我已不知被呼唤了多少次。整个大厅都站了起来，掌声，跺脚声，喧嚣声，呼喊声，响成一片。我一生中还不曾记得有任何一次，像我这次回到大都会这样，受到观众如此欢欣和衷心的感谢之情。

"吉利的声音更结实了，伟大的男高音受到了过去只有卡鲁索才能得到的欢迎。"萨缪艾尔·肖特琴诺夫在《纽约先驱论坛报》的一篇文章中写道。正如通常一样，评论不会没有附带条件，但总体上说在赞美时都很慷慨。所有人的共同看法是：他们说，我的声音"失去了些许柔和和温馨，但却更宽阔，更具有连绵性，表现力更加丰富，更具有艺术性和戏剧魅力。"我想，好吧，这不是那种值得反驳的判决。

我后来唱的几部歌剧更受到评论界的欢迎：《托斯卡》、《拉美莫尔的露琪亚》和《弄臣》，无疑他们是正确的。我十分了解，无论我如何努力完善拉达梅斯的表演，我的嗓音也不完全适合这个角色。

我在大都会的 5 场演出都使我非常激动，在我内心激起了疾风暴雨似的感情。我懂得，比起其它任何一个歌剧院来，大都会对我来说都意味着更多，这是我心灵的港湾。我感到，我也爱它的观众，但我仍然感到悲伤，在观众席我已很少看到我的崇拜者，看到的是太多的新面孔。时光流逝，往昔不再回来，任何遗憾都是徒劳无益的。我想，还好，无论如何我已有了返程票。在大都会我一共有 5 场演出，假如还有几场演出，那么，在 1932 年中断和带走的根，就会再次生根发芽，盘绕在百老汇和 57 街街角不很雅观的建筑的黄色砖墙上。

回到欧洲

正如成千上万其他人一样，1939 年对我来说，是时代的结束。与其他人相比，带给人类的不幸，落到作为歌唱家的我头上的要少的多。当我现在谈到，相对无所事事和孤独无助的 6 年对我的艺术生涯的影响时，命运也许不会饶恕我。我不能强迫我的读者在这种充满凶杀和陷于崩溃悲惨可怕的时刻，亦步亦趋地跟随我走进音乐厅和歌剧院。我尽一切可能举行慈善音乐会，为战士演出。

自然，歌剧院在可能的条件下继续工作，人们在这个时候仍然需要它们。战争年代，人们对音乐的需求也许比任何其它时候更多。但是离世界风暴旋涡如此遥远的我的活动详情，我担心，只会是枯燥的日记。

表情严峻的吉利

当我的思绪回到 1939 年时，我幸福地回想到，它开始于我重返大都会。令人伤感的未来最初的阴影，在我离开纽约前就觉察到了，那时我知道了我所极为尊敬的彼阿十一世教皇的逝世。美国的红衣主教多格尔蒂和曼德连和我同船到那不勒斯，他们到罗马去参加选举教皇会议。途中我在为逝去的教皇举行的庄严弥撒中，唱了威尔第《安魂曲》的几个片段。

随后的六七个"正常的"月份仿佛是对倒霉的 9 月短暂的冲刺。整个 3 月我都奉献给了英国、苏格兰和爱尔兰的音乐会。在最后一场音乐会时——4 月 2 日在阿尔伯特音乐厅——我感冒了，我发着 39 度高烧演唱。在音乐会上，我不得不 3 次从头到脚换装，每一次都要在衬衫里面垫上好几层纸，使衬衫不致湿透，但我仍然不得不提前结束演出。我很难过，我辜负了观众的期待。在罗马和米兰不长的演出季后，我又回到伦敦，在阿尔伯特音乐厅举行了音乐会，这是在 5 月初。

这一年 5、6 月在科文特花园剧院的演出季是很特殊的。和我同演《托斯卡》的有吉娜·齐尼亚和马里奥·巴吉奥拉，同唱《茶花女》的有玛丽亚·卡尼莉亚和巴吉奥拉，同唱《阿伊达》的有玛丽亚·卡尼莉亚和艾博·斯吉尼亚尼。担任《茶花女》指挥的是托马斯·比彻爵士（Beecham, sir Thomas 1879－1961英国指挥），其它歌剧，由维托里奥·古伊指挥。在我的记忆中，科文特花园剧院还从未有过指挥、独唱演员、合唱、乐队的如此和谐。在和他们告别时，我已思考着和他们在来年的会见。但是命中注定，直到 7 年之后我才回到英国。

玛丽亚·卡尼莉亚、艾博·斯吉尼亚尼和我在这个夏天，又一起在卡拉卡拉露天剧场唱了《命运之力》和《阿伊达》。这些演出的特别之处在于，如果用回顾的眼光看待它们，那么可以把它们比作大洪水之前的豪华宴会。墨索里尼经常出席演出，有时陪同重要客人，有时独自一人，隐名埋姓地坐在最便宜的座位上。随后的一年——1940年，探照灯已不再破坏罗马废墟和绿色夹竹桃的宁静，音乐声也不再打搅埃及坟墓的沉寂。当这里的舞台再次复活，已是1946年。观众已完全是另一些人——穿着咔叽布的同盟国战士和因战争而颠沛流离的罗马人。

　　和那时发生在世界上的事件相比，个别人生活中值得纪念的日子，当然已失去某些意义。但是1939年10月，我仍然十分激动地在罗维戈的索切里剧院，举行了我从事舞台活动25周年的纪念演出。从我在这个舞台首次登台起，整整过去了四分之一世纪，那时我为"天空与海洋"咏叹调中的最后一个降B惴惴不安。这次我唱了《拉美莫尔的露琪亚》，没能演出《歌女焦孔达》。以前我曾想，在歌剧院唱25年已足够了，这是和舞台告别的最佳时刻。但是当纪念日来到之时，我感到这种想法十分可笑。

《游吟诗人》

　　我感到我的创造力正处于旺盛勃发的状态，与那个遥远的 1914 年的晚上相比，我更有信心得多，尤其是我从未发现观众有另外的意见。我终于想明白我没有任何理由离开舞台，而我失去舞台还能做什么呢？我在雷卡纳迪的财产会给我带来巨大的快乐，这是对的。但我从来没有时间去学会管理它们，它们从来都掌握在对这一方面有丰富经验的人手中，因此对我来说，那只不过是贵重的玩具。既然我还有嗓音和能力，我简直不能想象没有歌唱我怎样生活，因此我完全抛弃了离开舞台的想法。

　　1939 年 12 月 9 日，我在罗马歌剧院首演了威尔第的《游吟诗人》。玛丽亚·卡尼莉亚、艾博·斯吉尼亚尼、吉诺·贝基（Beghi，Gino1913－1993 意大利男中音）、和伊塔洛·塔约（Tajo，Italo 1915－1993 意大利男低音）参加了演出。指挥是奥里维耶罗·德法布里吉斯。

　　比起《阿伊达》中的拉达梅斯来，曼里科要更复杂得多。从头到尾我都必需用横隔膜支撑着唱，从前我从来不敢这样做。某些最高音要求男高音拥有这样的音量，使他很难坚持在绝对歌唱的界限之内。与此同时，曼里科又以他的浪漫激情和人性而吸引歌唱者。我尽自己一切可能，表现依我看是威尔第所想要的一切，换句话说，我努力唱，而不是喊。

　　自然，现在几乎已没有可能出国。因此整个 1940 年我都待在意大利，在国内各地的音乐厅和歌剧院演出。有几部重要的复演，比如和马法尔达·法维罗同演的普契尼的《燕子》，后来和吉娜·齐尼亚同演的《洛勒莱》，两部歌剧都是 1 月初在罗马上演。月末我在威尼斯的拉费尼切剧院演唱了《阿德丽安娜·莱科芙勒尔》。2 月我和吉娜·齐尼亚、阿尔曼多·博尔卓里、坦克雷迪·帕塞罗（Pasero，Tancredi 1893－1983 意大利男低音）在斯卡拉出色地演唱了《命运之力》。在的里雅斯特我和比埃·塔西纳利唱了《罗恩格林》，在那不勒斯的圣卡洛唱了《宠姬》。

1940 年 4 月，我再次在斯卡拉演唱了两个新角色：4 月 26 日，莱翁卡瓦洛《扎扎》中的杜弗雷达纳（和马法尔达·法维罗）；4 月 27 日，朱赛佩·皮艾特里不太著名的歌剧《马里斯泰拉》中的乔万尼·里阿达。这两部作品都不是重要作品，后来我再也没有机会演唱它。但是每一部歌剧都有其独特的旋律魅力，它们都获得了一定成就，虽然微不足道。

《扎扎》从第一次在米兰上演之后，已经 40 年未在此上演，那时演唱主角的是罗列吉娜·斯托尔吉奥，指挥是托斯卡尼尼，脚本由作曲家本人所写，这是两个巴黎恋人的浪漫故事。

正如莱翁卡瓦洛的《扎扎》一样，皮艾特里的《马里斯泰拉》也创作于世纪之初，两年前它在米兰的斯佛尔察公爵城堡上演。但是我们在斯卡拉有作曲家本人出席的演出，应当成为歌剧的真正洗礼。歌剧题材的基础是伟大的诗人萨尔瓦多·迪贾科莫的诗歌，他揭示了那不勒斯生活十分赏心悦目的图景。我发现，男高音角色非常适合我的嗓音，加之歌剧中有很多好听的旋律，其中有一首咏叹调写得如此动人，我立刻把它收入我的音乐会曲目之中。

1940 年 10 月 26 日，是《乡村骑士》首演 50 周年。1915 年在庆祝这部歌剧 25 周年时，我在那不勒斯圣卡洛剧院的演出中，唱了图里杜一角。现在能在这次纪念演出中再次演唱这个角色，我深感荣幸和高兴。马斯卡尼本人担任指挥，在佛罗伦萨的科穆纳尔剧院上演。和我同台演出的有布鲁纳－拉萨（Bruna－Raza 1902－1984，意大利女高音）和卡尔洛·塔里亚布埃。

马斯卡尼的独幕歌剧《赞纳托》的庆祝活动也开始了，歌剧的故事发生在文艺复兴时期的佛罗伦萨。对享有盛名的杰出大师来说，这是一个美妙的夜晚，也许，甚至是他一生中最美妙的夜晚，他邀请我参加这场演出，我感到非常骄傲。

战　　争

　　1940 年 6 月，意大利开始交战。斯卡拉的领导者在这种状况下，要极力表现出与时局相符的情感与立场，他们为演出季的开始——1940 年 12 月 26 日——选择了多尼采蒂的歌剧《波利耶克特》。

1940 年的吉利

　　歌剧脚本的基础，是法国 17 世纪伟大诗人皮埃尔·高乃依的作品，是一部描写崇高和庄严的悲剧。歌剧用颠狂的音乐手法体现爱情与天职、一种天职与另一种天职之间高乃依式的冲突。故事发生在公元 257 年的阿尔美尼亚。

　　写作于 1838 年的歌剧《波利耶克特》之所以引起人们的兴趣，是因为它为我们揭示了一个别样的、意想不到的多尼采蒂。然而命中注定，它仍然没有得到像作曲家的喜剧杰作那样的知名度和广泛性。它上演得很少，最后一次是 1904 年在罗马的康斯坦察剧院，那时担任指挥的是马斯卡尼。

　　现在，斯卡拉要尽一切可能再现多尼采蒂音乐所应有的一切。我演唱了主角，玛丽亚·卡尼莉亚唱了鲍林娜，参加演出的还有坦克雷迪·帕泽罗和吉诺·贝基，指挥是吉诺·马尼努齐，歌剧得到非同寻常的成功。虽然如此，如果不算罗马歌剧院，我再也没有听到有什么地方上演过这部作品。罗马在 1942 年 2 月也上演了此剧，我参加了那次演出。也许剧院的领导始终不能摆脱旧有的观念，认为观众除了音乐喜剧或者浪漫派的传奇剧外，再不需要其它口味的剧目。但是他们要是见到《波利耶克特》在斯卡拉所受到的热烈欢迎，那么他们无论如何会改变这种观念。

　　从我 1915 年在巴勒莫认识契莱亚这位西西里作曲家起，我早就想唱他的歌剧《阿莱城的姑娘》中的费德利科。当我得到机会演唱这个角色时，已经过去了 26 年，直到 1941 年 2 月 3 日，我才在罗马歌剧院首次演唱了这个角色，和我同台演出的有詹娜·贝德齐尼和迪托·戈比。

　　从该剧于 1897 年在米兰抒情歌剧院首演起，传奇的光环就环绕着它。那个晚上演唱费德里科的是一个还无人知晓的那不勒斯青年，而第二天所有报纸的大标题都写到他——这就是恩利科·卡鲁索。

　　歌剧中对男高音最有利的时刻，是第二幕中著名的咏叹调“费德里科的哭泣”。我十分荣幸地和契莱亚大师一起曾数小时研究过这个角色的总谱，并且细致地分析应该如何表演这个角色。后来有些评论批评我在咏叹调的最后一句唱了还原 B，而这在原谱中是没有的。应当说，这样做是得到了契莱亚完全同意的。费德里科在这里表达了他隐藏了一生的痛苦，我以为，在咏叹调的结尾，应当是戏剧性紧张的 crescendo，而不是抒情的 smorzando。"啊，你给我带来多少痛苦！"不，不，不！我不能允许在这个"啊"上让声音轻下来。当我唱这首咏叹调时，我不能不唱这个还原 B。契莱亚不仅同意我的意见，而且发现，比起他自己的乐句来，他更喜欢我的乐句。看来观众也是这样的意见，因为他们不断要求我返场。

　　1941 年 4 月，我在柏林待了一周，在夏洛腾堡歌剧院唱了《假面舞会》和《爱的甘醇》，为红十字会举行了慈善音乐会。5 月我参加了"佛罗伦萨五月音乐节"，唱了《波西米亚人》，又唱了《假面舞会》及弗兰科·阿尔法诺（Alfano, Franco 1876 – 1954意大利作曲家，他续写了普契尼的《图兰多》）的歌剧《唐璜和曼尼亚纳》中的新角色。

　　从 1913 年在斯卡拉首次演出起，这部歌剧再也没有在任何地方上演。阿尔法诺是在他的创作最旺盛时期写的这部歌剧，他不愿对失败表示妥协，这是完全可以理解的，他又对这部歌剧修改了数年，现在在佛罗伦萨演出的是新版本。

　　我也参加了歌剧的改写。正如契莱亚和我一起准备《阿莱城的姑娘》一样，阿尔法诺也和我研究了歌剧的总谱。

　　我提醒作曲家注意，在作品的某些地方，如果按他所写的唱，在声乐方面会很困难。第一个难点在宣叙调，在大歌剧中，半说半唱的句子通常都在中声区，而阿尔法诺的宣叙调却像真正的咏叹调，其中有降 A 降 B 和其它唱起来很好听的音，我认为这是不明智的。既然我和阿尔法诺是朋友，我就应该坦率地对他说。他最后决定把这部歌剧中我所有的宣叙调都改在正常的中声区。

　　关于第二个细节，我和阿尔法诺产生了一些争执，这就是第二幕中女高音和男高音的二重唱。我肯定，如果去掉女高音，把二重唱变成男高音的咏叹调，音乐会更有表现力，这次我终于又说服了大师。如果我没有弄错的话，在歌剧的首场演出中，掌声最多的地方，就是我的咏叹调"天籁之声"。

顺便说说，1941年5月28日在佛罗伦萨科穆纳尔剧院的这次演出获得的掌声要多得多。人们为伊娃·帕切齐、吉诺·贝基和伊塔洛·塔约鼓掌，为赛拉芬鼓掌，和往常一样，他和乐队付出了很多的劳动。人们也为阿尔法诺鼓掌：28年来，作曲家一直坚信自己的歌剧，最终它得到了证实，也得到了赞赏。的确，《唐璜和曼尼亚拉》的复演不仅是巨大成功，简直是真正的凯旋。

正如其它的许多歌剧一样，一次又一次地产生同样痛苦的问题：为什么歌剧虽然获得了成功，却又从剧院的剧目中销声匿迹？为什么不能得到最终的承认呢？

至于说到《唐璜和曼尼亚拉》，我以为不难找到解释。虽然歌剧获得一定成就，受到"佛罗伦萨五月音乐节"苛求的观众的欢迎和认同，但它仍然缺乏能够赢得更广泛、更持久兴趣的某些必要因素。

以历史事实为基础的歌剧，讲述的是一个悔过自新的荒淫无耻者后来变成圣人的故事。全部的不幸在于，应当使人相信他曾经是荒淫无耻的人，然而在舞台上，从一开始出现在观众面前的就是一个天使。歌剧中没有冲突，没有争执对比的情节，没有必要的、值得提及的戏剧性，总之，歌剧没有生活的可信性。从大幕打开的第一刻起，到它最后一次落下，唐璜都是坚定地、毫不退让地行动在高尚美德的生活道路上。在《波利耶克特》中，主人公变成圣者是经过巨大斗争的结果，而在这里，他却没有经受任何困难。应当说，阿尔法诺的歌剧，正如他的角色一样，总的来说不太有表现力。

1941年7月，我第一次，也是最后一次到了克罗的亚，我在萨格勒布演唱了《阿伊达》，在卢布尔雅纳唱了《茶花女》，然后回到罗马拍电影。年底，12月前在意大利的各歌剧院演唱。

12月3日，我在罗马参加了莫扎特《安魂曲》的演唱，不是在剧场，而是在圣卡洛教堂。很难找到另外一个比这个教堂更合适、更庄严的地方演唱《安魂曲》，建筑的某些基本细节使人想起焦克雷迪安的城堡。担任指挥的是维克多·德萨巴达，他总是那样辉煌和热情，至少我认为是这样。但是评论是另一种意见，他们指责指挥速度过慢。至于我，这次他们不需要把苦药弄得更甜些，他们最后说到，我应当放弃自己的错误看法，好像我能唱莫扎特。

《卡　门》

　　否定我演唱莫扎特《安魂曲》的评论家却很喜欢我的《卡门》，无疑他们是对的。在我的整个创造生涯中，在舞台上还没有一个角色像唐·霍塞这样完全吸引我，至少在彩排时是这样。从来没有任何观众听过我像这次这样演唱，但评论家出席了这次排练，其中有的人甚至哭了，这简直是奇迹！

　　这个晚上我感到自己面目一新，热情洋溢，在表现自己的角色时，我全身心地献出我所感受到的一切。歌剧中所有的一切是如此真实，它使每一个人都感到亲近。我完全不需要表演这个角色，我真的爱上了卡门，没有她的爱我痛苦，我真的因嫉妒而受煎熬。第四幕可怕的场景来到了，唐·霍塞恳求卡门和他一起逃走："卡门，还来得及……"但她拒绝了。这时我完全忘记了我是男高音贝尼亚米诺·吉利，我就是唐·霍塞。爱情和绝望撕碎了我的心，击倒了我。眼泪使我窒息，喉头哽咽，我全身颤抖，最后跌倒在地上，我过分激动，再也无法唱了。

　　朋友们把我从台上抬下来，一小口白兰地使我恢复了知觉。他们对我说，所有听我唱的人都哭了。我好歹把排练坚持到结束，但我懂得，存在着某种极限，无论怎样投入角色，歌唱者都不应超越这种极限。对话剧演员来说，这也许不可怕，但歌唱演员在真的痛哭时，他就无法唱了。

　　从此我再也不允许自己像这次彩排一样被感情征服。演唱卡门的是詹娜·佩德尔齐尼，指挥赛拉芬，1941 年 12 月 23 日首演，演出获得巨大成功。

几个月之后，1942 年 4 月 7 日，当我在罗马歌剧院演唱《丑角》时，在演《卡门》中我学会的控制自己的感情帮助了我，因为卡尼奥和唐·霍塞一样吸引我，使我激动不已。也许，某种与生俱来的自我保护本能总是制止我演这种角色。在大都会时我曾拒绝演唱这个十分戏剧性的角色（这是卡鲁索最喜爱的角色之一），那时加蒂－卡萨扎曾建议我唱。那时我就明白，这会使声带承受很大的负担，而现在我决定唱他，这再一次证明，我的嗓子比过去更结实了。

　　出于理性的预防，遵循自我保护的本能，歌唱家有时要批判地对待经纪人的建议。因为他们关心的只是眼前，而歌唱者应当想到未来。对嗓音不合适的角色可能长时期甚至终身断送你的嗓子和演出生涯，托蒂·达尔·蒙特就是这样的例子。

《卡门》中的唐·霍塞

1918 年当我和她唱《小云雀》时，她有一副出色的嗓子
——绝妙的抒情女高音，非常适合歌剧《茶花女》和《波西米
亚人》中的浪漫主义角色。这时托蒂·达尔·蒙特的经纪人却
让她相信，她相当丰满的体形不完全适合这些歌剧女主人公削
瘦的形象，他建议她唱另外一些角色：《赛维里的理发师》、《弄
臣》、《拉克美》和《梦游女》，这些女主角不一定要求看起来
瘦削和柔弱。

　　演唱这些角色，托蒂·达尔·蒙特必须使自己的嗓子承受
过重的负担唱花腔女高音。是的，歌唱家的确是以花腔女高音
获得世界声誉的，她最优秀的角色是拉美莫尔的露琪亚。但是
随着时间的推移，她的声带变弱了，托蒂·达尔·蒙特再也不
能唱花腔女高音了。她天生的嗓音是抒情女高音，它还没受到
损害，但是如果说 20 年前她的经纪人就不热衷于推荐她唱抒情
女高音的角色，那么现在他们就更不愿这样做了。由于经纪人
无论如何都要她唱露琪亚，她不得不意外过早地离开了歌剧舞
台，这使观众感到非常痛心。

　　我坚定地遵守另一条规则：永远不唱罗西尼的歌剧。虽然
我和罗西尼出生在一个省份，他出生在佩扎洛，这个地方离雷
卡纳迪不远，也在亚得里亚海边。但这并不妨碍我懂得，他的
歌剧不适合我的气质。我以为，在所有他的作品中，——也许
《威廉·退尔》除外，罗西尼对待男高音，我想说，好像对待某
种无骨气的花腔女高音。

　　当"佛罗伦萨五月音乐节"的组织者请我唱罗西尼的《庄严
弥撒》时，我想，也许没有理由如此坚决地拒绝演唱他的宗教
音乐，于是我虽仍然不是很情愿但也同意了。当我得知，1942 年 5
月 7 日我在佛罗伦萨科穆纳尔剧院表演的弥撒得到评论界很高的
赞美时，我还是感到很惊讶。我想，莫扎特的弥撒我唱得同样好，
但他们否定了我；而罗西尼的弥撒，我自己感到，从气质上它不

很适合我，但他们的意见是，我的声音来自"上苍"。

1943 年给意大利带来巨大变化：同盟国登陆，墨索里尼被推翻，停战协定，德国占领，游击战，抵抗运动。我从来不懂政治，现在被这些事件弄得惊慌失措。在这世界上我需要的只有一点：平静地待在雷卡纳迪直到战争结束。

但是很清楚，不是算计个人愿望的时候。国家被分割成几部分，被洗劫一空：南部被火与钢铁的栅栏隔开；米兰和都灵遭到狂轰烂炸；在意大利的所有乡村和城市都踯躅着死亡。

当然，大多数人那时根本不可能想到歌剧演出，许多城市甚至不记得剧院的存在，斯卡拉被破坏了，剧院的建筑只剩下残壁。但正因为如此，罗马歌剧院应当生存。剧院的演员支持了它的生存，他们有 100 来人，有的这时正在罗马，有的从四面八方来到这里。这些人完全决定了剧院的生存：乐队队员、合唱队员、舞台工人，灯光师、杂务人员。所有人都需要剧院，因为他们都要养活自己的家庭。

大多数独唱演员都没有经济上的困难，但是没有独唱演员剧院什么也做不成。罗马歌剧院的领导找到现在还在意大利的人，建议他们组织演出季。这里有玛丽亚·卡尼莉亚、迪托·戈比、我和其他歌唱家，我没有理由拒绝。

于是在那个悲惨的 1943－1944 年的冬天，在"祖露的城市"举行了歌剧季，这也是一个前所未有非常长的演出季，它延续了 7 个多月。从 1943 年的 1 月到 1944 年的 6 月我唱了以下歌剧：《阿伊达》、《罗恩格林》、《茶花女》、《梅菲斯托费勒斯》、《玛侬》、《费多拉》、《托斯卡》、《假面舞会》。同盟国的炮声一天天越来越近，而我们继续在唱。

我以为，很难挑选出比 1944 年 6 月 2 日我们所演出的更不合适宜的歌剧：《假面舞会》。演出在 6 月 3 日凌晨 1 时结束，早上 8 点钟，德国占领部队从城内逃跑，5 昼夜之后，同盟国的军队进入罗马。

战　　后

　　忽然我惊愕地得知，我是叛徒：我竟为"德国人"唱。遣责我的不是同盟国，而是我的同胞。愤怒的人群包围了我在罗马的家，几个月我未敢走出家门。

　　但是一位英国军官来到我家，想弄清楚到底是怎么回事。

　　"的确，我是为德国人唱过。"我对他说："我为所有人唱，为英国人，也为美国人。我在法西斯统治下唱，就好像也许会在布尔什维克或是意大利的某个其它政府统治之下唱。我不明白，这和叛徒有什么关系呢？您怎么看呢？"军官笑笑走了。

　　这种不愉快的状况延续了将近9个月。1945年春，一切似乎都恢复平静，我又开始为公众演唱。3月12日，我在阿德里安诺剧院为救助难民举行了音乐会。后来许多人问我："您什么时候开始演歌剧？"我暗自想："我得等人来找我。"

　　没有等待很久。1945年5月5日，过了11个月之后，我又在罗马歌剧院演唱了，唱的《命运之力》。5月10日，想到我唱《庄严弥撒》的成功，我同意参加另一部宗教作品的演出，在圣契切利亚学院演唱罗西尼的《圣母悼歌》。7月末，我在圣卡洛剧院演唱了《波西米亚人》。那时我第一次见到饱受战争折磨、被炸弹完全炸毁了的那不勒斯。7月我在罗马唱了《丑角》，举行了援助游击队的音乐会。8月，我第一次来到撒丁岛，在卡利亚里唱了《波西米亚人》。

　　卡塔尼亚的贝里尼剧场，依我看是全世界最漂亮的剧场，甚至比拉芬切剧场还好，这里有甚至比圣卡洛地还完善的音响。

这座剧场的外观和它的匀称是如此完美，我永远都不能尽情地看个够。每次走上这个舞台，我都感到巨大的满足。

1945年4月，我在贝里尼剧院演出了好几场，那年秋天又回到那里，11月8日唱了贝里尼杰出的歌剧《诺尔玛》中的波里昂。这个角色不是很适合我的嗓音，但我没有拒绝，我情愿把所有的荣誉都献给玛丽亚·卡尼莉亚。在贝里尼的故乡唱他的歌剧，加上是在最优秀、最喜爱的歌剧院，仅此一点就已是我最大的幸福。往事已远去，战争已结束，我感到，我已和自己和解，也和全世界和解。

战争结束了，世界好像又想起了我。边界开始打开，四面八方又发来邀请，我很想再次见到我在其它国家的老听众。但命运任意地将我战后的首次巡演安排在我过去从未去过的国家：葡萄牙。1946年5月我是在里斯本度过的。我在圣卡洛斯和里沃利剧院唱了《命运之力》、《友人弗里茨》、《诺尔玛》和《玛侬·莱斯科》。在马德里演出几场之后，我又到瑞士去了几个月，在那里举办了音乐会和歌剧演出。

这个夏天我抽出不少时间在雷卡纳迪休息。战争放过了我的屋子，但是在我不在的时候住过太多的客人，其中包括同盟国的军队，大概他们把它看成了某个旅游胜地。

我打算安静地休息一个夏天，如果要开音乐会的话，也只在雷卡纳迪，但是我还是很快就收到我无论如何也不能拒绝的邀请。它来自马切拉塔，来自41年前带给我最初的观众和最初的掌声的那个劳洛·罗西剧院，就是我演唱我的第一个角色安杰丽卡的地方。

8月末我再次来到西班牙，如果不算这一年在马德里短暂逗留的话，从1917年5月我首次出国巡演起，我再也没有见到西班牙观众，这一次观众不像那次那么严厉。说实话，暴风雨般的掌声如此热烈，使我感到我简直就是竞技台上的斗牛士。我尽力对听众的这种热情接待予以回报。正因为如此，我决定做一件我以前从不敢干、而现在却感到很骄傲的事：在比尔巴鄂、巴塞罗那，后来又在马德里，我在一个晚上唱了两部歌剧——《乡村骑士》和《丑角》。这两部歌剧通常都在一个晚上演出，在意大利甚至因此称它们为"啤酒和汽水"，这两种饮料常常在一起搭配饮用。但我想，从来还没有听说过哪个男高音在一个晚上同时唱这两部歌剧。剧院的领导和经纪人为我的这种想法感到很高兴，因为我为他们节约了开支——两部歌剧只需付一份工资。

在西班牙我待了 9 个星期，1946 年 11 月初我去到英国。在科文特花园我和女儿琳娜一起唱了《波西米亚人》。后来我又进行了长时间成功的巡演，到过米德连斯、曼彻斯特，苏格兰、爱尔兰。以阿尔伯特音乐厅的三场音乐会结束了这次巡演，最后一场是在 12 月 15 日，我又见到了我的老观众，我的老朋友，他们非常大度地迎接了我，丝毫未提及我们被打

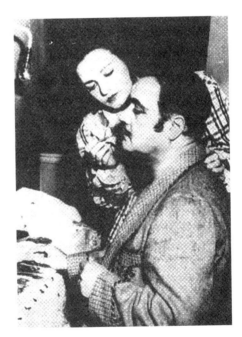

与女儿琳娜在《波希米亚人》中共同演出

败了的战争。如果说人到老年有什么高兴的事的话，那么我想，最大的快乐，是他能数出他有很多老朋友。

巡演，巡演，巡演……

　　1946 年是以在阿尔伯特音乐厅和科文特花园的成功演出结束的。1947 年又以好的使命开始——我又回到仿佛从灰烬中再生的凤凰的斯卡拉，在那里唱了《安德列·谢尼埃》和《拉美莫尔的露琪亚》。

1946 年的吉利

　　我已 57 岁，但我感到我仍精力充沛，我充满信心，我还能唱几年。只要我出现紧张或疲倦的征兆，我就会告别剧场，我一定会在我的嗓音衰退之前坚决离开舞台。我希望我的观众记住我的，是我永远努力做到的最好状态。我的"永久的男高音"——这是一种罕见现象，但我也知道，成功和谨慎从事，也不能长期和不可抗拒的自然规律抗争。我还不打算离开舞台，但是应当记住，它已不很遥远，我的艺术生涯的最后阶段已经到来。

　　感到自己和观众是一个统一的整体——这就是我永远、我整个漫长的歌唱家生涯所最珍贵的东西。我认为，我还将在舞台上度过的这些年月，将如同从前一样是我的最高目的。我决定，我将不再准备新角色。啊，也许再来一个，那么我的剧目算起来就是个整数：60部歌剧、弥撒和清唱剧。现在我集中精力完善我以前的角色——要知道还没有过绝对完美的角色，使新老观众能更经常听到他们。我希望有更多的人听到我、了解我。

下一个8年半我游历得如此之多，任何一种叙述大概都会更像一张铁路时刻表。由于我发现还是有些读者喜欢了解这些，那么我试试把这段时间简单说说。

1947年2月中，我在里斯本待了两周，在那里的科里泽奥剧院演唱了《歌女焦孔达》、《玛侬》、《阿伊达》、《乡村骑士》和《丑角》。在波尔图举行了音乐会之后，去西班牙待了一个月。我在塞维里亚、马德里唱了《玛侬》、《波西米亚人》、《拉美莫尔的露琪亚》。在直不罗陀和加的斯举行了音乐会。4月中我来到瑞士，在全国举办了两周音乐会。随后立刻到我战后未再去过的南美，在那里待了5个月。在布宜诺斯艾利斯的科隆剧院，在罗列扎里奥，在里约热内卢的蒙齐帕尔剧院，在圣保罗的城市剧院，我再次见到了我的老观众、老朋友，回忆起往日的时光。

我在新的地方寻找到了新的观众，这就是阿根廷的拉普拉塔，巴西的阿莱格雷蒂和蒙特维的亚。我演唱了《阿伊达》、《托斯卡》、《安德列·谢尼埃》、《乡村骑士》和《命运之力》。此外我还在广播电台举行了几场广播音乐会。

返回意大利的长途旅程使我得到休息，1947年10月中我再次上路：在英国、苏格兰，巴黎、布鲁塞尔和安特卫普，一个半月的巡回音乐会在等待着我，还有瑞士的两周演出。

但是甚至对铁路时刻表的爱好者来说，我也无力遍数我曾演出过的所有城市。我也没有任何兴趣计算在这一段演出期间我所有返场和谢幕的次数，始终关注我的读者很容易得出自己的判断。我只想说，它们总是相当可观。有时我感到不安：我是否开始使观众厌烦了？在掌声的交响中，是否出现了 Diminuendo 的痕迹？还从来没有这样的情况。

在准备下一次巡演期间，我在罗马举行了几场慈善音乐会，在圣卡洛演了几场《托斯卡》。1948 年 2 月 19 日，我在里斯本以歌剧《玛侬》开始了演出季，以《爱的甘醇》结束了演出季。在里斯本和波尔图的 10 周期间，我演唱了 15 部不同的歌剧。

随后我渡过大西洋，5 月 19 日再次在科隆剧院唱了《阿德丽安娜·莱科芙勒尔》，开始了在南美 5 个月的巡回演出。像通常那样，巡演路线的主要城市是：布宜诺斯艾利斯、里约热内卢和圣保罗，但这一次我还到了一些新城市。我很高兴为拉普拉塔和蒙特维的亚的观众演唱歌剧，一年以前我只为他们举行过音乐会。我也很高兴结识智利圣地亚哥的新听众，9 月在那里的穆尼齐帕尔剧院，在 3 周期间我演唱了 6 部歌剧。

9 个月之后，1948 年 11 月我回到罗马，等待我的是不幸的消息：我的两位亲密的、杰出的朋友离世了，我只能永远怀念他们。

纪念乌贝尔托·乔尔丹诺的音乐会于 12 月 14 日在圣契切利亚音乐学院举行，我唱了他的《安德列·谢尼埃》中我十分喜爱的即兴曲。12 月 28 日在马斯卡尼最后几年居住的地方阿尔伯戈练兵场纪念了他。军乐队演奏了他所有歌剧的序曲，我唱了他最杰出的咏叹调"用白色的羽翼盖住头"，《小云雀》中弗拉蒙的咏叹调"啊，又找到了她"和《乡村骑士》中的"告别母亲"。

1949 年是从在圣卡洛演唱《玛侬·莱斯科》开始的。随后我在瑞士巡演了两周，在英国和苏格兰待了几乎两个月，后来在巴黎举行了两场音乐会，又在马赛和蒙特卡洛演出，在去斯德哥尔摩的软卧车厢里终于有了短暂的休息。后来又在哥德堡、奥斯陆、阿尔古斯、欧登塞和哥本哈根演出。就这样，我想扩展自己听众的愿望在某种程度上得到了满足。我终于回到雷卡纳迪享受帆船运动。

　　1949 年 8 月 10 日，我在卡拉卡拉露天剧场唱了《乡村骑士》和《丑角》。从我在那儿最后一次演唱起，已经过去整整 10 年。看起来这里什么也没有改变，一切都和当年一样：夹竹桃，一望无际的人的海洋，夏夜温馨的芳香。战争降临过这里，又远走了，但卡拉卡拉的魅力没有消失。

　　1949 年的 9 月和 10 月我献给了不列颠群岛的巡演。我在英国广播公司（BBC）的广播电台和电视台举行了音乐会，这是我第一次出现在电视上。11 月我去到西西里，在那里举行音乐会和歌剧演出。我终于和孙子们一起在家过了一个安静的圣诞节。

与男高音歌唱家
比约林在一起

在新的一年，我来到我所不熟悉的非洲大陆。我没打算旅游，却不由自主地做了旅游者，但我仍然十分高兴见到了金字塔。2月和3月的前半月我到了开罗和亚历山大，在那里我唱了《拉美莫尔的露琪亚》、《爱的甘醇》，但是没唱《阿伊达》！从埃及回来，我再次到欧洲举行音乐会，是从苏黎士开始的。我的60岁生日是在火车行进在德国的某个地方度过的。然后我到了丹麦、瑞典、挪威和荷兰，4月15日在德国结束了巡演。

我已有8年没到过柏林了，现在我带有某些不安回到这里，这儿总是有最优秀的观众，但我担心在见到我如此熟悉的大城市的残垣断壁时会受到心理创伤。

一条又一条大街空无一人，满目是建筑的残骸——就像启示录一样，实在是太可怕了。但我离开柏林时仍然充满信心，而不是绝望。柏林人对生活的热爱和勇气，比残垣断壁更使我震惊。无论城市如何遭破坏，无论是火灾还是轰炸，柏林看起来仍然不是一堆瓦砾，它仍然和从前一样是一座城市，因为它从来就有、现在仍然有它的市民。

我的医生开始对我永无休止的活动感到不安，他说，60岁了，是到安排更安定的生活方式的时候了。因此我适时地拒绝了到国外的演出，但我完全没有打算整个夏天都无所事事地待在意大利。我在罗马唱了威尔第的《安魂曲》和《茶花女》，在佛罗伦萨的"五月音乐节"唱了《爱的甘醇》。在雷卡纳迪我再次组织了"音乐之夏"，在露天剧场演了四场《爱的甘醇》。8月，在战后的首次夏季演出季中，我在维罗纳竞技场的露天舞台上唱了《命运之力》。

秋天我本打算在不列颠群岛举办几场音乐会，但我只在布莱克浦举行了一场音乐会，因为我患了重感冒，不得不立刻回意大利，只好将音乐会改期。有两个月我完全不能唱，以前从未发生过这种情况，我完全被打倒了。

1950年11月末我在巴勒莫再次唱了《玛侬》和《爱的甘醇》。1951年我在帕尔马、米兰和科摩也演出了这些歌剧，在罗马再次唱了威尔第的《安魂曲》。

2月我在那不勒斯的圣卡洛演出，打算从那里到开普敦，我的非洲之旅应当在3月末开始。我一生从未坐过飞机，现在我也不想改变自己的规矩。

2月9日当我在圣卡洛唱《友人弗里茨》时，我的嗓子又坏了。我尽力想把戏演完，但是突发的剧烈疼痛几乎使我晕倒，最后我失去了知觉。人们立刻把我送到医院动了手术。手术很成功，但是我被禁止一个半月不能行动。在这段时间，所有人都认识了组织南非巡演经纪人这个悲喜剧人物。他绝望地在走廊上走来走去，终于医生宣布我可以出院了。

"上帝保佑！坐飞机我们还来得及。"经纪人松了口气。

"坐飞机？"我害怕极了，"难道是为了坐飞机外科大夫才救了我的命？"

于是经纪人极力要我相信，如果我们不能按时到达南非，会有怎样的后果等待着我们。他发挥如此丰富的想象力，我甚至不怀疑后果会果真如此。

与其说是他的能说会道，不如说是我个人不想造成任何麻烦，不想推后演出。这种想法迫使我最终战胜了对飞机的恐惧，第一次求助于比空气还重的机器。在经纪人和我的医生的陪伴下飞到约翰内斯堡，正好赶上预定好的第一场音乐会的那一天，这是3月29日。

随后我在陛下剧场演唱了《托斯卡》和《茶花女》，在开普敦、普比勒陀利亚和德班举办了两周音乐会。后来我又回到德班待了两周，唱了《茶花女》和《波西米亚人》。我非常喜欢这次南非巡演，我也为自己感到高兴，我终于找到了坐飞机的勇气。

当我回到意大利时，医生对我说："不，我不认为您有任何理由改变自己的计划，您已完全恢复健康了。"

"南非的四个月没有损害我的健康?"

"如果我说没有损害，那么您还想做什么呢?"他微笑着对我说。

1950 年 7 月 1 日我来到布宜诺斯艾利斯，在这个城市举办了9 场音乐会。在蒙特维的亚演唱了《安德列·谢尼埃》之后，我去到巴西，按照合同，我要在那里度过大部分时间。我在里约热内卢的穆齐帕尔剧院整整演出了一个月，唱了《命运之力》、《费多拉》、《玛侬·莱斯科》、《乡村骑士》和《丑角》。随后在圣保罗的一个半月唱了《阿德丽安娜·莱科芙勒尔》、《托斯卡》和《安德列·谢尼埃》，也唱了"啤酒和汽水"双倍剧目。与此同时我还举行了音乐会，不仅在里约热内卢和圣保罗，而且也在我未到过的新城市：桑托斯、库里蒂巴和贝洛奥里藏特。

10 月 29 日，当轮船把我从里约热内卢美丽的港口带回来的时候，我记得，我长久地站在甲板上，眺望着海岸。不知为何，我感到很忧伤，也许是我内心里感到，这是我最后一次为南美观众演唱。

当我从把我从南美带回来的轮船上走出来时，正好赶上了去慕尼黑的火车。1951 年 11 月 15 日，我开始了战后在新德国的第一次音乐会演出。如果不算一年前我在柏林的短暂逗留，我透过汽车或火车车窗所看到的一切，那么应当说，对新德国我还什么也不了解。现在，巡演把我带到了斯图加特、海登堡、卡尔斯鲁厄、汉堡，又到柏林，然后是基尔、法兰克福、明斯特，最后是因斯布鲁克。我十分惊讶地看到了发生在这个国家的巨大变化，唯一使我感到欣慰、使我抱有希望的是观众对我回来所表现出的热爱和兴高采烈。

告别音乐会

我和家人一起安静地度过了一个圣诞节。随后在圣卡洛举行了几场音乐会，再次登上火车。

我余下的时间不多了，而我想做的事还如此之多！如果可能，我非常想去新西兰、墨西哥和日本。我想为达维克人（加里曼丹岛的印度尼西亚人）、为北非的柏柏尔人、为爱斯基摩人演唱。我拥有大自然非凡的财富——嗓子，我感到，我很快将不能使他们得到愉悦。

1952 年 1 月 27 日我在阿姆斯特丹演唱。在比利时、丹麦、瑞典和西德完成了动人心弦的巡演。2 月 25 日到英国和苏格兰进行了 9 周演出，在阿尔伯特音乐厅举行音乐会。5 月末去到加拿大，6、7 月份在那儿的各大城市举办音乐会。回来之后，我在罗马和雷卡纳迪休息了一个半月，这期间只参加了几场慈善音乐会。10 月 1 日，我在慕尼黑开始了在德国的又一次巡演，延续了一个月。

在德国演出后，我专门来到伦敦，参加 1952 年 11 月 3 日为王室家族举行的一年一度的演出。1953 年 2 月末我再次回到英国，在那里待到 4 月 13 日。

到此时为止，我的剧目已有 59 部歌剧、大合唱和清唱剧。当我唱了《叶泽吉尔》之后，这个数字变成整数了。这是 17 世纪意大利作曲家贾科莫·卡里西米（Carissimi，Giacomo 1605 – 1674）

具有重要历史意义的清唱剧。音乐会于 1953 年 4 月 25 日在罗马的桑迪西莫·克罗列切菲索举行。

后来我在威斯巴登和斯图加特举行了几场音乐会。5 月底参加了几场在米兰的斯福尔茨公爵城堡的露天演出。演唱了《乡村骑士》和《丑角》。一年又一年，我越来越喜欢以自己的逞强使观众震惊——一个晚上演两部歌剧。坦率地说，我这样做，只是想卖弄和表现自己。

这个夏天我是在家度过的，在我们马尔科省参加了几场慈善音乐会。10 月中我又到德国和奥地利去了两个月，到了萨尔茨堡，并且在战后第一次见到了维也纳。

1 月和 2 月的一部分时间是在拉斯佩齐亚、卡拉拉、梅斯特度过的，在威尼斯也待了一些时间——唱了《乡村骑士》和《丑角》。但我应当承认，我第一次感到做这一切已有些费力，我希望观众没有觉察到。当巡演结束时，我已感到十分疲劳。

2 月 16 日我在巴黎的沙约宫举行了音乐会，而 20 日我又在伦敦的阿尔伯特音乐厅演唱。在英国又转了很长时间，这次到了科克。在不列颠群岛待了两个月，在比利时、西德和瑞士待了一个月，直到 9 月才回到罗马。

对征兆已不容怀疑，我更多更经常感到疲劳。现在，如果我想体面地结束自己的演出生涯，就应当遵守对自己做的诺言——离开舞台。

做出这样的决定非常困难、痛苦。但当我在 1954 年夏天终于做出这个决定时，我立刻感到轻松多了，并且平静地开始拟定告别音乐会的计划。

这个夏天我放弃了歌剧。我的最后的演出大多是在我的家乡马尔科省进行的，我在佩扎洛、安科尔、费尔美唱了《命运之力》。8月16日，最后一次唱《乡村骑士》和《丑角》——我又一次成功了！——是在雷卡纳迪的贝尼亚米诺·吉利演技场。我对自己说，这还不是真正的告别，因为在这里，在这亲爱的地方，在亚平宁和亚得里亚之间，我将度过我余下的时光。想到这里，我强忍住眼泪，回答最后的掌声。

但这仍然只是开始，还有各个城市和各国的告别音乐会。伦敦、里斯本、柏林、哥本哈根，我不能像在这里一样安慰自己说："我还会回来！"但是我已得到了我的那一份荣誉和掌声，而这些撕碎我的心的告别音乐会，只能为成功付出代价。

德国和伦敦的短暂访问（两个地方都唱威尔第的《安魂曲》和阿尔伯特音乐厅的音乐会）是在初秋就拟定的，但我认为这不可能是最后的音乐会。德国和英国忠实的听众对我来说是太珍贵了，我稍后将再来正式和他们告别。

我的第一场告别音乐会是1945年10月在阿姆斯特丹举行的，11月在斯堪的纳维亚举行告别音乐会，在斯德哥尔摩、哥德堡、奥斯陆、哥本哈根和阿尔勒伯格演唱。虽然情绪忧伤，我也不能拒绝结识新观众的愿望。而到了芬兰，第一次，唉！也是最后一次在赫尔辛基演唱。11月末我在巴黎、布鲁塞尔、安特卫普演唱。到处都说：再见！再见！再见！

圣诞节我是在家度过的，但1955年1月1日我再次坐上火车。我在德国和奥地利的告别巡演是1月3日从弗赖贝格开始的。2月5日我在柏林演出，2月19日我终于到了维也纳。

无论我如何努力，我也不可能详细描写这些告别演出。回忆是这样清晰和忧伤，一直注视着我的读者很容易想象我的感受是什么。

我在大不列颠的最后演出是从1955年2月25日在阿尔伯特

音乐厅的音乐会开始的，随后我在格拉斯哥、纽卡斯尔、布莱克本、利物浦、莱切斯特、斯托克顿演出，3月20日最后来到曼彻斯特。我和伦敦的告别是3月6日在阿尔伯特音乐厅的最后一场音乐会。

我从英国去葡萄牙，来到我近年常来的里斯本。3月末我在那里举行了两场告别音乐会。

注定要死亡的人有权完成一生中最后的愿望。我有16年没到美国了，在这个国家里，很多人也许已忘掉了我，在那里，往昔是如百宝箱一般的财富。因此我并没有把握，我是否需要和美国告别。但是我仍然没有忘记美国人，我越来越想再为他们唱一次，我想再一次、最后一次听他们叫我"吉利先生"，我想再看看我的大都会。

因此我又去了美国，1955年4月17日我在卡内基音乐厅演出。它离57街的公寓只有几步之遥，我在那里曾住了12年。这段时间纽约的变化多大哟！我的朋友们笑了，因为我每走一步都会为新的变化而惊讶。

20日和24日我在卡内基又举办了两场音乐会。我和纽约告别的最后一场音乐会的曲目有歌剧《非洲女郎》中的咏叹调"啊，美丽的故乡，"（观众中大概有人以前听我在大都会唱过），《唐璜》中唐奥塔维欧的咏叹调和契莱亚的《阿莱城的姑娘》中的"费德里科的哭泣"。

整个音乐会——演唱、掌声、叫喊声、咳嗽声和其它一切都录在慢转唱片中，现在我经常听它。

如果能再一次看到旧金山，再一次像往常那样，走遍从大西洋到太平洋的各个城市该有多好。但是我害怕，在这样的长途跋涉之后，我不能把我最好的一切献给观众，因此我选择了最精炼的旅程。

从纽约我去到康涅狄格州的哈特福德，随后去了费城、多伦多、芝加哥、蒙特利尔、渥太华、魁北克、克利夫兰和华盛顿。

1955年5月25日在美国首都的音乐会是我最后的告别——我在观众面前真正的最后一次演出。

罗维戈——华盛顿，我的艺术生涯圈合成了，我在剧场和音乐厅唱了41年。

我试图在这里尽可能准确地讲述我作为歌唱家漫长的一生。我讲的不是一切，也不全都是讲的我。这也许不很谦虚，有失分寸，不合时宜，而最重要的是这也许很枯燥，因为正如我说过的，如果不算我的嗓音，在其他方面，我不过是一个最普通的人。

我更详细地停留在我最初的年月，是因为我作为歌唱家的形成和这些年紧密地联系在一起。如果说在书的最后部分我个人的回忆减少了，只是因为这时的私人生活中故事不多，另外它们可能对我的演出生涯产生的影响也不多。

我写的这些篇章有些杂乱，相当匆忙和随意，对一些演出的日期和细节都做了描述，目的是这也许对研究歌剧的人员有用。但我也写了其它一些有趣的事情，为的是吸引一些普通的读者。既然我不是作家，我甚至不必道歉。

现在我想借这最后的机会感谢我的观众——所有我在任何地方、任何时候为他们唱过的观众。我希望所有读这本书的人都能理解，观众的支持对我是多么重要，从某种意义上说，对我这就是一切。当然，我可能在荒漠中唱，或者在浴室里兴致所至而唱。正是由于观众，这些肺部、横隔膜和声带的练习才成为我的精神生活。我就像为过冬而收集松果的松鼠，我将把我的听众的所有掌声都储藏在我的记忆宝库之中。

我设想，某个年轻的歌唱者在了解了我的生活经历之后会得到鼓舞，但是我不希望任何人像我一样走如此艰难的路。但我想，我的生活也说明了另外一点：为了得到成功，既不需要钱，也不需要攀附，需要的是毅力，当然，还有嗓子。

我没有谈任何关于歌唱的教学方法，因为在每一种个别情况下，对嗓音都要有特殊的方法。我认为，每一个嗓音都会提出自己的要求。除此之外，还有某种无论如何也教不会的东西，比如说，天生的音乐句法感。如果一个人天生没有这种感觉，什么也帮不了他，任何想成为歌唱家的企图只不过是白白浪费时间。

当然在我没有钱的时候，最初几年，人们的善良的确给了我很多帮助，但我不认为这只是由于我的命好。很多人都爱我，因为他们不仅喜欢我的嗓音，还有我的毅力，顽强地以自己的力量为自己闯出一条路。我深信，每一个年轻的歌唱者应该相信并期望许多善良人的帮助，当然条件是首先他要准备自己帮助自己。

而我特别有幸的只有一点，这就是雷卡纳迪。我有时想，如果我像卡鲁索一样，出生在某个大城市肮脏的胡同里，我会怎样呢？要知道我没有他那样鲜明的个性，没有他那样巨大的个人魅力，卡鲁索无论出现在什么地方，在他的周围都能造成热情和活力。

我在我的顶楼写下这些文字，这是我家最高的房间。从这里我能放眼看到一切：雷卡纳迪的教堂，英费尼托山脉，葡萄园，亚得里亚海。我的根永远在这里，在这个明媚的山谷。当我生活在亚平宁山脉旁的这个广阔世界时，她会给我力量，现在当我回到这里，她给我安宁。